China

中国
县域村镇发展模式与
规划治理

李志刚　林赛南　焦洪赞　著

中国建筑工业出版社

序

改革开放以来经济高速增长和与之相伴的快速城镇化显著提高了我国经济社会的整体发展水平，同时也重塑了我国城乡格局，城乡不平衡、乡村发展乏力等问题日益显化。我国经济发展从高速发展向高质量发展阶段的转向，正悄然改变着城乡关系，深刻影响着乡村发展。随着新型城镇化战略和乡村振兴战略的实施，城乡关系从二元分割转向城乡融合发展，村镇发展迎来了新的机遇。国家关于以县城为重要载体的城镇化建设的提出，进一步强调了县城在我国城镇体系中的地位和对城乡融合发展的支撑作用，从而县域成为实现城乡融合发展的重要载体和基本空间单元。县域镇村体系格局优化和功能提升，是乡村振兴战略实施和国土空间规划实践需要关注的关键内容。在此背景下，我们也积极投身到县域村镇功能提升和空间优化方面的研究，联合国内多家高校和研究机构联合承担了"十三五"国家重点研发计划"绿色宜居村镇技术创新"重点专项设立的"县域村镇空间发展智能化管控与功能提升规划技术研发"项目。

我与李志刚教授相识十余年，深知他理论功底的坚实和在城乡空间治理研究方面积累的深厚。近年来，李教授带领研究团队扎根中部地区，深入城市和乡村，结合多项课题研究和规划实践项目，对不同县域村镇开展了深入的田野调查，收集了大量的一手数据，从人口回流、土地流转、乡村性、乡村依恋等客观和主观视角对乡村发展的模式和机制进行了全面分析，产出了大量高水平成果，带出了一批优秀学生。几年前，我邀请他担任我牵头负责的国家重点研发项目的子任务"县域村镇发展动力机制与发展模式识别技术"的负责人，目前该项目已经进入到结题阶段，而本书正是重要的项目成果之一。

现阶段关于我国城镇化、城乡规划、建设管理的理论研究和实践探索已取得了丰硕的成果，但对县域村镇发展机制研究尚显不足，关于村镇发展一般规律的研究和对典型模式的分析总结有待加强。在发展现实中，乡村仍面临人口流失加剧、发展动力不足、同质化现象普遍，以及不平衡不充分等突出问题，如何制定转型策略和改变发展现状一方面需要建立在对村镇发展动力机制认识的基础上；另一方面现有研究在划分县域村镇发展模式方面存在划分结果不同、反映特征各异等问题，无法形成科学的和具有适用性的村镇发展模式识别方法。志刚教授团队长期扎根"田野"，对湖南省岳阳市和湖北省天门市、汉川市、仙桃市、孝感市云梦县、武汉市蔡甸区的典型村镇以及江苏省常州市薛埠镇、广西柳州市柳城县的典型村镇开展深入调查，从生产、生活、生态三个维度对村镇发展的差异化路径及动力机制进行了深入调查和分析。特别值得一提的是，针对乡村尺度数据难以获取这一研究工作难题，本书将自然社会经济数据和遥感数据等多源数据相结合，通过空间分析和定量模型等方法，构建在乡村振兴国家战略背景下的村镇发展模式识别与分类技术体系，并在此基础上，编制了一套县域村镇发展模式识别技术导则，为分区分类推进村镇发展、实现国家乡村振兴战略等提供了有力的技术支持。

在实践层面，志刚教授团队深度参与当前国家和各地正在开展的国土空间规划和村镇体系规划工作，在湖北孝感市云梦县、广西柳城县、湖北枣阳市、武汉市蔡甸区等地的规划实践中，将研究成果用于指导当地村镇发展模式识别与分类，取得了成效。其中，基于蔡甸区典型村镇研究不仅获得了当地政府部门的高度认可，所形成的成果"面向乡村振兴的土地利用模式创新"入选教育部学位中心 2021 年主题案例。理论探索、技术方法研制与规划实践的结合，进一步证明了本书成果在指导乡村发展、辅助县级国土空间规划编制等应用场景方面具有较强的应用价值。

本书包含理论、实证、技术导则、示范应用四个层面，充分展示了志刚教授和他所带领团队的林赛南、焦洪赞、郭炎等老师在中国县域村镇发展模式与规划治理方面取得的最新研究成果。我相信，从事乡村和城镇发展领域研究的学者、政府相关部门领导、从事村镇规划建设管理的技术人员，都能从本书中获益。

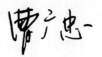

北京大学城市与环境学院　教授

前　言

　　进入城镇化后半期以来，快速城镇化深刻影响着城乡关系和乡村地区的发展，城乡发展不平衡、乡村发展不充分等问题日益凸显。在新型城镇化和乡村振兴战略背景下，县域村镇成为实现城乡融合发展的重要切入点。我国地域辽阔，县域村镇在不同区域环境、社会经济、文化等因素影响下呈现出复杂的多样性。《乡村振兴战略规划（2018—2022 年）》指出要分区、分类推进乡村发展。县域村镇的发展应进一步尊重地域分异规律，构建基于区域差异的县域村镇发展指标体系，识别村镇发展动力与发展模式，以破解不同类型村镇发展面临的问题，实现分区分类地推进乡村振兴战略。同时，乡村振兴战略中提出了"产业兴旺、生态宜居、乡风文明、治理有效、生活富裕"的总要求，其中产业是乡村兴旺的基石，有效治理是实现乡村全面振兴的必然要求。

　　遵循不同区域县域村镇发展的客观规律，把握县域村镇要素的地域分异特征，是实现县域高质量发展、乡村振兴的客观要求。本书是基于对全国不同区域尤其是作者所在华中地区的典型村镇的深度调查和实证研究而形成的成果。本书构建了基于"县域—乡镇—村庄"的多尺度分析框架。具体而言，在县域尺度，分析我国不同区域县域人口发展、经济条件、自然地理、资源利用、生态环境和文化等的差异对其村镇发展的影响，揭示我国不同区域村镇发展驱动力和动力机制；在乡镇尺度，结合大量典型乡镇的深度调查，探索人、地、资本等不同要素对村镇发展水平的影响，提出基于发展水平的乡镇发展模式分类；在村庄尺度，构建基于自然社会经济和遥感等多源数据的数据库，提出村庄发展模式识别方法和特征指标体系，研究村庄发展模式的分类模型和方法。最后，在大量实证研究的基础上，编制县域村镇发展模式识别技术导则，构建服务于乡村振兴国家战略实施需求的村镇发展模式识别与分类技术体系。

本书共 6 章，具体内容概述如下：

第 1 章由李志刚、林赛南、薛瑞爽撰写，简要分析了当前县域村镇发展的宏观背景，回顾了我国县域村镇发展的历程和面临的问题，以此明确本书研究的重要意义。

第 2 章由薛瑞爽、林赛南、李志刚撰写，首先对本书核心概念"县域村镇"进行了辨析，强调从空间尺度上理解"县域—乡镇—村庄"三级行政概念之间的关系，要与当前我国的国土空间规划体系相协调，并系统性地回顾了县域村镇研究的基础理论，从发展动力机制、发展模式及识别方法、规划治理等方面对已有研究成果进行了梳理和总结，为后文提供理论基础。

第 3 章由高非凡、林赛南、李志刚撰写，以县域为分析单元，从"长江经济带—中部地区—湖北枣阳市"三个区域尺度逐步递进探讨区域差异及驱动力机制，强调县域是推进城乡融合发展的重要切入点，对于村镇发展具有重要的指导作用，并提出相应的规划治理政策建议。

第 4 章由林赛南、高非凡、焦洪赞、李志刚撰写，以乡镇为分析单元，章节前半部分以华中地区典型乡镇为例，探讨人、地、资本等要素对乡镇发展的影响，进而总结典型的乡镇发展模式；章节后半部分结合多源数据，构建指标体系，对华中地区云梦县和华南地区柳城县乡镇发展模式进行分类，并以此服务于两地国土空间总体规划的编制。

第 5 章由高非凡、焦洪赞、林赛南、李志刚撰写，以村庄为分析单元，章节前半部分以武汉市和岳阳市典型村庄为研究对象，探讨资本、人口等因素对乡村发展的影响；章节后半部构建基于三产发展水平的指标体系，利用三维特征法分析了华中地区云梦县以及华东地区薛埠镇乡村发展模式，总结出城乡融合型、一般农耕型、工业主导型、文化休闲旅游型、特色农业主导型等多种乡村发展类型。基于以上两个差异较大区域的成功应用，证明了本书研究方法与思路具有一定的普适性，可推广使用。

第 6 章由焦洪赞、林赛南、李志刚撰写，基于实证研究的总结，立足于地理区域分异特征，着眼于县域村镇发展的动力机制差异，构建了县域和村镇尺度的发展模式识别指标体系，提供多种识别方法，并编制县域村镇发展模式识别技术导则，为不同区域开展村镇发展模式识别工作提供技术引导。

本书是国家重点研发计划项目"县域村镇空间发展智能化管控与功能提升规划技术研发"（2018YFD1100800）下设课题"县域村镇发展潜力评价关键技术"（2018YFD1100801）下设任务"县域村镇发展动力机制与发展模式识别技术"的研究成果。感谢项目负责人北京大学曹广忠教授和课题负责人北京师范大学王静教授（原就职于武汉大学）的邀请，让本团队有幸承担该任务。感谢课题组刘殿锋教授、赵翔副教授、孔雪松副教授、陈奕云副教授、金志丰主任、张晓蕾高工、张书海副教授在项目开展过程中的合作、交流与指导。感谢团队成员郭炎副教授在岳阳、蔡甸等案例研究中的贡献，感谢刘达、洪思思、胡洲伟、许红梅、李娈琼、何启丹、董又铭、赵宁宁、喻乐、李敏睿等研究生同学的深度参与。本书部分成果也已陆续发表：本书第 2 章部分成果在《小城镇理论与实践》第一篇第八章发表；第 3 章部分成果在 2022 年《自然资源学报》第 2 期上发表；第 4 章部分成果在 2021 年《自然资源学报》第 12 期上发表；第 5 章部分成果分别在 2020 年《人文地理》第 4 期和 2021 年《地理研究》第 4 期上发表。此外，本书部分内容也来自于团队的规划实践项目，包括湖北省枣阳市国土空间总体规划、湖北省云梦县国土空间总体规划、广西壮族自治区柳城县国土空间总体规划项目等。

目 录

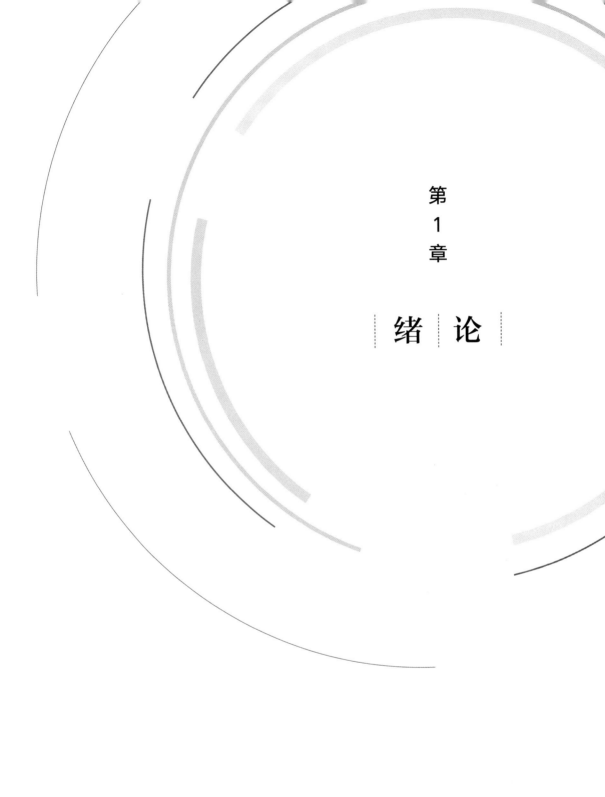

第 1 章

绪 论

1.1 研究背景

1.1.1 国家宏观战略强调推进以县域为主要载体的城镇化建设

"县集而郡，郡集而天下，郡县治，天下无不治"。县域，作为国家治理的基础层级，历来具有重要战略意义。以春秋战国时期为例，秦国率先超越原有分封制，推行郡县制，并且逐步予以发展牢固，实现了权力的集中和上收，使秦国的实力更加强大。此后，该制度随着秦国的强盛愈发成熟，也进一步强化了中央集权。秦始皇统一六国后，在全国实行郡县制，把全国分为三十六郡，由中央直接管辖，一郡之内又分若干县。通过郡县制，国家加强对地方的统治，郡县制对国家治理产生了持续而深远的影响。

根据国家统计局的数据，2021年我国县的数量为1301个，另有自治县117个以及县级市394个，各类县的总数为1812个。作为一个经济单元，县既是基础也是核心尺度。根据2021年《中国县域统计年鉴》的数据，2020年我国县级地方一般公共预算收入，10亿元以上的830个，5亿～10亿元的498个，1亿～5亿元的639个，1亿元以下的120个，这些县的地区生产总值达到50.2万亿元（约占全国2020年GDP总量的50%）（这里县的总数为2087，与国家统计局数据有差别，估计是统计口径不同的原因）。尽管我们已进入北上广深、京津冀、长三角、粤港澳大湾区等超大城市、城市群领衔的新发展阶段，县域经济依然占了全国经济的半壁江山。而且，县还是重要制度创新实验的主要场域。例如，经济学家张五常认为，自1984年以来，围绕着招商引资、促进经济增长，一种"层层承包"的格局开始出现，县级地方政府之间对于招商引资、经济增长展开激烈竞争，成为中国经济起飞的重要动力乃至引擎（张五常，2012）。在此背景下，一种围绕中央工作目标"逐级发包"的"锦标赛"体制得以形成（周黎安，2007，2008），这也是我国国家治理的重要特征。

2022年5月6日，中共中央办公厅、国务院办公厅印发了《关于推进以县城为重要载体的城镇化建设的意见》（以下简称《意见》），对于新时期我国乡村振兴以及实现共同富裕目标具有特殊的时代意义。《意见》指出，县城作为我国城镇体系的重要组成部分和城乡融合发展的关键支撑，对促进新型城镇化建设、构建新型工农城乡关系具有重要意义。推进以县城为重要载体的城镇化建设需要采取切实可行的精准措施，一方面要求科学把握功能定位，分类引导县城发展方向；一方面迫切需要提高县城辐射带动乡村能力，促进县乡村功能衔接互补。同年 7 月，国家发展和改革委员会印发了《"十四五"新型城镇化实施方案》（以下简称《方案》），《方案》提出以县城为重要载体推动城镇化建设，强调促进县乡功能联动互补，支持县域基础设施和公共服务向农村延伸，增强县城对乡村的辐射和带动能力。并指出促进各种生产要素在城乡之间双向自由流动和平等交换，是打破城乡二元结构的关键，重点是改变农村资源单向流出的局面，引导先进要素支持农业农村现代化建设。当前，我国城镇化已进入中后期发展阶段，城镇化发展速度开始减缓，迈向更高水平、更高质量的新型城镇化既是民众呼声也是大势所趋。以县域为重要载体的城镇化建设的提出，顺应了近年来城镇化发展的趋势，国家宏观战略的调整进一步强调了发挥县域为载体的城镇化发展优势。基于县域的城镇化发展，归根结底是要以服务人民、提升人民生活水平为宗旨，促进巩固和扩大脱贫攻坚成果与乡村振兴之间的有效联系。总的来说，以县城为载体，加速城镇化发展步伐将成为未来我国经济增长的重要引擎。

1.1.2 全面推进乡村振兴成为重要发展目标

作为城市以外的空间地域系统，乡村在不同时期、不同地区，其发展状态呈现明显的差异。改革开放以来，在发展过程中的重城轻乡，造成乡村长期发展滞后局面。进入 21 世纪，城乡统筹、城乡一体化等提倡以城带乡发展，一定程度加快了乡村经济进步（龙花楼等，2012；杨忍等，2018），乡村发展逐渐受到重视。自改革开放以来，"苏南模式""珠江模式""温州模式"等表明乡镇工业发展对推进中国城镇化建设发挥了重要作用。另外，经过 40 年的快速发展，中国的城镇化水平大幅提高、经济快速增长，创造了举世瞩目的"中国奇迹"。然而，以经济增长和城市优先发展为导向的发展理念导致了发展的"不平衡不充分"问题，城乡之间差异明显，经济、资源、人口等要素的自由流动和重组下的乡村产业凋敝、人口外流、传统乡村景观和文化逐渐消亡问题突出，"乡村病"日趋严重，乡村衰退与农民美好生活需求的矛盾愈发加剧（龙花楼等，2012；杨忍等，2018）。在此背景下，党的十九大报告中强调实施乡村振兴战略，提出了"产业兴旺、生态宜居、乡风文明、治理有效、生活富裕"的总体要求。2022年1月4日，《中共中央　国务院关于做好2022年全面推进乡村振兴重点工作的意见》中再次提出要扎实稳妥推进乡村建设，突出实效改进乡村治理，全面推进乡村振兴。全国积极开展乡村振兴行动，乡村发展被置于前所未有的高度。推进县域经济高质量发展、实现乡村全面振兴成为我国"十四五"规划时期的重要发展目标。乡村作为构成社会的基本单元，是国家治理的基石（唐任伍等，2021），推进乡村治理体系和治理能力现代化建设是实现乡村全面振兴的必然要求。

1.1.3 乡村发展的不平衡、不充分现象亟待解决

我国幅员辽阔，地理环境复杂，全国各区域村镇在地形、气候、人文、经济和政治等方面差异显著，发展模式及其动力机制不尽相同。例如在空间地域上，由于区域资源、经济基础等诸多条件的限制，我国区域发展不均衡现象较明显，一直以来存在东、中、西地区发展差异（刘慧，2002）。乡村作为城乡的重要组成部分，也表现出显著的差异性。此外，由于受城市影响程度不一，同一城市化地区邻近乡村之间的发展格局也存在差异。总体上，乡村发展的时空分异是一种常态，乡村发展的不平衡、不充分现象明显。

当前学术界以及相关部门对村镇发展动力机制的认识仍然存在不足，乡村"留不住人""千村一面"等现象突出，成为深入落实乡村振兴、推进新型城镇化的制约。工业化、城镇化快速进程中，传统村镇地域要素逐渐瓦解，村镇产业发展模式、就业方式、消费结构、城乡关系、工农关系等方面已发生显著转变，村镇空间面临分化重组的新格局（王艳飞等，2016）。尤其对于欠发达村镇地区而言，更需要在这种城乡关系快速变动中找到适合自身的发展方式，充分利用本地资源，挖掘特色，

探索产业发展的新路径。这不仅是应对欠发达地区实现经济发展的迫切需求，更是在城乡转型趋势下村镇自身调整以主动适应市场环境的关键选择。而如何制定具体转型策略以及重构乡村美丽图景则需要建立在正确评估及认识村镇发展模式的现实基础上。

为此，科学剖析差异化的县域村镇发展动力机制，研究县域村镇发展模式识别技术及规划治理策略，是有效推进村镇转型的必然要求；遵循不同区域县域村镇发展的客观规律，把握村镇要素的地域分异特征，是实现乡村振兴、村镇可持续发展的现实需求。本书所开展的县域村镇发展动力机制与模式识别研究能通过揭示村镇发展的动态现实、发展的驱动力，为今后村镇发展制定转型策略提供依据。

1.2 中国县域村镇发展历程与问题

1.2.1 中国县域村镇发展历程

通过梳理中国县域村镇发展历程，能够正确把握乡村发展的时空动态及分异，为清晰认识城乡关系及研究村镇发展驱动力机制提供有力支撑。

1.2.1.1 以农村社会主义道路为主题的"乡村建设"（1949—1977 年）

中华人民共和国成立前，面对农村衰败动荡的局面，一大批有良知的地方乡绅和知识分子积极投身于农村建设，探索地方自治和农村自救的可能性，掀起了一场农村建设运动。据中华民国国民政府统计，民国初期有 600 多个乡村建设机构和 1000 多个各种类型的乡村建设试验区。由地方乡绅和知识分子领导的乡村发展运动主要集中在文化和教育方面，没有得到广泛的基层支持，所以在建设和发展农村地区方面没有成效。农村发展不单纯是建设农村，也不是消灭农村、消灭农村小经济，把整个农村变成城市。它本质上是关于社会建设和整个中国的社会革命（唐任伍等，2021）。

中华人民共和国成立后，为了优先发展城市，我国实行户籍管理制度，建立了城乡分离的二元制，严格限制人口、土地、资本和其他要素在城乡之间的流动。在乡村，由于土地和人口的短缺，存在着大量潜在的剩余劳动力。而乡村发展则是以农业合作生产的人民公社体制为主导，这是一种具有高度计划经济的微观经济组织形式（文琦等，2019）。这一时期，农村要素受宏观政治的影响，以较低的价值流向城市，而农村的价值主要服务于城市，在城乡因素的流动中没有惠及乡村，进一步加深了城乡二元结构。虽然在同一时期，青年知识分子下乡给农村带来了科学和教育的活力，一些农村的主体在知识青年的帮助下被激活了，但这些被激活的主体又在市场选择的过程中进了城。总体而言，中国的城乡差距在计划经济时期被城乡之间的"剪刀差"逐渐拉大（国务院发展研究中心农村部课题组，2014）。

1.2.1.2 小农经济为主体的家庭联产承包责任制阶段（1978—1999 年）

改革开放后，城镇经济快速发展，就业岗位增加。虽户籍制度未变，但农村劳动力逐步被允许进城务工，劳动力市场逐渐形成（陈宏胜等，2016）。同时，家庭联产承包责任制的实行，调动了农民生产积极性，提高了农业生产效率，释放了出大量剩余劳动力（张英男等，2019）。为谋求更高收入，农村劳动力不断涌入城镇。由于农业户籍身份，"公粮"等承包责任，以及当时大力发展小城镇、严格限制大城市发展的政策，农业转移劳动力"离农"并未"弃地"，主要是"就近非农化"（许庆等，2017）。同时，少量村民开始自发在村内流转土地（钟涨宝和汪萍，2003）。人均耕地规模逐步增加，人均生产效率增加，劳动力过剩程度降低，人—地关系逐步改善。

20 世纪 90 年代中期，城市发展方针转向大中小城市协调发展。改革开放力度大的东部沿海地带发展迅速，沿海地区快速的工业化和多样化经济活动的集聚，陆续出现了由集体经济发展带动下的"苏南模式"（费孝通，1999）、以本土民营企业为主体，以发展传统制造业为特征的"温州模式"（胡智清，2010），以及凭借政策优势与区位优势，大力发展外向型经济的"珠江模式"（白素霞和蒋同明，

2017），全面推动了当地的社会经济发展。上述三种模式均是自下而上的，是由乡镇企业主导，并以快速工业化为目标的农村城市化（崔功豪和马润潮，1999）。由于劳动力需求大，劳动力转移约束进一步放松，城乡人口流动也处于强势能期，中西部农村劳动力大量流向东部地区，"异地非农化（城镇化）"增强（陈宏胜等，2016）。然而，农地流转却远远落后。虽然在 20 世纪 90 年代，政府出台了多项文件，鼓励农地适度流转，但因农地所有权主体模糊、使用权能残缺等问题，行政配置明显（许庆等，2017），流转多限于集体内部，少量非正规流转至村外，且流转周期短（王家庭等，2017）。随着农村劳动力大量析出，人—地关系转向"失配"，种田能手无地可种与良田撂荒并存，"三农"问题逐渐显现。20 世纪 90 年代后期，随着劳动力城乡转移全面放松，人—地失配不断恶化（李永萍，2018）。

1.2.1.3　社会主义新农村建设阶段（2000—2012 年）

进入 21 世纪后，城镇化伴随着诸多新问题的出现（罗震东和何鹤鸣，2017），乡村人口大量流失、人口老龄化（廖柳文和高晓路，2018）、乡村衰落（姜德波和彭程，2018）等，城乡差距持续拉大，区域发展不平衡、不充分问题日益严重。人—地矛盾也逐渐加剧，"三农"问题仍然是中国经济社会发展中的一个薄弱环节，引起了中央政府的高度重视。在这个阶段，关心农村、关爱农民、支持农业已成为全党工作的重中之重。

2005 年 10 月，以"生产发展、生活宽裕、乡风文明、村容整洁、管理民主"为主要内容的"社会主义新农村建设"正式启动。建设社会主义新农村是全面建设小康社会的重中之重，是党中央在新时期统筹城乡发展、推动"工业反哺农业、城市支持农村"政策具体落实的重要举措（唐任伍等，2021）。但在建设过程中仍存在较为严重的人—地矛盾。为化解人—地矛盾，优化土地资源的市场配置，提高农业生产效率，中央政府于 2010 年推行"土地确权""三权分置"旨在界定农地所有权，稳定其承包权，放活其经营权，引入市场机制（李东轩和刘平养，2020）。此前，资本循环（即资本流动以创造剩余价值，再流动，不断累积的过程）被围于城市，但城市已存在生产过剩危机，如城市基建和房屋过剩。资本在农地流转中循环，表现为不同类型资本通过整合农地等资源，进入不同经济领域，逐步形成以家庭经营为基础，专业大户、家庭农场、专业合作社、龙头企业等多种经营主体并存的新型农业经营体系（洪银兴和王荣，2019）。农业生产方式因此改变，还反过来影响城乡人口转移。但就当前阶段而言，各要素的自由流动仍受到诸多制度的约束：外出务工群体的市民化之路依然漫长；农地（房）的基本保障功能依然突出，代种、季节性抛荒依然是规避资本风险的方式；由于土地破碎、信用机制缺失等原因，市场交易成本仍较高（张学浪，2018）。

1.2.1.4　破解发展不平衡不充分矛盾的乡村振兴阶段（2013 年至今）

党的十八大报告指出，我国社会主要矛盾转化为人民日益增长的美好生活需要和不平衡不充分的发展之间的矛盾，乡村发展的主要任务转变为实现城乡融合、破解发展不平衡不充分的矛盾。2013 年以来，中央一号文件聚焦围绕"三农"问题，从顶层设计层面构思农村发展对乡村发展进行顶层设计，重点是关注加快农业现代化，激发促进农业和农村发展源动力，解决破解"三农"难题。2016 年提出发展特色小镇，依托乡村的资源禀赋振兴乡村。2017 年提出建设"田园综合体"，以旅游业发展带动促进乡村产业发展（唐任伍等，2021）。同年，党的十九大报告明确提出实施乡村振兴战略，把"产业兴旺、生态宜居、乡风文明、治理有效、生活富裕"作为总体要求，核心在于破解农村发展不充分、城乡发展不协调的现实矛盾，从产业、人才、文化、生态、组织等五方面出发，实现乡村的全面复兴。

近年来，党中央也全面开启了以乡村市场化和土地资本化为导向的土地制度改革。其中，为积极响应人口外流造成的耕地撂荒等问题，国家密集出台了"土地确权"（樊立惠等，2019）、"三权分置"（向超和张新民，2019）等一系列促进农地流转的政策，以期通过农地流转优化乡村人地关系，促进"三生空间"转型重构。而且要素自由流动的制度约束都有所放松，要素协同明显提升，但仍存在"堵点"，制约着城乡经济、社会的持续发展。为此，2020 年 4 月，中共中央、国务院颁布了《关于构建更加完善的要素市场化配置体制机制的意见》（以下简称《意见》），意在打破要素流动壁垒，深化要素协同配置。乡村人、地、资本的协同配置，更是被《意见》置于重要地位，是促进乡村振兴乃至城乡可持续发展的关键（陈秧分等，2019）。

1.2.2 中国县域村镇发展问题

乡村衰退已成为当前全球发展共同面临的挑战，中国的乡村问题也十分突出（Liu and Li, 2017）。经过 40 余年的改革开放，中国的城市化水平大幅提高、经济快速增长，创造了举世瞩目的"中国奇迹"。然而，以经济增长为导向的发展模式导致了发展的"不平衡不充分"问题，资源、人口等各种要素的自由流动和重组下的乡村产业凋敝、人口外流、传统乡村景观和文化逐渐消亡问题突出，"乡村病"日趋严重，乡村衰退与农民美好生活需求的矛盾愈发加剧（李玉恒等，2019），具体体现在以下几方面。

1.2.2.1 乡村发展的不平衡、不充分现象明显

随着 2017 年乡村振兴战略的提出，乡村逐渐成为发展重心，日益得到重视。我国幅员辽阔，在空间地域上，由于区域资源、经济基础等诸多条件的限制，区域发展不均衡现象较明显。《2021 年全国县域农村居民人均可支配收入监测报告》的统计数据显示，在全国县域农村居民人均可支配收入前 100 名县市中，东部地区数量最多，有 64 个，西部有 21 个，中部有 13 个，东北地区有 2 个。此外，全国县域农村居民人均可支配收入差异性较大，经统计，2020 年全国县域农村居民人均可支配收入平均约为 16210 元，差异系数为 33.35%。东部地区县域农村居民人均可支配收入平均值最高，为 19930 元，东北地区为 16610 元，中部地区为 15720 元，西部地区为 14580 元，东部地区与西部地区县域农村居民人均可支配收入差异系数为 1.37。东北地区县域农村居民人均可支配收入差异系数最小，为 20.58%，中部地区为 29.31%，西部地区为 31.40%，东部地区为 32.54%（中郡县域经济研究所，2022）。

1.2.2.2 乡村发展同质化问题严重

党的十九大作出了实施乡村振兴战略的重大决策部署后，有不少地方错误地"模仿"优质乡村建设范例，造成了乡村产业同质化、乡村景观同质化、乡村建筑同质化及乡村发展路径同质化的"四同"局面（赵斌等，2022）。在发展过程中，乡村产业得到了一定程度的优化和发展，但在相互借鉴、相互提高的过程中，很多乡村面临着发展同质化的问题。一方面，通过改善景观环境，结合特色旅游产业重点发展旅游业，吸引游客；另一方面，重新发展当地的资源产业，以产业发展推动乡村繁荣，进一步改善乡村环境。早期的效果是显著的，但后期难以维持，村民也很难从中受益。盲目跟风的现象反映了乡村建设者对当地村落的优势和文化基础认识不清、挖掘不足。在对优秀农村发展模式的研究中，很多人只看到了表面上已有的优秀成果，对发展的内在动力和模式没有形成深入的认识。例如仅关注表面的产业形态，模仿形式，乡村可持续发展难以为继。在产业竞争的背景下，需要深入挖掘地方特色的产业类型，整合地方资源和文化，进行地方产业创新，才能真正实现乡村产业兴旺（房振龙等，2020）。

1.2.2.3 乡村的人—地—资本等生产要素自由流动尚未建立

城乡一体化发展的实质是在城乡发展要素自由流动、公平和共享的基础上实现城乡协调和融合发展（何仁伟，2018）。在中国快速城镇化进程中，生产要素普遍从乡村向城市单向转移，导致乡村全面收缩，逐步暴露出乡村人—地—资本等生产要素严重"失配"的深层矛盾，突出表现为人口和空间的半城镇化、由于人口外流而形成的"空心村"，以及农业用地的低效管理。一方面，农村劳动力大量涌向城市寻求更好的生活，但没有城镇户籍的常住人口并不能完全享有城镇户籍人口的待遇，大多数农民在子女教育、医疗、住房等方面不能真正享受城市居民的待遇。另一方面，农村土地闲置浪费现象严重，宅基地普遍"只建新不拆旧"，新建住宅向周边扩展，导致村庄用地规模扩大、原宅基地闲置废弃现象加剧；乡村地区"一户多宅"现象普遍存在，"空心村"、村庄空废化呈加剧发展态势。

1.2.2.4 乡村空间治理无序

在乡村空间发展方面，由于"三生空间"的交叉使用，物质空间利用低效。自然资源部颁布了多轮有关土地整治的政策，但在实际执行中，土地整治更多地被视为一种实施项目、技术或任务，没有意识到土地整治的本质和功能是对人地关系的重新调整，从而导致环境污染、耕地减少、土地污染等问题，影响了土地整治的整体效率和效益（张琦和杨铭宇，2021）。就乡村空间所有权而言，公共空间的所有权不明，很可能导致少数主体占用公共资源，造成公共资源的浪费和社会矛盾，进而导致乡村空间治理长效机制难以建立（戈大专和龙花楼，2020）。在乡村空间治理体系方面，当前乡村空间治理的"碎片化"和"空心化"已经成为构建乡村空间治理体系现代化的重要障碍（杨忍等，2016）。乡村空间治理碎片化具体表现为生活空间组织无序、公共空间组织缺位、农房建设与基础设施建设存在脱节等问题（黄耀福和李郇，2021）；乡村空间治理的空心化主要呈现为政府行政部门向乡村的渗透能力较弱、大量农户迁移离开原住地等问题（戈大专和龙花楼，2020）。

在以上研究背景和总结中国县域村镇发展问题的基础上，本书以我国典型县域村镇为对象，科学剖析差异化的县域村镇发展动力机制和发展模式，探讨如何科学识别不同区域的村镇发展模式，提出因地制宜的村镇规划治理策略，为振兴乡村提供保障，在理论和实践等方面均具有重要意义。

县域村镇是城乡地域体系的重要组成部分，县域村镇建设对于实现城乡一体化、促进城乡要素有序流动和村镇转型发展具有重要意义。由于快速城镇化带来乡村的人、地的复杂剧变，使传统乡村性逐渐发生变迁，如何实现乡村转型重构、探索合适的乡村发展模式已成为乡村振兴时期普遍热议的话题。通过探讨我国县域村镇及其动力机制、发展模式和识别方法，能分别补充完善乡村地理学、城乡规划学有关城乡融合与乡村振兴的研究内容以及村镇发展模式识别方法、特征指标和识别技术的研究。

本书从乡村地理学、城乡规划学视角出发，探讨了县域村镇及其发展动力机制、县域村镇发展模式及其识别方法、面向国土空间规划的县域村镇发展策略。一方面，通过基础理论的研究，探讨了新型城镇化与乡村振兴的科学内涵，剖析了乡村重构、新型城镇化、乡村振兴与城乡统筹的相互关系，提出了中国乡村振兴实现路径及需要深入研究的方向。另一方面，现有研究在县域村镇发展模式的划分方面存在遴选指标不一、反映特征各异、划分结果不同、案例地不具有一般性等问题。如何科学、量化、精准地划分县域村镇类型，已经成为指导当前乡村发展的关键，也成为本次研究重点关注的问题。破解该问题的关键，既在于村镇尺度数据的可获取性，也在于具有较强适用性的指标特征提取与识别技术。针对以上问题，本书融合遥感数据、开源数据以及 GIS 空间数据等，构建具有较强数据可获取性的指标体系，并采用三维空间坐标、层次分析法等量化方法，对村镇发展模式进行探索，形成了科学的、更具适用性的村镇发展模式识别方法。

县域村镇发展模式是县域及村镇在不断推进现代化进程中逐步形成的一种独特的发展过程和路径。选择正确的发展模式，对谋划县域村镇发展战略，加快县域村镇发展速度有着十分重要的作用。本书分析了我国不同区域村镇人口发展、经济条件、自然地理、资源利用、生态环境和文化等的差异对村镇发展的影响，揭示了我国不同区域村镇发展驱动力模型和动力机制。这些区域包括较大范围的长江经济带的县域以及华南地区、华中地区、华东地区的典型村镇。华东、华南地区的村镇位于经济较为发达地区，工业生产活动中的乡镇工业成分突出，产业结构对其发展有显著影响；而华中地区由于地形以平原、丘陵、盆地为主，农业经济发达，而工业等产业发展较为薄弱，同时又面临人口流出、农地流转等影响村镇发展的关键因素制约。因此，对以上区域典型村镇的关注有助于总结提炼不同村镇的发展模式。村镇尺度数据获取较难，本书基于自然社会经济数据和遥感数据等多源数据，提出村镇发展模式识别方法和特征指标；利用大量空间分析、定量模型探索村镇发展模式的自动分类模型和方法，研制村镇发展模式识别技术导则，构建服务于乡村振兴国家战略实施的村镇发展模式识别与分类技术体系。

在实际成效方面，本书基于典型村镇的研究，为湖北省武汉市蔡甸区政府提供了村镇乡村类型划分与发展策略的政策咨询，并为其制定了村镇体系规划；作为合作团队参与了湖北省孝感市云梦县国土空间规划、广西壮族自治区柳城县国土空间规划、湖北省枣阳市国土空间规划，指导当地村镇发展模式识别与分类，取得了初步成效。这些工作表明，本书成果在指导美丽乡村建设、辅助县级国土空间规划编制等应用场景方面具有较强的应用价值，为分区分类推进村镇发展、实现国家乡村振兴战略等提供了理论依据和决策支撑。本书的章节结构如图 1-1 所示。

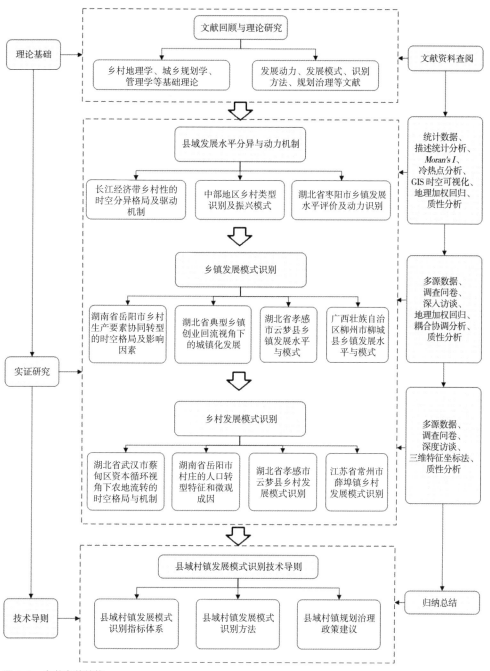

图 1-1 全书章节结构

第
2
章

概念界定与相关理论综述

2.1 基本概念与内涵

有关县域村镇发展方面的研究丰富、涵盖面甚广，县域、乡镇、村镇、农村、乡村、村庄等概念，都是表达社会区域的基本单位。本书最核心的关注点是"县域、乡镇、村镇、乡村"等概念，这些概念更多是在空间尺度或行政单元尺度上存在一定的差异。只有正确理解相关概念的内涵和外延，才能清晰认识县域村镇发展的相关内容。

2.1.1 县域

县域是我国经济、社会、政治、文化等功能比较完备的基层单元（丁迪，2021）。根据《中华人民共和国宪法》第三十条规定，我国实行三级行政区划，分别为省级、县市级和乡镇级。在实践中，出于统一治理和经济发展的需要，增加地级行政区这一设置，省级、地级、县级、乡（镇）级构成我国的四级行政区划。"县"属于行政区划概念，"县城"更趋向于地理概念，是指县级行政单元政府所在的城区（即县级政府驻地镇或街道）。在我国城镇体系中，县城具有承上启下的枢纽作用，是推进城镇化建设的重要空间载体。而"县域"偏向广义上的空间概念，不限于县城建成区的实体空间，是行政县（包括县级市、旗）所辖的区域范围，意指县域范围内起辐射、引领作用的功能空间（张蔚文和麻玉琦，2022）。县域作为我国历史脉络的延续，是相同文化、相同生活习惯的人群聚居区，是统筹城乡关系的重要节点（吴殿廷等，2013）。

党的十六大在党的正式文件中第一次使用了"县域"这个概念，而且明确提出了"壮大县域经济"的号召，十六届三中全会又进一步强调"要大力发展县域经济"，充分表明了党中央对县域经济发展的高度重视（陈春，2009）。县域经济是以县级行政区划为地理空间，以农业和农村经济为重点，以一、二、三产业融合发展为方向的典型区域经济，是国民经济的重要基础和基本单元。县域经济不同于城市经济，依托县域的区位、资源和产业基础而展开，具有鲜明的地域性、综合性、发展不平衡等特征。在新时代背景下，县域经济的高质量发展具有重大意义。

2.1.2 乡镇

从行政区域管理的角度理解，将乡镇分为"建制乡"和"建制镇"两个层次。乡或建制乡为我国最低层级的行政单元，县级以下的乡村行政管理领域；而建制镇或"设镇"是指经省、自治区、直辖市政府审批而建立的镇（叶杉，2015）。乡镇介于农村和小城镇中间，是中国最基础的地方政府组织，乡级区域和镇级地区为同等的政府单位，主要差异就是二者发展规划规模的差异，镇的发展规模比乡大，人口集中度高，贸易和工业等经济部门发达（丁若茜，2017）。从城镇的角度解释，乡镇是指地处广大农村腹地中的一个镇（彭恒军，2001），它是由村庄组成的特定区域的政治、经济、文化和信息中心，并与这些村庄保持着直接的社会经济交流关系。乡镇既区别于普通乡村又与周围的乡村保持着密切的联系。费孝通先生称之为小城镇，认为其是乡的中心，又可称之为集镇。

乡镇这一概念在不同的学科中有不同的界定和理解。行政学把乡镇作为我国政府管理体系中的最基层政府机构，认为乡镇位于国家行政机关的最底端。而政治学以政体的观点，将乡镇政府看成是我国政权管理体系中的最基层政权机构，并作为我国政体体系在广大农村中的最核心机构和末梢。社会学则将乡镇看成是一种地方实体或单位，以政府体制为基础而不同于政府体制的地方社会单元。经济学一般将其看作一种地域经济范畴，是指以镇为点、以乡为面的，在特定范围里面相互紧密联系的经济社会综合体。而公共管理学一般将乡镇看成是一种社会治理单元，是由共同治理农村社会范围内公共事务的不同利益主体构成的合作共同体（侯保疆，2005）。本书所指的乡镇是作为我国政府的基层管理单元与实施国土空间管控的基本行政单元。

2.1.3 村镇

村镇泛指村庄与集镇，其中集镇指的是经省级人民政府批准设置的镇，村庄指的是农村居民生活和生产的聚居点。作为与城镇对应的概念，村镇区别于城市和乡村二元地域空间划分，不但包括广大农村地区，同时也包含了部分城乡之间的过渡地带（段学军等，2022）。根据研究目标的差异，学者们对村镇的概念进行了不同的界定。从狭义的角度来看，有学者认为村镇等同于农村或小城镇；从区域发展模式的视角来看，有学者认为村镇是发展慢于城市、快于农村，位于两者之间的过渡区域（宋姝瑶，2021）；对应我国的乡村地域系统，学者们认为村镇应包括除县政府驻扎地以外的建制镇、集镇、重点村、中心村、自然村等（杨保清等，2021）。本书所研究的村镇主要是指村庄地区，即农村居民生活和生产的聚居点。

2.1.4 乡村

作为乡村地理学的核心概念，乡村的复杂性不言而喻。对乡村概念的认知引导着乡村地理学发展与进步的方向。乡村和城市在本质上都是人类生存的聚居地，而乡村概念是通过与城市的对比而形成（胡晓亮等，2020）。

国际乡村地理学学者曾对研究中常出现的单词"rural/rurality"和"country/countryside"的含义进行辨析，认为前者能反映乡村的人、地方及特征，而后者倾向指代郊区、城市外围等领土（龙花楼等，2012）。因乡村概念宽泛且难以界定，不同学者观点不一。例如，Halfacree（1993）用描述性定义、社会文化定义、视乡村为地理区域、视乡村为社会表征（social representation）再现的方式定义乡村；Woods（2005）提出用社会表征的方式定义乡村，以便适应乡村社会经济变化的影响。进入21世纪，乡村定义形式更多元化，如从一些日常的惯例与事件、农业展览会、诗歌及民俗音乐等方面定义乡村（Holloway，2004；Nerlich et al.，2005；Edensor，2006；Yarwood et al.，2009）。西方学界对乡村理解宽泛使得乡村定义较为模糊，学者们多倾向以"乡村性"来替代"乡村"概念，并对其进行研究。"rurality"是"rural"的派生词，最初为"之所以成为乡村的条件"（龙花楼等，2012）；欧盟和世界经济合作与发展组织在定义乡村旅游时认为，乡村性是乡村旅游的本质和核心（尤海涛等，2012）。乡村性（rurality），从字面理解即乡村的特征表现。与城市性相对，二者均描述地方特性，体现地方的独特性。故乡村性常指乡村的特性为：开阔地域空间，较低人口密度，小规模分散居民点；以农业、林业等自然用地为主的土地类型和田园景观，承载乡村文化和民俗的建筑物；经济活动和生产方式较简单；紧密邻里关系，浓厚的家族血缘观念，传统风俗习惯及慢节奏生活方式等（何景明和李立华，2002）。同乡村概念一样，乡村性概念也较为泛化，因此，西方对乡村性的内涵、理论研究在不同阶段呈现不同定位和视角。

从历史经验来看，中国农村的发展与西方有一定的逻辑相似性，农村观念的演变过程在一定程度上与西方相呼应（胡晓亮等，2020）。20 世纪 70 年代末，由于农业经济体制改革，农村的非农业化进程大大加快，农村的功能也逐渐变得多样化，"农村"这个词需要被更丰富的"乡村"所取代（郭焕成和冯万德，1991）。虽然城乡二元对立逐步瓦解，但在多数研究中，学者们把乡村作为城市对立面的价值取向并未改变。进入 21 世纪，学者们开始回归乡村的价值，将研究视角转回乡村本身，乡村概念的多元内涵再次被挖掘，乡村的多样性、能动性和独立性得到了正确的阐释。2021 年 4 月 29 日，第十三届全国人民代表大会常务委员会第二十八次会议通过了《中华人民共和国乡村振兴促进法》，该法对"乡村"的概念进行了界定，认为乡村是指在城市建成区之外，具有自然、社会和经济特征，在生产、生活、生态和文化领域具有多重功能的地域综合体，包括乡镇和村庄等。这对于明确法律规范对象、建立促进乡村振兴的基本措施、完善乡村振兴的制度体系、实现城乡一体化发展具有非常重要的意义。

2.1.5 县域村镇

"县域村镇"为本书的核心概念，是指从空间尺度上理解"县域—乡镇—村庄"三级行政概念之间的关系，与当前我国的国土空间规划体系相协调。县域是指以县为行政区划的地理空间范围内的政府行政机构，乡镇是指位于我国政府机构最末端的基层行政组织，村庄则是指农村居民生活和生产的聚居点。从空间尺度上来理解"县域—乡镇—村庄"三者之间的关系，有利于进一步说明国土空间规划体系构建的本质并不是技术问题，而是空间治理问题，有助于三个不同层级的行政单元之间相互协作传导、协同整合。其中，"县域"具有承上启下的关键性作用，对接市域层面的发展目标和方向、功能布局等，也将用地布局和指标等下放到镇乡，予以细化落实（郭炎等，2019）。因此，有必要加大对县域及以下尺度发展模式与规划治理的研究与探索，从多尺度多维度融合的视角解读"县域村镇"：县域层面重视全域把控，重点在战略高度、全域尺度协同发展与保护；乡镇层面关键在于承上启下，落定各项发展和管控措施；村庄层面则强调落地实施，聚焦微观的实施管控措施及建设过程的协商。

2.2 县域村镇研究相关理论与视角

2.2.1 乡村性

乡村性是国际乡村地理学研究的核心话题之一（Bosworth et al.，2014），其理论研究与特定时期的社会经济背景密切相关。就发展历程而言，乡村性研究的理论框架构建经历了功能主义、政治经济主义及社会建构主义阶段（李红波等，2015）。21 世纪后乡村性研究呈现新发展。

20 世纪 20—30 年代，西方快速工业化发展时期，城乡处于二元对立状态。社会普遍通过描绘乡村本质特征与城市进行区分；50—60 年代学者开始批判城乡过分对立，认为城乡之间存在过渡地带。在此背景下，乡村性研究多关注乡村的社会生产功能，基于乡村的特征构建指标定量测度，从而划分城乡空间地域。20 世纪70 年代末至 80 年代，西方农业发展在国民经济中地位逐渐降低，乡村从生产性空间转向消费性空间，乡村生活、生产方式明显变化。同时，英美国家社会经济重构及资本运作有着明显的去空间化。在此背景下，乡村性研究进入乡土流派为代表的政治经济主义阶段（范学刚和朱竑，2016）。20 世纪 90 年代，在人文地理等学科的文化转向下，后结构主义的社会建构研究方法开始流行；随着西方向后现代社会发展，乡村功能逐渐从传统生产向消费转变，各消费群体活跃于乡村。在这些社会背景驱动下，乡村性不仅只描述客观地域特征，而且也是社会对乡村的一种再构建、再认知，研究视角开始向社会化进行转变（范学刚和朱竑，2016）。进入 21 世纪，乡村研究出现明显复苏。Halfacree（2006）基于空间生产理论提出"乡村三重空间模型"，将乡村空间划分为乡村区域、乡村表征和乡村生活，成为新世纪后国际乡村性研究的重要进展。同时，这些研究注重反思内省，有重新讨论与回归乡村性定义与概念的趋势（Woods，2009）。

综上所述，国外乡村性理论体系研究较为完善，并因不同时期社会及学术背景的变化而侧重不同。随着研究视角经历了从功能、政治经济到社会建构主义的转变，西方乡村性的研究范式实际上逐渐从客观物质空间的评价研究向社会群体的主观认知研究转向；研究内容上，以功能主义和社会建构主义时期的成果较多，主要体现在乡村性内涵研究、乡村性测度并划分城乡过渡带以及社会化视角下丰富的乡村性表征研究等。其中，西方功能主义时期的乡村性研究成果为我国乡村性的探索研究提供了较多参考和指导。

国内的乡村性研究相对起步较晚。张小林（1998）最早将乡村性概念引入国内，认为乡村概念过于笼统，在一定地域内以城市为参照，考察乡村性的强弱（对立面为城市性的弱强）具有可操作性和可比性，并从理论层面提出乡村性指数的测量方法。目前国内学者多依据该理论基础进行实证研究，即利用统计数据构建专属的乡村性评价指标体系，基于不同的地域单元尺度定量测度我国典型地区的乡村性指数，在此基础上再进行不同的研究内容。

国内乡村性评价方法之一是构建综合的乡村性评价指标体系，并基于计算模型进行乡村性指数的统一测度。不同学者根据具体研究从不同角度、方面构建合适的指标体系。综合来看，构建乡村性评价指标体系的方式虽各有不同，但均以综合运算结果的乡村性指数作为衡量乡村性强弱的标准。国内乡村性评价研究的基本空间单元以县域尺度居多（龙花楼等，2009；张荣天等，2013；孟欢欢等，2013；陈阳等，2014；肖黎姗等，2015），即以县域为基本空间单位，基于县域尺度的数据构建合适的指标体系测度县域乡村性指数。随着研究深入和研究方法的多样性，近些年乡村性评价研究逐渐聚焦于镇域、村域等微观尺度，且因空间尺度的不同，其构建的乡村性评价指标体系也存在诸多差异。随着研究尺度的多样化，乡村性指标体系也更加丰富多元。

乡村性是描绘乡村地域空间、综合反映乡村发展水平、识别乡村内部差异的重要概念及指标（李红波等，2015）。研究方法上，国内学者多针对具体研究构建适合的乡村性综合评价指标体系，并借助数学模型、空间分析等方法开展乡村性指数测度及空间分析等研究。随着研究发展的愈加深入，质性调查等方式也逐渐应用其中；研究尺度上，以县域单元居多，近年有趋向镇域、村域等微观尺度的趋势；研究对象上，国内学者多选取行政区划的省、市以及典型的自然地理区域作为研究区进行乡村性评价；研究应用上，乡村性评价主要集中在乡村发展地域类型划分、乡村性时空分异、乡村发展评价、乡村转型及重构测评、乡村旅游等方面；而在乡村性演变及分异的影响因素的探讨上，学者多针对具体研究区域进行分析，其影响因素广泛，各因素之间互相作用，共同影响乡村性变化。

2.2.2 乡村地域系统理论

乡村地域系统较早源于中国人文地理、经济地理学家吴传钧先生的人地关系地域系统，是指由经济、资源、社会、文化、环境相互作用而构成的乡村空间体系，该体系是具有一定结构、功能和区域联系的开放系统（刘彦随，2018）。不同学者根据特定研究目的，将乡村地域系统划分为不同类型。张富刚和刘彦随早在2008年就将乡村地域系统划分为内核系统与外缘系统，其中内核系统包括社会、经济、生态与自然4个对外交互子系统与1个乡村主体系统，外缘系统则是一个外部性要素的复杂系统（张富刚和刘彦随，2008）。根据人地关系的特点及其功能差异，乡村地域系统可分为农业系统、村庄系统、乡域系统、城镇系统（刘彦随，2020）。李鑫等（2022）将乡村地域系统划分为本底要素、直接要素与间接要素三大子系统。划分乡村地域系统对于加强乡村地域演化认知具有重要意义。快速城镇化背景下，传统的乡村地域类型、空间结构、要素流动都发生了显著的变化，由单一型农业系统转变为多功能型乡村系统，再演化为融合型城乡系统（刘彦随等，2019）。

乡村地域系统是将乡村空间分解为不同的子系统，以阐明其结构和功能关系，并研究其内部运作机制（李鑫等，2022）。有学者认为城乡融合系统包含乡村地域系统和城市地域系统，而乡村地域系统则包括生态环境、农业资源、聚落村舍、乡村人文、管理体制、城镇化进程、政策机制在内的外缘及内核系统（周怡岑，2021），其中，乡村地域系统内的管理体制、政策机制所蕴含的"治理"内涵是新时期乡村振兴、县域村镇高质量发展必须重视的核心内容。在快速城镇化背景下，乡村地域系统也面临着转型的迫切性，刘彦随等（2021）认为乡村地域系统转型需要从多尺度、多维度的视角出发，着重关注其在一定时期内的运作、结构形式和发展方式所发生的变化过程。在当前国土空间规划转型背景下，相关研究应从乡村地域的要素、结构和功能变化的角度出发，结合地方实际情况，重点关注乡村发展、转型、分化、结构调整和治理之间的关系逻辑（杨忍和陈燕纯，2018）。

2.2.3　"三生空间"

"三生空间"是对生产空间、生活空间和生态空间的总称，这三类空间构成了不同尺度下的空间主体要素。

国内关于"三生空间"的研究多围绕内涵界定、空间分类与识别、空间评价与优化三方面。具体就内涵界定而言，现有研究明确了"三生空间"的空间范围和边界划定，建立了城市生态—生产—生活空间功能分类体系，并从领域性和集聚性两个方面分析了"三生空间"的概念特征（李广东和方创琳，2016）。刘燕（2016）在对"三生空间"逻辑结构的理解基础上，从哲学角度发展了"三生空间"的内部机制。陈婧等（2005）根据土地利用系统将国土空间系统分为生产、生活和生态三类用地，并认为空间的可持续发展需要协调三种类型用地的关系。

就空间分类与识别而言，从城乡、城镇和乡村三个区域的角度探讨了生产、生活、生态空间的内容（扈万泰等，2016）；或基于土地的生产、生活和生态功能，建立"三生空间"评价体系的量化识别分类方法（于莉等，2017）。马世发等（2014）以湖北省为例，建立了基于"三生空间"功能的国土空间综合分区的基本范式。朱媛媛等（2015）通过制定"三生空间"区划指标体系，定量地划分了湖北省五峰县"三生空间"，并提出空间优化的三维思考。就空间评价与优化方面，方创琳（2013）在国土"三生空间"优组理论分析的基础上，构建了促进城市发展格局优化的综合框架体系。念沛豪等（2014）以"三生空间"为基础，对国土空间各类地域要素进行分类统筹。樊杰（2015）提出了主体功能区划与空间规划的关系，并在国土功能区划中增加了"三生空间"的内容。刘鹏飞和孙斌栋（2020）基于城市"三生空间"优化的理论框架，构建了城市"三生空间"优化评估指标体系与评估模型，分析了2015年中国289个地级及以上城市的"三生空间"质量水平的总体特征和空间分布规律。总体而言，现有研究多基于多源数据，构建完善的"三生空间"综合评价指标体系，对空间发展水平进行多维评估，并结合典型案例，提出具体空间优化和协调发展策略；少量研究也关注了国土空间要素的统筹配置。

2.2.4　新型城镇化视角下的县域村镇发展

国际上从20世纪90年代起开始了新型城镇化相关研究，重点体现在可持续发展、人居环境建设方面，表明城镇发展方向性的转变。国内关于新型城镇化的研究围绕乡村振兴、人居环境可持续发展等相关内容展开。20世纪80年代以来，大量农村剩余劳动力向城市转移，乡村衰退问题逐渐显露（龙花楼和屠爽爽，2017），学者们开始关注"空心村"、城乡差异、乡村发展不充分等方面的问题（刘彦随，2019），强调城镇化进程将持续推动城乡之间的要素流动。2014年3月16日，中共中央、国务院印发了《国家新型城镇化规划（2014—2020年）》（以下简称《规划》），标志着中国城镇化发展进入了新的阶段。《规划》是一项综合性战略规划，包括社会、经济、生态、文化、制度、空间布局等方面。《规划》指出，新型城镇化应遵循以人为本、城乡统筹、布局优化、集约高效、生态并重、文化传承等原则，实现城镇化发展量增长与质增长并重、城市发展格局更加优化、城市发展模式更加科学合理的目标，并提出了不同目标体系的实施意见（程明洋，2022）。

研究发现，新型城镇化以城乡统筹为主，兼顾城乡一体化发展特色，乡村振兴则为新型城镇化的发展提供了新的机遇。但资源配置方式决定了两者之间配置合理时相互促进，反之则相互制约、相互冲突（俞云峰和张鹰，2020）。张鸿（2021）也认为乡村振兴与城镇化相融相通，更强调将二者纳入到统一框架内讨论城乡要素的双向流动。祝志川等（2022）研究我国乡村振兴、新型城镇化与生态环境协调发展水平发现，三者的协同发展水平呈现波动上升趋势，区域内协同水平有所收敛而区域间差距逐渐扩大，为了解我国各地区新型城镇化发展提供了依据。邹德慈等（2019）认为新型城镇化背景下村镇发展主要面临人居环境总体水平偏低、空间资源利用效率低、社会结构不完整、村镇发展缺乏竞争力、村镇规划建设管理理念及技术支撑不足等问题。

基于新型城镇化发展背景，陶德凯等（2022）指出新时期县域城镇化发展具有人口回流红利、政策动力支撑等特点，在发展中需要紧抓政策及人口红利，将县城与村镇统筹布局，提升城镇化品质。通过研究地理学视角下的中国新型城镇化进展，程明洋（2022）发现中国长期以来"重城轻乡"的发展战略和政策，造成了乡村和农业地区的多重匮乏，导致了城乡差距的扩大，既造成了资源过度集中于城市的浪费，又造成了乡村地区的衰败。而从新型城镇化视角下探讨县域村镇发展，则需要重视区域城乡发展格局，提出涵盖村镇体系的发展战略，构建一套"行动—评价—行动"的县域村镇建设闭环体系，形成"省—县—村"的资源配置和项目传导机制，探索具有中国特色的县域村镇发展模式（李郇等，2021），实现城乡地域系统的协调发展。

2.2.5 城乡融合和乡村振兴

城乡关系是最基本的经济社会关系，是任何一个国家和地区在现代化进程中必须解决的重要问题，特别是要全面阐述乡村地区人与土地关系，体现在不同发展阶段城乡之间的要素投入、资源配置和产业发展模式等方面（刘彦随等，2021）。城市和乡村之间的关系不仅仅是纯粹的经济关系，必须在城乡经济社会发展的整体背景下，在社会生产关系的层面上理解城乡关系的演变逻辑（朱鹏华和侯风云，2022）。研究发现，我国城乡关系的变化存在城乡分离、城市主导、城乡互动、城乡融合等不同阶段。中华人民共和国成立以后，我国城乡二元结构因资源配置的不匹配和城乡发展功能的不平衡而逐步确立和强化。改革开放以来，我国农业剩余劳动力也开始流向城市，城乡二元体制的制约也有所改善，但城乡发展差距仍在扩大，城市主导地位更加明显。分税制改革、"五个统筹"、新农村建设、精准扶贫等一系列战略的提出推动了乡村快速发展，城乡互动频率提高，城乡统筹发展势头向好。近年来，随着新型城镇化的推进，我国城乡融合发展的政策及机制不断完善，城乡融合发展已成为促进国家治理现代化的重要手段（刘彦随等，2021）。

城市与乡村是一个有机体，只有二者共同可持续发展，才能相互支撑。党的十九大报告指出，我国社会主要矛盾转化为人民日益增长的美好生活需要和不平衡不充分的发展之间的矛盾，并强调实施乡村振兴战略，其核心是解决城乡发展不平衡和农村发展不充分等关键问题。中国的乡村振兴不可能完全模仿发达国家的转型发展之路，因为发达国家仅仅依赖强大的财政供给或所有农村剩余劳动力的转移。因此，中国的乡村振兴既要借鉴国外的成功经验，又要结合中国的国情，找到一条具有中国特色的乡村振兴和城乡一体化发展的道路（刘彦随，2018）。基于此，学者们多从城乡融合和乡村振兴的视角出发，研究乡村转型过程、时空格局与地域模式解析，提出村镇发展的规划治理策略，具体包含人口就业、资源开发、环境治理、产业发展、文化传承、制度创新等方面。

乡村振兴包含产业兴旺、生态宜居、乡风文明、治理有效、生活富裕，这意味着乡村发展不仅关注经济产业进步，也需要注重人文与自然的和谐，是对生活、生产、生态全方位的振兴。乡村振兴应当继续巩固农村土地制度改革，健全乡村治理体系，鼓励政府与市场的资本投入，制定优惠政策引导农民返乡就业创业，解决贫困农户生活保障；同时整治乡村自然环境，加强乡村文化的传承保护等，实现重构美丽乡村的愿景。部分学者认为各省之间的乡村建设具有重要的区域特征，乡村振兴战略的实施应充分考虑省情差异（李郇等，2021）。在城镇化过程中，乡村为城市发展提供资源、劳动力等需要，反之，城镇化顺利推进也能带动乡村发展。学者们提出城镇化水平较高的地区一方面能吸引乡村劳动力转移城镇，为之提供良好就业和居住机会；另一方面能为邻近乡村地区提供更多市场、技术、人才支撑，通过企业下乡、入驻乡镇，刺激乡村产业转型，使乡村土地趋向市场化。因此，有必要继续加快城镇化建设，从而辐射带动乡村社会经济发展。具体而言，要以大城市带动中小城市，加强中小城镇建设，鼓励农业人口就近、就地城镇化。通过推动不同等级、层次的城镇化，以城促乡，带动乡村发展，进而缩小城乡差距，实现城乡一体化（王晓芳等，2015；程明洋等，2019）。

目前人们对于乡村振兴战略的理解还存在一些误区：例如，第一，将振兴乡村看作是为城里人构筑下乡休闲旅游的场所，建设乡村的目的是满足城市中产阶级的"乡愁"情结；第二，将乡村振兴战略理解为土地和农村资源的资本化过程（桂华，2018），将其等同于乡村"城镇化"过程；第三，将乡村振兴视为乡村美化工程或新农村建设。这几类观点脱离了乡村振兴战略所具有的"城乡融合发展"的核心内涵，即要将城市和乡村作为一个有机体，促进城乡要素平等交换和公共资源均衡配置（刘彦随，2018）。本小节从乡村性、乡村地域系统理论、"三生空间"、新型城镇化视角下的县域村镇发展、城乡融合和乡村振兴等方面出发，就国内外相关研究内容进行了梳理，旨在为构建基于"县域—乡镇—村庄"的多尺度的分析框架提供理论支撑。具体综述内容如下：

在乡村性方面，研究以县域单元居多，近年有趋向镇域、村域等微观尺度的趋势；已有研究更多集中于实证探讨，即多以统计数据构建专属乡村性评价指标体系，基于不同地域单元对我国典型地区进行乡村性评价研究，对不同类型县域村镇的乡村性演化特征及其机理的认知有待加强。在乡村地域系统方面，乡村地域系统内的管理体制、政策机制所蕴含的"治理"内涵是新时期乡村振兴、县域村镇高质量发展必须重视的核心内容；研究应从乡村地域的要素、结构和功能变化的角度出发，结合地方实际情况，重点关注县域村镇发展、转型、分化、结构调整和治理之间的关系逻辑（杨忍和陈燕纯，2018）。

在"三生空间"方面，已有研究主要从内涵界定、空间分类与识别、空间评价与优化等三个方面展开，总体上已经形成了较为完善的理论实践体系，但对于村镇尺度的"三生空间"的研究还略显薄弱。学界的研究成果主要包括"三生空间"基础理论的探讨、演变机制特征分析、宏观优化策略等相关内容，对于中微观县域村镇发展的优化路径、空间优化成果评价、典型案例的实证分析和城乡一体化发展的优化体系构建等方面研究较少，亟须理论指引和实践补充。

在新型城镇化视角下的县域村镇发展方面，已有研究多从空间组织的角度出发对新型城镇化空间组织模式进行理论构建，或者从实证的角度对新型城镇化发展的典型案例模式进行剖析。中国特色的新型城镇化强调城乡要素之间的可持续流动，关注以城乡统筹为主要路径的差异化，有必要从城乡要素流动与融合发展的视角重新审视新型城镇化，重视区域城乡发展格局，提出涵盖县域村镇体系的发展战略，尤其关注基于"县域—乡镇—村庄"的多尺度的城乡要素的协同特征、影响因素等，为推动实现新型城镇化提供科学支撑与参考。

在城乡融合和乡村振兴方面，已有研究多围绕单个实证案例探索城乡融合和乡村振兴的发展路径，缺乏对不同类型、不同机制的县域村镇发展模式的总结。另外，研究应进一步结合不同地区县域村镇的基本特征，概括县域村镇发展的地域分异及制约因素，在总结现有县域村镇发展模式和路径的基础上，思考未来县域村镇发展方向，以此为国家乡村振兴战略需求提供参考和借鉴。

通过综述县域村镇研究相关理论与视角，系统性地回顾县域村镇研究的基础理论，发现有必要加大对县域及以下尺度发展模式与规划治理的研究与探索，从多维度融合视角理解我国县域村镇发展，有助于构建基于"县域—乡镇—村庄"的多尺度分析框架。

2.3　县域村镇发展模式及其识别方法

2.3.1　发展模式

村镇是城乡地域体系的重要组成部分，村镇建设对实现城乡一体化、促进城乡要素有序流动、村庄转型发展具有重要意义。县域村镇的发展模式是县域村镇地区在不断推进现代化的过程中逐步形成的一种独特的发展过程和路径。选择合适的发展模式，对规划县域村镇发展战略，加快县域村镇发展具有十分重要的作用（刘吉超，2013）。县域村镇发展模式是根据县域村镇在区域环境、发展水平、人力资本、资源禀赋等方面的特点和实际情况而设定的。根据我国县域村镇的发展情况，可以从不同维度对我国县域村镇的发展模式进行归纳总结。当前我国学者主要从发展动力源、主导产业、不同地域类型、发展经验的典型性等维度对我国县域村镇发展模式进行总结。

2.3.1.1 以发展动力源划分的发展模式

我国县域村镇发展建设模式的形成和演变，受到自然资源、经济发展、生产力水平、历史传统和政府行为等诸多因素的影响和制约，是多种因素综合作用的结果（张占录和杨庆媛，2005）。识别县域村镇的发展动力源有助于明确县域村镇的发展模式。

基于中国县域经济发展现状，宋效中等（2010）指出中国县域经济发展中存在的问题，并根据中国县域经济的特点，对中国发达县域经济发展的主要模式进行了研究。研究将县域发展模式分为资源主导型、产业发展型和综合发展型。其中，资源主导型是指通过充分利用该地区特有的自然和人文资源来促进和发展该县的经济；产业发展型是指县城集中发展某一产业，通过其横向和纵向的拉动作用，带动整个县域经济的发展；综合发展型是指县域经济经过长时间的综合发展，已趋于成熟，产业体系完整，基础设施、科技、文化等事业全面发展，县域经济整体竞争力较高，可持续发展能力较强（宋效中等，2010；应新杰和赵媛，2007）。

基于 2005 年和 2017 年乡村人口统计数据和农村居民点矢量数据，李红波等（2020）定量分析了县、镇、村不同尺度下乡村人居空间变迁特征及差异并进行了类型划分，将发展模式划分为城镇化主导型、产业主导型、交通主导型、产业—交通复合主导型和政策主导型。其中，城镇化主导型的主要特征是乡村人口大量向城镇转移造成农村宅基地闲置，外来人口聚集城郊导致住房需求无法及时满足而形成的错配困境；产业主导型包括两种模式，一是工业主导的发展模式，二是旅游业主导的发展模式；交通主导型主要通过适当兼并一些衰落的农村居民点，将闲置土地用于村庄的公共服务和基础设施建设；产业—交通复合主导型关键在于产业和交通的共同主导，通过对当地资源和设施的合理布局及有效利用增强村庄的活力；政策主导型主要基于政策实施，通过企业进园区、农民进社区、农业规模化等方式，在保证耕地总量不减少的前提下，提高农村居民点的利用效率，促进城乡融合（李红波等，2020）。

以县域村镇发展动力源的差异性为依据，屠爽爽等（2015）综合村镇发展主导功能，提炼村镇建设和发展模式。通过从动力源的差异性切入，将其分为外援驱动型、内生发展型和内外综合驱动型三个一级模式。其中，外援驱动型模式以城乡要素流动为纽带，以产业互动为链条，通过工业反哺农业、城市带动农村，促进农村土地流转和村镇空间重构，实现农村社会和经济发展；内生型发展模式是依托农村独特的资源优势、区位条件和经济基础，通过发展特色高效农业、乡镇工业和农村文化产业，优化内生型发展模式；内外综合驱动型是指村镇发展在依托自身良好的资源优势的同时，离不开城镇化和工业化的带动，呈现出明显的内外结合的迹象。在一级模式基础上，从农村主导功能视角，将村镇建设模式进一步细分为城镇建设带动型、劳务输出带动型、农业专业化和产业化带动型、乡镇工业带动型、乡村文化产业带动型、旅游产业带动型以及专业市场组织型7个二级模式（屠爽爽等，2015）。

综合以上研究发现，以发展动力源划分的县域村镇发展模式主要是基于县域村镇的主导功能判定、发展现状研判等，且大多学者将发展动力源分为外援驱动型和内生发展型，其中，外援驱动力主要包括城镇建设、城乡要素流动等，内生发展驱动力主要为县域村镇自身的经济、社会、文化的发展带动。

2.3.1.2　以主导产业划分的发展模式

县域村镇的产业发展伴随着结构提升和规模聚集，需要不断对资本、技术、土地与劳动力等提出新要求。而主导产业作为发展的主要驱动力，可作为划分县域村镇发展模式的重要依据。

基于产业驱动的视角对县域经济发展模式进行分析总结，赵伟（2007）认为县域经济发展模式可以划分为工业驱动型、农业驱动型、第三产业驱动型、资源禀赋驱动型四种类型。工业驱动型是指已基本完成工业化的县域，具体可细分为大城市依托型工业化、内生型工业化、开放型工业化；农业驱动型依据推进机制的差异可进一步细分为都市现代农业模式、政府引导扶持模式、农民自主经营模式、龙头企业带动模式、优质专用特色农产品模式、支柱产业带动模式、市场需求导向模式；第三产业驱动型是指通过服务业的发展带动三大产业全面进步的模式；资源禀赋驱动型则注重发掘本区域自然、社会、经济、技术等各方面的禀赋与特质，并以资源优势为基础整合产业结构、产品结构、生产布局、经营管理、组织形式、战略规划等政策要素。

通过研究典型村镇的乡村重构演变阶段及驱动因素，屠爽爽等（2019）认为随着流转耕地引入外来资金，村域经济形态由农业主导型向工业主导型、旅游业主导型进行转变。从产业结构上对县域经济发展模式进行分析，可把县域经济发展模式界定为以下几种：农业主导型、发展企业型、高科技企业带动型、大企业带动型、经济联合型。通过人口转移、就业变化、经济转型、土地利用等四个方面对环渤海地区县域层面的城乡转型程度进行综合测评，李玉恒等（2014）将发展模式划分为农业主导型、工业主导型、商旅服务主导型和均衡发展型。

乡村产业内涵丰富、类型多样，发展乡村产业是乡村全面振兴的重要根基。总体而言，现有以主导产业划分的县域村镇发展模式主要基于以下两个要点：一是分析产业结构，通过识别县域村镇的产业结构，明确产业发展重点；二是发挥特色优势，根据资源优势，聚焦特色主导产业，吸引资本聚镇、能人入镇、技术进镇，促进村镇高质量发展。

2.3.1.3　以不同地域类型划分的发展模式

地域类型是指在一定的地理环境中，在长期的历史发展过程中形成的具有相似发展条件、生产结构、发展特点和发展方向并具有相对稳定性的若干地区或单位组成的地域单元。由于我国幅员辽阔，县域村镇地域差异显著，遵循不同地域县域村镇发展的客观规律，把握各要素的地域差异，是实施乡村振兴战略、实现村镇可持续发展的客观要求（刘彦随，2018）。

基于环境、人文、经济、资源等维度刻画的乡村发展水平，周扬等（2019）结合综合性测度、主导型因素对乡村地域类型进行划分，首先采用聚类分析对我国乡村地域类型进行一级分区，将其分为新疆区、青藏高原区、内蒙古高原区、东北区、黄土高原区、黄淮海平原区、东南沿海区、长江中下游区、华南、四川盆地区、云贵高原区；然后针对一级分区进行二级区划分，以长江中下游区为例，将其划分为两湖平原自然条件主导型较高水平区、大别山自然条件主导型较高水平区、鄱阳湖平原自然条件主导型较高水平区、南岭自然资源制约型中等水平区。

通过构建乡村地域系统多要素指标体系，其中关键指标包括地域地理环境、资源禀赋、村镇化水平、人口流动程度和老龄化水平，刘彦随等（2019）系统梳理了具有地域特色的村镇发展模式，将其划分为东北自然本地约束区、东北内生动力约束区、西北自然本底约束区、华北内外综合带动区、黄土高原自然本底约束区、青藏高原自然本底约束区、四川盆地内生动力约束区、长江中下游内外综合带动区、东南沿海外援动力主导区、江南内外综合约束区、云贵高原自然本底约束区、华南内外综合带动区，为顺利推进乡村振兴战略的地域差异化发展提供科学依据。

依托城乡融合系统和乡村地域系统理论，李琳娜等（2019）以宁夏回族自治区盐池县为例，将县域村镇发展模式分为城乡融合发展型、乡村综合发展型、村镇有机发展型和居业协同发展型，其中城乡融合发展型是由城镇和乡村两个地域系统相互交叉、相互融合的发展类型；乡村综合发展型是由社会、经济、资源、环境等不同要素相互作用的发展模式，从功能上又可划分为农业主导型、工业主导型、商旅服务型等不同类型的乡村发展区；村镇有机发展型着重培育产业空间集约化、生态空间文明化、文化空间地域化、人居空间社区化；居业协同发展型则强调居住与就业协同发展。

我国地域类型多样，不同地理要素呈现出从南到北、从东到西、从东南沿海到西北内陆的地域分异格局，城乡空间格局的差异也决定了乡村地域类型的多样性（周扬等，2019；刘彦随，2018；刘彦随等，2019）。研究发现，以地域类型划分的县域村镇发展模式主要是基于资源要素禀赋、乡村综合发展水平、城乡融合发展状况等。

2.3.1.4　以发展经验划分的典型发展模式

我国区域差异显著，形成了各式各样的具有区域典型特色的县域村镇建设和乡村发展模式，如"苏南模式""温州模式""珠三角模式""阜阳模式""义乌模式""大邱庄模式""袁家村模式"等。

"苏南模式"起源于20世纪60年代，由费孝通先生于1983年总结而来，具体是指以乡村集体企业为主，通过发展乡镇企业实现非农化发展的方式（毛帅等，2012）。传统的苏南模式以"自发性""可持续性"以及"农民市民化"为核心，是一种"主动式和内源式"相结合的乡村发展路径，但仍存在着一些问题，如政企不分、产权模糊不清等（武小龙和谭清美，2019）。学者们将 20 世纪 90 年代中期以后的苏南发展模式称之为"新苏南模式"，一般是指从传统的苏南模式演变而来的新型区域发展模式（李兴山，2012）。"新苏南模式"以"制度创新和城乡融合"为核心，更强调发展外向型经济，以集约式、规模化的经营为主，逐步向资源丰富的城镇集中布局产业园区，旨在推进城乡融合（武小龙和谭清美，2019）。

"温州模式"的形成过程是"强市场、弱政府"模式在一定时期内动态作用的结果（杨云龙和何文虎，2013）。温州模式是一个典型的内向型民营经济发展模式。经济增长的主要动力包括生产要素的集中和产品市场的准入，不是基于国家或外国投资，而是主要基于民间资本、区域和国内市场。近年来，特别是国际金融危机爆发以来，温州许多家族企业都在向"新温州模式"转型，"新温州模式"具有跨区域化、家族企业现代化、企业发展国际化、经济发展自律化等特征（李兴山，2012）。可见，改革后"新温州模式"的形成是强市场、强政府模式动态作用的结果。

与温州模式和苏南模式不同，在"珠三角模式"的形成过程中，政府干预和市场机制并存，二者没有绝对的强弱之分（杨云龙和何文虎，2013）。珠江三角洲是我国重要的经济中心，改革开放以来，珠三角率先开放，逐步形成了以乡镇企业、"三资"企业和"三来一补"为主的发展模式（卢荻，2009）。由于珠三角位于大陆南端，毗邻香港和澳门，同时可以利用境外的资金、技术、设备和市场，走外向型经济发展道路。费孝通先生在调查了珠江三角洲乡镇企业的发展后，提出了中国乡镇企业的"珠三角模式"。随着珠三角地区经济的快速发展，珠三角各地区政府不断认识和调整自己的职能，使市场化的配置资源机制不断完善，强市场—强政府模式一直处于动态优化过程中（杨云龙和何文虎，2013）。

近年来形成的"义乌模式"可以概括为以商品市场发展为龙头、以市场经济为主导的产业集群，与城市化进行良性互动，并以点线面的加速度推动县市、村镇、乡村发展的一种模式（徐剑锋，2002）。"阜阳模式"是以城郊为代表的城乡融合发展型的发展模式，其最鲜明的特征是放手发展私营经济，让部分人先富裕以带动农村的改革发展。"大邱庄模式"是指天津市静海县大邱庄以农工商联合公司形式发展农村商品经济的模式。"袁家村模式"则是为了突破村镇资源匮乏的困境，以发展新型集体经济为核心，推动村镇进行乡村重构的发展模式。

这些发展模式为其他相似的乡村地域空间提供了发展样本和参照物，并且是一个不断演进的发展过程（屠爽爽等，2015）。通过总结典型县域村镇的发展经验，对特色改革和发展道路进行理论概括，有助于更好地理解区域经济运行机制，为新时代中国乡村振兴提供有力支撑。

2.3.2 识别指标及方法

村镇是一个由相互作用的元素组成的开放系统，不断与其他乡村地域系统和外部城市系统交换物质和能量（屠爽爽等，2015）。但当前我国村镇规模偏小、服务功能弱、城乡发展失衡，要破解城乡经济失衡、村镇低效发展的困境，亟须研究强化村镇地域功能，识别村镇发展模式，实行分类精准施策（刘彦随，2018）。目前学界多基于村镇发展水平的综合测度来识别村镇发展模式，而采用何种指标体系和测度方法是测度县域村镇发展水平的关键（表2-1）。

我国县域村镇发展模式识别指标及方法 表2-1

作者（年份）	指标体系	方法	分类结果
李平星等（2014）	生态保育功能、农业生产功能、工业发展功能、社会保障功能	局部空间自相关、空间基尼系数	生态主导型、农业主导型、工业主导型和社会主导型、生态—农业型、生态—工业型、农业—社会型弱综合型、强综合型
屠爽爽等（2015）	—	定性分析方法	外援驱动型、内生发展型、内外综合驱动型
贺艳华等（2018）	人口转型度、土地利用转型度、产业转型度	均方差决策法、主体功能区划	重点开发区、农产品主产区、重点生态功能区
周扬等（2019）	环境、资源、人文、经济	自组织神经网络（SOM模型）	11个一级区和45个二级区；11个一级区为新疆区、青藏高原区、内蒙古高原区、东北区、黄土高原区、黄淮海平原区、东南沿海区、长江中下游区、华南区、四川盆地区、云贵高原区

续表

作者（年份）	指标体系	方法	分类结果
乔陆印（2019）	自然本底、区位条件、宅基地利用状况、资源禀赋	ArcGIS 自然间断点分级法	城郊融合型、集聚提升型、传统农业型、特色保护型、搬迁撤并型
徐凯和房艳刚（2019）	农业生产功能、非农生产功能、居住生活功能、生态保障功能	ArcGIS 自然间断点分级法、全局空间自相关、Spearman 等级相关系数	农业生产型、非农生产型、居住生活型、生态保障型、农业生产—非农生产型、非农生产—居住生活型、非农生产—生态保障型、弱综合型
王光耀等（2019）	农业生产功能、人居生活功能、生态保育功能	泰尔指数、ArcGIS 自然间断点分级法	农业生产区、人居生活区、生态保育区、人居生活—农业生产复合区、人居生活—生态保育复合区、生态保育—农业生产复合区、农业生产—人居生活—生态保育综合发展区和农业生产—人居生活—生态保育综合协调区
方方等（2020）	人口要素、农业要素、非农业要素	位序 - 规模法则	人口—非农业要素滞后的弱就业功能型、人口—农业要素滞后的弱就业功能型、人口—非农业要素相对滞后的低水平居业均衡型、要素相对耦合的高水平居业协同型、非农业要素滞后的弱居住功能型、农业要素滞后的弱居住功能型

注：基于部分现有研究的总结。

2.3.2.1 识别指标

指标体系方面，现有研究多综合考虑物质环境因素、社会环境因素、制度环境因素等多维度因素，并结合数据可获取性构建识别县域村镇发展模式的指标体系。

周扬等（2019）考虑环境、资源、人文、经济等多个维度，构建了乡村综合发展水平评价指标体系。在环境层面，选取海拔、坡度、地表破碎度反映县域地形地貌条件，净初级生产力（Net Primary Productivity, NPP）表征乡村生态系统可持续发展水平。资源层面，选取人均耕地面积和年降雨量反映乡村发展的资源禀赋条件。人口层面，选取农村人口老龄化和受教育程度表征乡村人口质量，采用城镇化率、城乡居民收入差异表征城镇对乡村发展的影响与城乡融合发展程度，采用道路交通密度表征乡村对外联络和对内沟通的难易程度，采用农业机械化水平反映地区农业现代化发展水平的高低，采用农村人口外流率反映城镇对乡村人口的吸引力。经济层面，选取人均 GDP、人均消费水平和地方财力状况来表征地区对农村产品的消费需求和支撑状况，采用农业发展优势度来体现地区经济发展背景下的农业发展状况，采用农民收入水平来体现农民在发展过程中分享经济发展成果的状况。

部分学者从人口、土地利用、产业等方面出发，构建了乡村转型发展评价指标体系，其中，人口转型度的测度指标包括城镇化率变化率、从业人员结构变化率、农村居民恩格尔系数变化率、城乡居民收入比变化率；土地利用转型度的测度指标包括耕地面积占比变化率、林地面积占比变化率、农村居民点面积占比变化率；产业转型度的测度指标包括产业结构变化率、机耕面积比例变化率、农业产出率变化率（贺艳华等，2018）。还有学者从农业生产功能、非农生产功能、居住生活功能、生态保障功能等方面构建了乡村地域多功能评价指标体系（徐凯和房艳刚，2019），其中，农业生产功能包括人均耕地面积、粮食单产、土地垦殖率、人均粮食、蔬菜、油料、林牧渔产量；非农业生产功能包括乡村从业人员非农就业比例，第二、第三产业产值占 GDP 的比例，人均第二产业、第三产业产值，财政收入占 GDP 的比例，人均固定资产投资；居住生活功能包括地区人口密度、公路交通密度、万人拥有卫生机构床位数、农村居民人均纯收入、农村居民人均生活消费支出；生态保育功能包括森林覆盖率、地均化肥使用量、地均农药使用量、地均地膜使用量、NDVI 均值。

综合以上文献发现，学者们主要从以下三个角度来评估县域村镇的发展水平：

一是基于村镇系统各构成要素的综合测度。有学者采用城乡空间均衡模型阐释促进城乡融合发展、实施乡村振兴的关键问题，而城乡空间均衡模型的关键在于重视经济、社会、生态效益的综合统一（何仁伟，2018）。有学者从乡村主体、产业、环境、资源等方面构建识别指标体系，通过乡村类型识别系统逐项判断主导类型，然后结合专家征询分析将乡村类型归类，从而划定不同类型村落，为分类推进乡村发展提供理论参考依据（文琦和郑殿元，2019）。

二是从外源性因素、内源性因素来评估县域村镇发展水平。外源性因素是指政府宏观政策，比如乡村建设相关政策、村镇发展规划、战略目标等内容。内源性因素则更为多样化，具体包括资源环境、区位条件、经济基础、文化特质、工业化、城镇化等因素。李伯华等（2017）认为需要从地域空间环境、自然生态环境和社会文化环境等三个内源性因素构建评价指标体系，测度村镇转型发展的程度，识别村镇发展模式，判断和预测其总体发展趋势，提出基于村镇可持续发展的空间引导政策。

三是基于城乡融合和乡村地域系统两个维度来综合评估村镇发展水平。城乡融合主要从经济发展、社会发展、环境发展、基础设施建设等方面测度。乡村地域系统是由人文、经济等构成的主体系统和资源、环境等构成的本体系统复合而成（刘彦随，2018），主要是由人口、社会、经济、资源、环境等要素进行评估。学者们通过构建乡村地域多功能评价指标体系，分析农业生产、非农生产、居住生活和生态保障四类功能的空间格局特征，识别各区县优势功能类型，并提出未来发展的政策建议（徐凯和房艳刚，2019）。

2.3.2.2 识别方法

识别方法上，早期主要是通过归纳演绎、田野调查等定性方法，目前识别县域村镇发展模式多以定量分析方法、自动化分类方法为主，主要包括模糊综合评价法、遗传算法、机器学习、GIS 空间分析方法等。

早期研究主要通过归纳演绎法、田野调查法等定性方法识别县域村镇发展模式，例如，屠爽爽等（2015）基于"要素—结构—功能"关联的视角，阐述了村镇建设和农村发展的机理，基于农村发展动力源的差异性，将村镇建设和农村发展模式划分为外援驱动型、内生发展型和内外综合驱动型三个一级模式。基于城乡统筹视角，根据地域类型、产业类型及居民点建设情况，杨露等（2013）将苏州市边缘区乡村分为平原区—农业主导型、平原区—工业主导型、平原区—旅游主导型、水网区—农业主导型、水网区—工业主导型、水网区—旅游主导型、丘陵区—农业主导型、丘陵区—旅游主导型。

随着相关研究的科学化、精细化发展，针对县域村镇类型识别的研究方法以定量分析为主，其中，GIS 空间分析、模糊综合评价法成为最主要的识别方法。徐凯和房艳刚（2019）采用 ArcGIS 自然间断点分级法和全局空间自相关分析农业生产、非农生产、居住生活和生态保障四类功能的空间格局特征，由于数据分布存在不满足正态分布的情况，故采用 Spearman 等级相关系数定量描述乡村地域功能间的交互作用。基于 2005 年和 2017 年乡村人口统计数据和农村居民点矢量数据，研究者们定量分析了县、镇、村不同尺度下乡村人居空间变迁特征及差异并进行了类型划分（李红波等，2020）。李伯华等（2017）认为需要综合集成三维数字化、遥感与GIS 以及数理模型等研究方法，重点研究传统村落人居环境系统的演化规律、阶段判别、类型区分、动力机制等。武前波等（2022）从经济基础、土地利用、基础设施、社会发展四个方面构建乡村性评价指标体系，运用模糊综合评价法对浙江省 1218个乡镇单元进行评价，揭示其空间分异特征，划分浙江乡村发展类型，以期推动乡村振兴战略实施。

近年来，计算机、人工智能及大数据分析成为研究的热门技术，目前大部分县域村镇分类识别方法以自动化分类为主，遗传算法、机器学习等方法逐渐受到重视。通过构建产业兴旺、生态宜居、乡风文明、治理有效、生活富裕的乡村振兴评价指标体系，郭豪杰等（2019）运用实数编码加速遗传算法的投影寻踪模型测算我国各省的乡村振兴发展水平。周扬等（2019）运用自组织神经网络（SOM 模型）识别我国乡村地域类型及分区，将全国乡村地域类型划分为 11 个一级区和 45 个二级区，其中，一级区包括新疆区、青藏高原区、内蒙古高原区、东北区、黄土高原区、黄淮海平原区、东南沿海区、长江中下游区、华南区、四川盆地区、云贵高原区。根据各省农房的人文地理特征，李郇等（2022）通过运用 Mask R-CNN 深度学习框架，利用亚米级遥感影像对全国农房进行密度分析，有助于以不同农房密度为依据对全国村镇或聚落进行类型划分。

综上所述，当前有关县域村镇发展模式的研究主要基于村镇发展水平的综合测度。既有研究主要从三大角度评估县域村镇的发展水平，一是基于村镇系统各构成要素的综合测度，二是从外源性因素、内源性因素来评估县域村镇发展水平，三是基于城乡融合和乡村地域系统两个维度来综合评估村镇发展水平，导致相关评价结果存在不一致性。研究发现，现有评价体系对地方实践的指导性较弱，具体体现在三个方面：一是由于指标体系过于繁杂，部分指标难以测度；二是次级指标之间互为前置，可操作性较差；三是对于地方文化、地理特征等在地性因素缺乏有效融入。

目前不存在通用的村镇发展模式识别方法，早期研究主要是通过归纳演绎、田野调查等定性方法，而现有研究多以定量分析方法、自动化分类方法为主，主要包括模糊综合评价法、遗传算法、机器学习、GIS空间分析方法等。通过构建指标体系，借助相关数据或指数模型，如村庄分类概念模型、村庄发展指数、引力强度模型等等，定量测度村镇发展水平，进而识别县域村镇发展模式。而且研究数据类型多样，社会经济数据主要来源于统计年鉴、国民经济和社会发展统计公报，人口数据主要来源于人口普查资料，道路交通数据主要来源于国家基础地理信息中心，地理要素数据主要来源于中国科学院资源环境科学数据中心等数据库。

未来，研究需要因地制宜，构建服务于乡村振兴国家战略实施和绿色宜居村镇建设目标需求的村镇发展模式识别与分类技术体系，为村镇发展潜力分类型评价提供技术支撑。

2.4 县域村镇规划治理

2.4.1 县域村镇规划

快速城镇化背景下，中国乡村空间利用正面临着前所未有的机遇与挑战。2018年9月，中共中央、国务院印发了《乡村振兴战略规划（2018—2022年）》，提出分区、分类推进乡村发展。乡村振兴必须尊重乡村地域分异规律，以解决乡村发展问题为重点，以补齐乡村发展短板为目标，实现城乡融合，分区、分类、分级推进乡村振兴战略（刘彦随，2018）。如何实现乡村转型重构并探索合适的乡村发展模式已成为乡村振兴时期普遍热议的话题。弱乡村性地区的乡村自然、经济基础条件良好，农业生产现代化水平高，外向型经济及区位、资源优势使乡村产业更趋向多元化、特色化；强乡村性地区以传统农业为主，人口外流产生了诸多乡村问题，在转型中面临的困境也较多。研究发现，学者们认为对强乡村性地区代表的传统乡村而言，需借鉴优秀案例，进行合理的产业转型。如充分挖掘自身特色，发展粮食基地、农业产业园等；鼓励土地规模流转，鼓励发展农村合作社、家庭农场及农业企业等自下而上的新型经营主体；将村庄规划与文化创意相结合，以自下而上的方式注重从空间肌理再造、半公共空间营造和街巷空间内部化的角度进行改造，在保留村庄特色的同时，带动当地经济发展，促进传统村庄的更新（李郇和郑佳芬，2016）。针对弱乡村性地区代表的郊区乡村，发展现代化、专业化农业，创新农业技术，同时发展多元化产业经济，鼓励村民返乡就业创业，促进产业转型（陆洲等，2010；龙花楼等，2011）。由于自然条件、资源禀赋状况、经济基础的不同，以及区位条件、历史文化等各种因素的影响，不同地区乡村发展状况差异较大，面临的挑战和困难也大不相同。因此，考虑到区域差异，学者们认为乡村振兴要因地制宜、循序渐进，根据各乡村发展分区的主要限制因素确定发展方向和路径（周扬等，2019）。

　　进入新时期，村镇也是全面推进乡村振兴和城乡融合发展的重要阵地，加快推进村镇规划转型与治理能力现代化成为当务之急（陈文胜和汪义力，2022）。中国幅员辽阔，地理条件复杂，全国各地区的村镇在地形、气候、人文、经济和政治等方面有很大差异，发展模式及其治理机制也不相同。在快速城镇化过程中，原有地域要素逐步解体，村镇生产经营模式、劳动力形式、消费结构、城乡关系、工农联系等领域均出现了重要变化，同时许多乡镇受到了以服务为核心的管理模式变革的冲击。有学者强调村镇规划的本质应该是一种基于公众参与的新型社区规划，核心则是振兴农村传统集体主义，培养村民的自信心和组织能力，为村民带来持久的利益（李郇等，2014）。但我国部分村镇规划建设管理照搬城市模式，不适应农村小聚落、规模小、布局分散的特点（李郇等，2021）。欠发达地区尤其需要在这种城乡关系的快速变化中找到适合自己的发展方式。这不仅是对欠发达地区经济发展的迫切需求的回应，也是村镇自身在城乡转型背景下主动适应社会经济环境的重要选择。

　　作为中国东部沿海经济发展较快的地区，浙江省小城镇及村镇的开发与建设一直走在全国前列。政府积极推行"强镇扩权"政策，并全面实施了核心镇培育工程，确定了141个核心镇进行财政投资、户籍、建设用地制度、农村集体资产管理、就业和社会保障等方面的改革，巩固了浙江省诸多强镇的主导地位（陈前虎等，2012；张丙宣，2015）。政府重点探索"小城镇培育"等创新路径，通过体制机制创新和政策支持，主要干预和引导以产业规划和城镇规划为核心的小城镇规划，扶持中心镇的发展并推动特大镇向小城市转化。江苏省村镇发展起步也比较早，村镇数量多、发展快，崛起的村镇企业及相匹配的规划建设极大推动了村镇的快速发展（王雨，2020）。为推动村镇的高质量快速发展，在各级地方政府自上而下的有力控制下，通过撤乡并镇推动城乡空间资源集聚，逐步改变了县域村镇分散开发的局面。撤乡并镇促进了中心城镇发展要素、空间集聚，为江苏城镇化发展提供了强大推力（胡怡，2020）。

村镇发展离不开宏观战略引导与规划建设布局，村镇规划建设是实现乡村振兴的重要手段。当前不同区域农民生活水平存在较大差距，公共、基础设施配套不均，严重阻碍了区域一体化发展。有学者认为要破解区域内乡村地区的脱贫困境，需重视不同尺度下的村镇规划和建设研究。一方面，应加强有关区域空间、交通体系、产业带布局、配套设施体系等专项规划，在区域层面实现统一布局，落实战略政策；同时，强化区域发展策略，以区域增长极辐射带动整个区域发展。另一方面，从具体村镇来看，乡村地域空间是乡村经济、文化、社会的承载体，合理的村镇规划建设不仅能有效配置村落资源，保证各空间功能有效发挥，也有助于保护人文生态，建设美丽乡村，落实乡村振兴，因此也应当重视微观尺度的村镇规划和建设研究，服务村镇全方位发展（刘宇红等，2008；乔杰等，2017）。

2.4.2　县域村镇治理

发达国家的村镇治理理论研究和实践起步比较早，积累了不少先进经验，对我国的县域村镇治理工作有着很大的借鉴意义。美国村镇地区自治主要包括下列特点：一是重视公民权利，公共决策通过直接投票机构进行；二是决策运行机制透明公开，听证会议成为地方政府最高效的决策形式；三是地方政府官员由选民直接监督，选民也有权罢免官员；四是村镇有大量的社会组织，大多数村镇由不同规模、类型和影响力的社会团体自我管理，包括农民协会、商会、工会、体育俱乐部、社会卫生组织、基金会等（覃糠，2017）。作为基层自治单位，德国的村镇也称为社区，对辖区内的一切事务负责。德国村镇自治具有法律依据及良好的民主文化，其民主领导大多经由乡镇议会进行。作为立法和行政机关，村镇议会作用主要是制定村镇规章、进行重大决定以及监督村镇治理。在村镇治理资源整合领域，德国主要通过调整村镇行政区域，减少村镇数量，进而降低政府的管理开支，增强部门办事效率，有效促进社会发展（曾学华，2016）。

总体而言，美国和德国的村镇治理水平较高，在村镇自治、治理体系建设、村镇行政部门适应性、社会组织参与等方面积累了丰富的经验，对我国县域村镇治理的创新实践具有较好的借鉴意义。

作为地方政府治理的场域和对象，县域村镇空间是我国实现乡村振兴和治理现代化的关键要素（陈文胜和汪义力，2022）。新时期乡村振兴挑战与国土空间资源配置问题密不可分，基于空间治理建构乡村振兴的实践路径引起了国内大部分学者的关注。但是传统的县域村镇空间治理领域多专注于生产、生活、生态等"三生空间"治理，过于注重物质空间治理在县域村镇空间治理中的角色（戈大专等，2018），一定程度上忽略了对村镇治理多元主体的互动关系、决策机制的探讨。

在当前构建国土空间治理体系的背景下，相关规划实践及研究更加重视人本主义，针对村镇治理主体及治理模式的探讨受到了关注。在当前我国的村镇治理体系中，治理主体主要由村镇党委、村镇政府、村镇派驻单位和社会力量构成，其中，政府部门和村委会在正式制度下发挥作用，而市场和社会的力量则在非正式制度范围内产生作用（古情华等，2019）。不同空间治理主体在乡村场域中发挥各自作用，而且不同阶段的乡村治理过程都是由多元主体相互作用的结果，在多元互动中逐步构成了"国家—社会—市场—村民"的良性互动体系结构，进一步推动了村镇治理现代化的发展（储金龙等，2022）。根据"协同治理"理论，学者们提出要实现村镇基层政权的"软着陆"，应明确村镇治理的逻辑，完善当地公共财政体制，优化治理结构等协同治理实践（高军龙等，2015）。部分研究以浙江三门县横渡镇为例，采用"多中心治理"理论加以实证分析，为该镇不同类型的各类行政村庄明确了具体的治理方式与发展环境，以便较好地解决乡村振兴中的乡镇治理难题，以期为浙江其他乡镇的治理优化提供参考（张紫鹇等，2021）。

在村镇治理体系建设及优化对策等领域，学者认为应强化乡村空间治理，强化基层组织能力，通过优化多元主体参与机制促进乡村发展新格局的形成。部分学者立足于多元主体的乡村社会基础，提出村民参与、规划师等第三方主体协同、政府赋权的配合机制，并将该机制融入传统社会治理模式，形成基于村镇内生发展的沟通型治理模式（李娜和刘建平，2021）。乡镇政府在维护其核心地位的同时，必须全面关注市场和社会力量、借鉴非正式体制的优势，开展体制创新，保证二者之间良好健康的互动关系（古倩华等，2019）。

目前学界针对村镇治理的相关研究为理解村镇治理内涵和机制提供了重要借鉴，但已有研究多围绕单个实证案例探索村镇治理优化路径，缺乏对不同类型、不同机制的村镇治理模式的总结。一方面，研究应进一步结合不同地区村镇的基本特征，概括村镇发展的地域分异及制约因素，在总结现有村镇治理模式和路径的基础上，思考未来乡村振兴方向，以此为国家乡村振兴战略需求提供参考和借鉴。另一方面，中国特色的新型城镇化强调以城乡统筹为主要路径的差异化，有必要从城乡融合发展的视角重新审视村镇治理，尤其关注多元治理主体的互动特征、决策机制等，为推动实现新型城镇化提供科学支撑与参考。

第
3
章

县域发展水平分异与动力机制

县域是实现城乡融合发展的重要切入点，是连接城市、服务乡村的关键纽带。在国土空间规划体系中，县级国土空间规划对上要细化其刚性管控要素，如生态控制线、基本农田保护线、建设用地指标和耕地指标等，同时在发展层面落实市级提出的协同发展的战略性要求；对下应起到原则性引领的作用，在战略高度、在全域尺度协同发展与保护，提出方向性、原则性的纲领。因此，县域发展对其下辖乡镇、乡村发展具有重要的指导作用。从县域层面上统筹资源，设计相应政策制度，对于乡村振兴的有序推进具有重要影响。

本章以县域为分析单元，从"长江经济带—中部地区—湖北枣阳市"三个尺度，分析不同区域县域的乡村发展水平差异，并揭示其动力机制。第一部分刻画了长江经济带乡村性的时空分异格局，并且从自然环境、区位条件、农业技术、政府支持、资本投入、市场调节等方面探索了其乡村性的驱动机制。第二部分聚焦中部地区，包括山西、河南、安徽、湖北、江西、湖南 6 个省份，识别其乡村的基本特征、功能类型、地域分异特征；并以湖北省为例，总结了"政府主导型""市场主导型"和"社会主导型"三种乡村振兴模式。第三部分以湖北省襄阳市枣阳市为例，构建了乡镇发展水平评价指标体系，对乡镇发展动力进行识别，并总结其发展模式。

3.1 长江经济带乡村性的时空分异格局及驱动机制

进入 21 世纪，全球化、工业化、城镇化、信息化的快速发展引发了城乡格局的剧烈变动，传统乡村的功能结构和地域要素逐渐发生转变，并在地区间持续地互动、交换、配置过程中重组重构（李红波等，2015）。作为结果，乡村在社会群体、经济产业、自然景观、文化制度、空间聚落等方面不断向城市转型。在此过程中，由于乡村地域的资源禀赋、地理区位、生产力等内在性差异，以及战略政策、市场环境、资本投入等外在性力量和要素的不均衡分配（张富刚和刘彦随，2008），乡村之间呈现差异化发展，反映在区域层面尤为显著。长江经济带是我国重大国家战略发展区域，也是重要的乡村功能区（王光耀等，2019）、粮食生产及现代农业基地。2017 年，区域乡村人口、农业总产值及粮食生产总量分别占全国的 43.04%、41.80%、36.44%（国家统计局，2018），可见乡村发展的战略支撑作用。然而，长江经济带长期存在东、中、西部的社会经济发展差异（李晶晶和苗长虹，2017），且区内各乡村的内在条件和外部资源供给不一，使乡村在发展过程中呈现显著的异质异构。乡村性（Rurality）是描述乡村地域特征、识别乡村地域内部差异的重要指标（李红波和张小林，2015），其时空分异能有效反映乡村发展及转型的基本面，揭示区域差异。基于此，本节选取"乡村性"这一综合评价指标，开展长江经济带乡村性的时空分异及驱动机制研究，以期为制定合理的区域乡村发展及转型策略、推动长江经济带健康发展提供科学依据。

乡村性评价研究在国内外广泛开展。20 世纪 70 年代，Cloke（1977）为划分城乡地域空间，最早提出乡村性指数（Rurality Index，RI）并创建指标体系，与 Edwards（1986）一起划分了英格兰和威尔士地区的城乡过渡带；随后 Halfacree（1993）、Harrington 等（1998）、Woods（2005）在 Cloke 研究的基础上，就乡村性的评价方法、指标选取、权重设置、类型边界等内容作了理论完善。国内研究开始较晚，且注重乡村性的实证探讨。20 世纪 90 年代末，张小林（1998）最早引入乡村性概念，并基于城乡统一体思想提出了乡村性测度的理论模型。在此基础上，国内学者多构建一定单元尺度的综合指标体系，围绕不同地域展开乡村发展类型划分（龙花楼等，2009；马力阳等，2015）、乡村性的时空分异及驱动因素（陈阳等，2014；邵子南等，2015；孙玉等，2015；聂晓英等，2017）、乡村转型与重构评价（李红波等，2015；李婷婷和龙花楼，2015；王艳飞等，2016）等研究。其中，对于乡村性的时空分异及其驱动因素的探讨较多。就时空分异而言，主要采用乡村性指数测度模型结合空间分析技术探究乡村性的时空演变规律，已围绕我国的省域（陈阳等，2014；邵子南等，2015）、市域（韩冬等，2018），以及东北地区（孙玉等，2015）、西北干旱区（聂晓英等，2017）等不同典型区域开展；有关乡村性的驱动因素，多是在揭示时空分异的基础上，结合地区实际，从交通运输、资本投入、工业化与城市化、劳动力、生产技术、政策市场、产业发展等社会经济方面进行定性分析（陈阳等，2014；邵子南等，2015；孙玉等，2015；聂晓英等，2017）。但是，立足于长江经济带这一国家重要战略区域进行乡村性时空分异的探讨尚不多见。同时，在驱动因素的研究上，较少关注自然本底对乡村性的影响，且综合的定量分析相对不足。由于不同乡村地区在自身基础条件和社会经济发展背景上存在较大差异，同一因素对不同地区乡村性的影响可能不同。故从地区影响的差异性来看，现有研究也缺乏深入的定量揭示。

鉴于上述研究背景和不足，本节对长江经济带乡村性的时空分异格局及驱动机制展开综合、定量的实证探讨。首先从理论层面辨析乡村性的内涵及演变逻辑，并构建影响因素的理论框架；其次，采用乡村性指数测度模型及探索性空间数据分析揭示长江经济带乡村性的时空分异格局，并运用地理加权回归（GWR）定量分析驱动因素的空间影响差异。

3.1.1   理论框架：乡村性的影响因素

区域乡村发展系统论认为，乡村作为多维度、多要素的动态地域系统，其发展受到乡村资源环境条件、农业生产技术等内生动力和工业化与城市化等外源动力的综合驱动，且在内生系统和外源系统的物质流、能量流、信息流的交互作用中持续加强（张富刚和刘彦随，2008；Terluin，2003；屠爽爽等，2015；龙花楼等，2011）。乡村性演变是乡村发展过程的综合结果体现，能够表征乡村发展状态（李红波和张小林，2015）。由前述乡村性的演变逻辑可知，快速城镇化背景下的乡村转型过程一般反映为传统意义上乡村性的减弱。鉴于这种密切关联，本节认为乡村性演变的驱动力可借鉴区域乡村发展系统论，从内生性和外源性维度出发构建综合的理论驱动机制，并结合长江经济带的区域实际，明晰各驱动因素对乡村性水平的作用方向和作用效应，以及乡村发展及转型与乡村性水平强弱之间的关系，以指引实证分析。

乡村的内生性因素和区域的外源性因素共同驱动乡村性演变。首先，乡村的自然环境、区位条件、农业技术等基础性条件通过驱动乡村发展及转型影响乡村性水平的变化。自然环境决定乡村的生态本底和资源禀赋，能够促进或限制乡村的发展及转型。如地形不仅直接反映乡村的自然生态和地域景观，也提供了耕地等农业发展资源。一般而言，适宜的地形可促进农业生产活动，推动乡村发展及转型，过于起伏或低平，可能产生限制作用。由于一些乡村存在地域化的发展特色，这种促进和限制作用也可能因地而异（王佳月等，2018）。区位条件通过乡城联系影响乡村的发展和转型。一般认为，乡村距离城市或区域中心越近，越能够节约交通成本，方便城镇资本、人才、技术等要素的引入，促进本地的非农化，进而引起乡村性的减弱（邵子南等，2015；王艳飞等，2016）。农业技术是乡村发展及转型的生产力。先进的农业机械水平能提升农地产出率和劳动生产效率，促进农业现代化发展，同时，节约的劳动力可服务地方的城镇化建设，从而加快本地的乡村转型，引起乡村性的减弱（张富刚和刘彦随，2008；孙玉等，2015）。

其次，政府支持、资本投入、市场调节等区域环境因素通过带动乡村发展及转型引起乡村性水平变化。政府通过政策倾斜和财政投入推动乡村的发展和转型。如政府加大对地方县域的财政支持，有助于当地的经济增长、产业发展及基础设施建设，推动工业化、城镇化进程，进而辐射周边乡村，引起乡村性的减弱（欧向军等，2008）。外来资本通过引入非农要素实现工业反哺农业、城镇反哺乡村。一方面，工商企业下乡能促进乡镇的工业化和非农就业，推动本地的产业结构转型；另一方面，城镇充裕的人力、物力、财力也能够整合、优化本地的资源和生产要素，通过新型农业经营主体的发展，实现对农业集约化、专业化、规模化的管理，一定程度可减弱乡村性（屠爽爽等，2015；胡书玲等，2019）。市场通过区域要素的优化配置驱动乡村产业及就业结构的非农转型。受市场经济影响，资本、人才、技术等区域要素根据产业的比较利益，逐渐从低收益的农业向高效益的工业、服务业转移，乡村的产业及就业类型趋向于非农化发展，乡村性也随之减弱（陈阳等，2014；孙玉等，2015；欧向军等，2008）。

内生性因素和外源性因素之间也相互作用、相互影响。如具有良好的自然环境和区位条件的乡村更能吸引外来资本等生产要素的投入，在市场化发展中占据优势，从而加快本地的非农转型，引起乡村性水平的减弱；而城镇资本在乡村的汇聚，也利于整合本地的生产要素，提高农业技术水平，推动产业的非农转型；政府和市场作为自上而下和自下而上的两个宏观"抓手"，通过引导和调控区域的劳动力、资本、技术等要素的流动、配置，影响乡村性的变化和地区分异（张富刚和刘彦随，2008；聂晓英等，2017；屠爽爽等，2015）。综上，内生性、外源性因素之间相互作用，共同驱动了乡村性演变（图 3-1），这些因素在区域中的差异化配置和不均衡着力，引起了乡村性的空间分异。

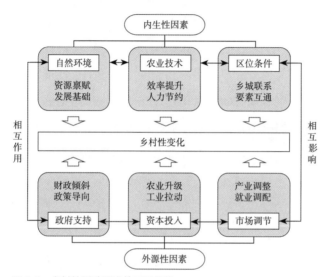

图 3-1 乡村性影响因素的理论框架

3.1.2 研究设计

3.1.2.1 研究区域

长江经济带行政范围覆盖我国 9 省 2 直辖市，横跨东、中、西部三大区域。其中，东部地区包括上海、江苏、浙江，中部地区包括安徽、江西、湖北、湖南，西部地区包括重庆、贵州、四川、云南（李晶晶和苗长虹，2017）。长江经济带地处亚热带季风区，气候湿润，降水充沛。区内包含长江水系等众多江河湖泊，涵盖高原、山地、丘陵、平原、盆地等不同地形。复杂多样的地理环境提供了耕地、自然植被、动物、淡水等丰富的农业资源，构成了区域乡村发展的本底基础。

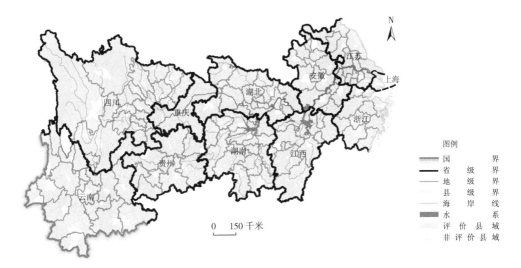

图 3-2 长江经济带区位图

本节的评价单元为县域，按照去除市主城区（中心城区）的原则，从长江经济带 131 个市[①]中共选取 825 个县、县级市、区作为研究的县域单元（图 3-2）。

3.1.2.2 数据来源

为探究 21 世纪以来快速城镇化背景下的长江经济带乡村性时空分异格局，考虑乡村发展及变化的时间，以 5 年作为时段间隔，兼顾研究数据的时效性及可取性，最终选取 2000 年、2005 年、2010 年、2017 年 4 个时间节点，并以 2017 年为例，进行影响因素的定量分析。本节的数据来源分为两类：一类是属性数据，主要反映长江经济带县域乡村性及其影响因素的社会经济指标，通过 2001—2018 年《中国县域统计年鉴》《中国农村统计年鉴》以及长江经济带各省（直辖市）、市统计年鉴直接获取；另一类是空间数据，主要反映县域乡村性的生态指标、影响因素的地形和区位变量，相关数据源分别来自遥感影像解译、数字高程模型数据（DEM）以

---

① 该处的市包含长江经济带的所有地级市、省会城市、计划单列市和直辖市。

及地图矢量数据，并借助 ArcGIS 进行处理和提取。对于个别年份的缺失数据，采用临近年份插值法取得。对于研究期间出现的行政区划调整，在获取当年数据的基础上进行相应区域变动的增减。

3.1.2.3 研究方法

（1）乡村性指数评价

根据前述乡村性的内涵及演变逻辑，结合长江经济带的区域发展需求，乡村性可通过乡村"人、地、产"的发展要素以及"生产、生活、生态"的地域功能进行表征，并在我国现代化的价值语境下向城市转型发展。借鉴"城乡统一体"思想（即乡村性强的地方，城市性弱）（张小林，1998），按照数据可获取性、代表性等原则，参考既有研究（龙花楼等，2009；孙玉等，2015），以乡村人口变化率、耕地变化率、一产结构比分别表征农民、农田、农业三个发展要素的变化，其值增大均代表乡村性越强；以农业劳动生产率、农业土地生产率表征乡村的生产功能，其值减小反映生产管理偏粗放低效，乡村性越强；以农民人均粮食产量、农村居民生活水平表征乡村的生活功能，前者反映粮食占主导的农民生活来源，其值越大乡村性越强，后者反映乡村低水平的生活质量，其值越小乡村性越强；以归一化植被指数[①]表征乡村的生态功能，其值增大反映田园自然的景观偏向，乡村性越强（表3-1）。指标权重确定采用客观赋权法中的主成分分析法（钟赛香等，2015），求算借助 SPSS 实现。

---

① 归一化植被指数（Normalized Difference Vegetation Index，NDVI）能反映地表植被覆盖和植被生长状况，其取值在 -1~1（白雪莲等，2019）。本节选用 EROS MODIS 产品，具体为 2000 年、2005 年、2010 年、2017 年全年的 e MODIS NDVI V6 产品数据（250 米空间分辨率、7~10 天合成），并借助 ENVI 5.3 软件剔除耕地、水体等地物类型。最终的 NDVI 数据为各年份全年产品数据的均值。

长江经济带乡村性评价指标体系 表 3-1

评价指标（权重）	计算方法	指标说明
乡村人口变化率（0.102）	（末期乡村人口—初期乡村人口）/初期乡村人口	正指标（值越大，乡村性越强）
耕地变化率（0.111）	（末期耕地面积—初期耕地面积）/初期耕地面积	正指标（值越大，乡村性越强）
一产结构比（0.132）	一产产值/GDP	正指标（值越大，乡村性越强）
农业劳动生产率（0.140）	农林牧渔总产值/农林牧渔就业人口	逆指标（值越小，乡村性越强）
农业土地生产率（0.130）	农业总产值/耕地总面积	逆指标（值越小，乡村性越强）
农民人均粮食产量（0.132）	粮食总产量/乡村人口	正指标（值越大，乡村性越强）
农村居民生活水平（0.145）	农村居民人均纯收入	逆指标（值越小，乡村性越强）
归一化植被指数（0.108）	$(P_{NIR}-P_R)/(P_{NIR}+P_R)$	正指标（值越大，乡村性越强）

为消除指标量纲、取值正负不同产生的影响，对数据作标准化处理。根据得到的标准化值和指标权重，计算各年份县域乡村性指数，见公式（3-1）、公式（3-2）（陈阳等，2014）。

$$x'_{m,ij} = \begin{cases} \dfrac{x_{m,ij}-x_{mj,\min}}{x_{mj,\max}-x_{mj,\min}} & （正指标） \\ \dfrac{x_{mj,\max}-x_{m,ij}}{x_{mj,\max}-x_{mj,\min}} & （逆指标） \end{cases} \qquad (3-1)$$

$$RI_{m,i} = \sum_{j=1}^{n} w_j x'_{m,ij} \qquad (3-2)$$

式中，$x'_{m,ij}$ 为 m 年份 i 县域第 j 项指标的标准化值；$x_{m,ij}$ 为 m 年份 i 县域第 j 项指标的指标值；$x_{mj,\max}$、$x_{mj,\min}$ 分别为 m 年份第 j 项指标的最大值和最小值；$RI_{m,i}$ 为 m 年份 i 县域的乡村性指数；w_j 为第 j 项指标的权重；n 为指标个数（个）。

（2）探索性空间数据分析

探索性空间数据分析通过探寻空间的内在关联揭示相似集聚和分异特征，分为全局自相关和局部自相关。全局自相关一般探究总体空间的聚集或分异程度，研究方法包括 Moran's I 指数、全局 G 统计量等；局部自相关主要揭示局部地区的高高集聚和低低集聚特征，即形成"热点区"和"冷热点"，研究方法为局部 Getis-Ord Gi* 指数（孙玉等，2015）。

（3）影响因素分析

根据前述乡村性的影响理论框架，本节主要探究自然环境、区位条件[①]、农业技术、政府支持、资本投入及市场调节对乡村性的影响。借鉴相关研究成果（孙玉等，2015；聂晓英等，2017；王雅竹等，2020），考虑数据的可获取性等实际情况，选取 9 个解释变量综合反映乡村性的影响因素（表 3-2）。

影响因素及解释变量 表 3-2

影响因素	解释变量
自然环境	高程 坡度
区位条件	省内区位 市内区位
农业技术	每公顷耕地的机械动力
政府支持	公共财政收入
资本投入	社会固定资产投资
市场调节	二、三产业结构比 二、三产业就业人口比

普通最小二乘法（OLS）作为全域回归模型，一般探究多个自变量与因变量之间的线性影响关系。但该方法仅能反映空间一致性的影响规律，难以揭示因素在空间上的影响差异。地理加权回归（GWR）是对 OLS 模型的扩展，相比 OLS，GWR 模型能够反映变量的回归系数随地理位置移动而变化的空间趋势，在揭示因素的空间影响差异方面具有广泛应用。具体计算方法见文献（王雅竹等，2020）。

---

① 表 3-2 中"省内区位"代表县域中心至所属省的省会城市中心（直辖市的市区中心）距离，"市内区位"代表县域中心至所属市域的市区中心距离。

3.1.3 长江经济带乡村性的时空分异格局

3.1.3.1 乡村性时空分异特征

（1）总体特征

计算乡村性指数，得到 2000—2017 年长江经济带全域、分地区、省（直辖市）的县域乡村性指数均值（表 3-3），主要特征为：①长江经济带县域乡村性平均水平总体有所下降，由 2000 年的 0.570 降至 2017 年的 0.516。其中，2005—2010 年的下降幅度较大，乡村性指数均值减小了 0.062，至 2017 年出现了微弱的回升。②分地区而言，2000—2017 年东、中、西部地区的县域乡村性平均水平在时序变化趋势上与长江经济带全域相吻合，但对比各地区在 4 个时间节点下的乡村性平均水平发现，东部地区明显低于中、西部，其均值均在 0.50 以下，而中部和西部地区大致相当。③从省域来看，2000—2017 年除上海之外，各省域的县域乡村性平均水平都有明显降低，但省域之间的降低幅度略有差异。对比 4 个时间节点下的均值发现，研究期内上海、浙江、江苏呈现明显的乡村性低水平，其中上海在 11 个省（直辖市）中最低，均值都在 0.40 以下，云南、贵州则呈现显著的高水平，其余省域多表现为居中状态，一定程度上反映了省域之间乡村发展的不平衡。

2000—2017 年长江经济带全域、分地区、省（直辖市）的县域乡村性指数均值　　表 3-3

地区 / 省（直辖市）	2000 年	2005 年	2010 年	2017 年
全域均值	0.570	0.568	0.506	0.516
东部均值	0.439	0.438	0.373	0.383
上海	0.351	0.365	0.315	0.345
浙江	0.502	0.502	0.414	0.412
江苏	0.463	0.448	0.390	0.393
中部均值	0.582	0.588	0.523	0.525
湖北	0.567	0.579	0.500	0.494
湖南	0.586	0.591	0.529	0.524
安徽	0.586	0.595	0.527	0.540
江西	0.591	0.588	0.536	0.542

续表

地区/省（直辖市）	2000 年	2005 年	2010 年	2017 年
西部均值	0.595	0.587	0.531	0.549
重庆	0.579	0.558	0.497	0.521
四川	0.583	0.574	0.516	0.542
云南	0.615	0.616	0.563	0.567
贵州	0.606	0.600	0.546	0.566

（2）时空分异特征

在 Arc GIS 中对 2000—2017 年长江经济带 825 个县域的乡村性指数作可视化表达，按 Jenks 最佳自然断裂法将乡村性依次划分为弱（$RI \leq 0.388$）、较弱（$0.388 < RI \leq 0.481$）、中等（$0.481 < RI \leq 0.544$）、较强（$0.544 < RI \leq 0.593$）和强（$RI > 0.593$）五个等级（图 3-3）。总体上，长江经济带县域乡村性低水平区主要围绕城市群（圈）、省会城市及大城市集中分布；高水平区多分布在低水平区外围，以省域边缘、省界交汇处及偏远地区的空间分布为主。

就各时期来看，不同阶段的乡村性水平空间分布有所不同。具体而言：2000 年，强、较强乡村性类型区主要分布在长江经济带的中、西部地区，少数分布于东部的苏北、浙南一带，而弱、较弱乡村性类型区该时期仅集中在东部的沪宁杭地区，并形成以上海为中心的乡村性低水平区（图 3-3a）。这与 20 世纪 90 年代上海浦东开发、新城建设以及其带动长三角地区发展的战略布局存在密切关系（陈群民等，2010）。以上海为龙头的沿海开放城市率先实现工业化、城镇化的快速发展，对邻近的城郊及乡村腹地产生较强的辐射带动，乡村较早向现代、休闲的都市型乡村转型过渡。2005 年，弱、较弱乡村性类型区在东部长三角的地区范围进一步扩展，同时，在中、西部的武汉、重庆、成都、昆明等省会城市附近出现点状分布（图 3-3b）。至 2010 年，这种趋势明显加强。这一时期，弱、较弱乡村性类型区相比上一阶段呈现显著扩张，自东向西逐渐形成了围绕长三角城市群、武汉都市圈、长株潭城市群、黔中城市群、成渝城市群、滇中城市群分布的乡村性低水平区。而强、较强乡村性类型区则分布在低水平区外围，并具有省域边缘、省界交汇处、偏远地区的空间分布特点（图 3-3c）。这可能与国家为缩小东西部发展差异，于 2006 年、2007 年相继提出建设成渝经济区[①]、武汉城市圈和长株潭城市群密切相关。期间区内城市群的多点联动加速了该范围内大中小城市的扩张建设，并带动了周边乡村的非农化转型。据统计，2010 年长江经济带城镇化率已达 48.85%（国家统计局，2011），说明该时期区域内的城市性普遍增强，故乡村性总体呈现较低水平。2017 年，弱乡村性类型区在武汉、宜昌、长沙、成都等地进一步扩展，反映了这些城市附近的县域乡村性持续减弱的趋势。值得注意的是，该时期较弱乡村性类型区有围绕城市群向内收缩的倾向，且强、较强乡村性类型区呈现局部扩展（图 3-3d），这可能与此期间重视乡村的生态保护有关。2012 年后，由于过快的城乡发展产生了诸多的生态问题，生态文明理念、美丽乡村建设等政策相继被提出，国家开始重视对乡村"绿水青山"以及特色文化的保护，并带动了乡村旅游、农事体验等乡村业态转型。

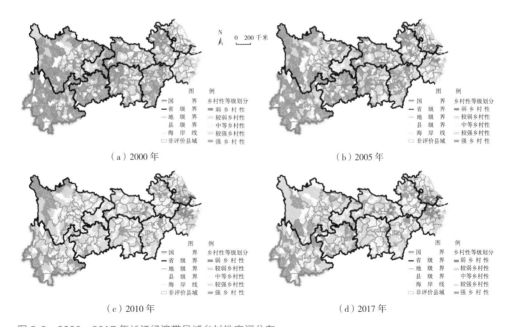

图 3-3 2000—2017 年长江经济带县域乡村性空间分布

---

① 2006 年国家首次提出成渝经济区；2011 年 5 月，国务院正式批复《成渝经济区区域规划》；2016 年 4 月，国务院正式批复《成渝城市群发展规划》。

特别是 2014 年长江经济带战略提出后，区域的生态治理和修复成为战略重心。在相关政策的指引下，乡村地域在"都市化"转型的同时，也具有"田园化"回归的倾向（金声甜等，2020）。

3.1.3.2 乡村性空间关联分析

为深入探究县域乡村性的空间集聚和分异特征，在 2000—2017 年长江经济带县域乡村性指数的基础上，进一步计算 *Moran's I* 指数和全局 G 统计量，并作局部冷热点分析。

（1）总体空间关联

由表 3-4 可知，2000—2017 年 *Moran's I* 值均为正，且 Z（*I*）值均在 99% 的置信度上大于 2.58，表明长江经济带县域乡村性总体趋于空间集聚。4 个时间节点下的 *Moran's I* 值依次升高，反映总体的空间集聚程度逐渐加强；全局 G 统计量中，各年的 Z（G）值均为负，且具有 99% 的置信度，这表明长江经济带县域乡村性的低低集聚特征更加显著。2000—2017 年，其数值上下波动，但整体上变化不大，说明乡村性低低集聚的状态较为稳定。

Moran's I 指数和全局 *G* 统计量的统计值　　　　　表 3-4

年份	*Moran's I* 指数		全局 G
	Moran's I	Z（*I*）	Z（G）
2000	0.159	23.612***	−7.871***
2005	0.165	24.354***	−8.097***
2010	0.198	29.326***	−8.661***
2017	0.209	30.911***	−8.048***

注：*** 表示 99% 的置信度（$p < 0.01$）。

（2）局部冷热点区

借助 ArcGIS 进行局部 Getis-Ord Gi* 指数分析，并按 Jenks 最佳自然断裂法依次划分为冷点区、次冷点区、温和区、次热点区、热点区 5 种类型（图 3-4）。总体上，长江经济带呈"东冷西热"的空间特征，且 2000—2017 年整体格局较为稳定。从高高集聚和低低集聚特征分别来看，二者在分布规律及演变趋势上各有差异：

1）乡村性高高集聚主要分布在中、西部的省域边缘及相对偏远的传统农区，随时间推移，呈现较明显的缩减态势。2000 年、2005 年热点区、次热点区主要分布在赣南、渝东—黔东、黔西南、川南、川西北、滇西南等地（图 3-4a、图 3-4b）。这些地区的地形以高原、山地、丘陵为主，乡村发展模式偏传统粗放，一产的比例较大，生活水平普遍不高，社会经济发展较为落后（余意峰等，2020）；2010 年，各热点区相比于 2000 年、2005 年均出现明显的缩减，且缩减的地区由次热点区替代（图 3-4c）；至 2017 年，主要在渝东—黔东、川南集中成片，以及在滇西南、赣南少量分布（图 3-4d）。这与近年来国家全面深入开展乡村的脱贫攻坚工作有密切关系。一些偏远落后的贫困县逐渐"摘帽"，在社会经济等方面得到了较大改善，其乡村性水平有所减弱。

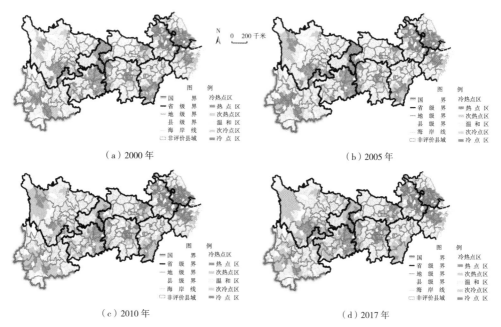

（a）2000 年　（b）2005 年

（c）2010 年　（d）2017 年

图 3-4　2000—2017 年长江经济带乡村性冷热点区空间分布

2）乡村性低低集聚主要在东、中部的城市群（圈）范围集中分布，且各年变动趋势相对较小。2000—2017年，冷点区、次冷点区均分布在长三角城市群、武汉都市圈、长株潭城市群等地，随时间推移，其在武汉都市圈、长株潭城市群的地区范围呈现局部扩展（图3-4）。这主要是城市群（圈）带动区域一体化发展的结果，也反映了长三角、武汉、长株潭地区的城市联动对其辐射范围内的乡村的非农化影响。从发展模式来看，这些乡村多属于都市型、外向型、现代型乡村。由于地处长江中下游平原，地势较为平坦，农业机械化、规模化程度较高，极大提升了农业劳动生产率，富余的劳动力可服务于城市发展；同时因靠近大城市，利于乡村引入资本发展二、三产业，促进产业转型，因而乡村性普遍较弱（王光耀等，2019）。

揭示冷热点区有助于政府制定差异化的乡村发展策略。如针对热点区，应加强农村财政支持，同时充分挖掘地方资源，在保障传统优势农业的基础上发展特色产业，提升乡村致富能力；对于冷点区，应在巩固乡村现代化发展的同时，支持多元、新型的产业发展，鼓励农民创业及科技创新等（龙花楼等，2011）。

3.1.4 长江经济带乡村性分异的驱动机制

本节以2017年为例，定量分析长江经济带乡村性分异的驱动因素。先借助OLS模型筛检各影响因素的解释变量，再采用GWR模型揭示各因素的空间影响差异，并与OLS模型作比较。

3.1.4.1 基于OLS模型的影响因素分析

以乡村性指数作为因变量，各影响因素的解释变量作为自变量，在标准化的基础上代入OLS模型，得到运行结果（表3-5）。各方差膨胀因子（VIF）值均小于7.5，说明不存在冗余变量。从影响的显著性来看，除市内区位外，其余变量均具有统计显著性，但因该变量存在一定的影响，故对其保留。从各变量的影响程度来看：每公顷耕地的机械动力 > 公共财政收入 > 二、三产业结构比 > 二、三产就业人口比 > 社会固定资产投资 > 高程 > 坡度 > 省内区位 > 市内区位。由于该模型的 Koenker（BP）

统计量 [Koenker（BP）=65.499，p=0.000*] 具有统计学的显著性，说明空间存在不稳定性，故应进行地理加权回归分析。

OLS 模型运行结果　　　　　表 3-5

影响因素	解释变量	影响系数	标准差	t 统计量	稳健概率	VIF
—	截距	0.696	0.010	68.326	0.000*	—
自然环境	高程	−0.071	0.012	−6.141	0.000*	2.333
	坡度	0.069	0.012	5.811	0.000*	2.850
区位条件	省内区位	0.021	0.010	2.057	0.038*	1.400
	市内区位	0.015	0.014	1.067	0.150*	1.309
农业技术	每公顷耕地的机械动力	−0.239	0.045	−5.317	0.000*	1.025
政府支持	公共财政收入	−0.231	0.043	−5.372	0.034*	1.846
资本投入	社会固定资产投资	−0.128	0.021	−6.009	0.000*	2.653
市场调节	二、三产业结构比	−0.192	0.013	−15.174	0.000*	1.722
	二、三产业就业人口比	−0.149	0.012	−12.865	0.000*	1.631

3.1.4.2　基于 GWR 模型的空间影响分析

（1）GWR 模型结果

由表 3-6 可知，GWR 模型的决定系数 R^2、校正决定系数 R^2 分别为 0.772、0.762，相比于 OLS 模型，总体解释度增强。GWR 模型的阿凯克信息准则（$AICc$）值为 −2967.717，与 OLS 模型相差大于 3，说明 GWR 模型的拟合效果更佳。

GWR 和 OLS 模型拟合效果对比　　　　　表 3-6

模型拟合参数	OLS	GWR
R^2	0.715	0.772
矫正 R^2	0.712	0.762
阿凯克信息准则（$AICc$）	−2816.963	−2967.717

对 GWR 模型各变量的回归系数作绝对值的平均值以及正、负值占比的统计（表

3-7），结果显示，各变量的影响程度存在较大差异，反映了不同因素对乡村性的不同影响。从回归系数的正、负值占比来看，自然环境和区位条件具有正、负两种效应。其中，反映自然环境的高程、坡度均呈现正、负效应，说明地形对乡村发展及转型兼具限制和促进作用，符合前文理论中该因素的作用逻辑；区位因素中，省内区位呈正效应，与理论部分对其作用的假设一致，即离区域中心越近的县域，乡村性越弱，反之则越强。但该假设与市内区位的正负效应结果相矛盾。究其原因，可能与市域交通的通达度有关，具有便捷交通的外围县域也能受城市较强的辐射带动，并呈现较低的乡村性水平。此外，每公顷耕地的机械动力，公共财政收入，社会固定资产投资，二、三产业结构比，二、三产业就业人口比均呈现负效应，反映了农业技术水平提高、政府财政支持加强、社会资本投入增大、市场经济作用下的非农产业及就业转型对乡村性减弱的促进作用，印证了前文理论中这些影响因素的作用逻辑。

GWR 模型的回归系数统计　　　　　　　　　　　　表 3-7

影响因素	解释变量	绝对值的平均值	正值（%）	负值（%）
自然环境	高程	0.051	37.77	62.23
	坡度	0.050	89.47	10.53
区位条件	省内区位	0.024	100.00	0
	市内区位	0.021	57.99	42.01
农业技术	每公顷耕地的机械动力	1.096	0	100.00
政府支持	公共财政收入	0.229	0	100.00
资本投入	社会固定资产投资	0.137	0	100.00
市场调节	二、三产业结构比	0.192	0	100.00
	二、三产业就业人口比	0.124	0	100.00

（2）空间影响差异分析

为直观反映各因素的空间影响差异，借助 Arc GIS 对 GWR 模型中各变量的回归系数作可视化表达，并依次进行分析（图 3-5）。

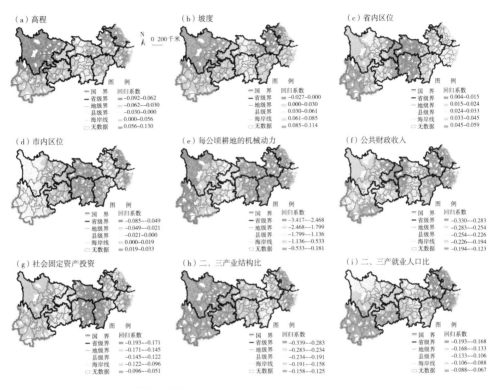

图 3-5　GWR 模型回归系数的空间分布

1）自然环境：自然环境影响分为高程和坡度，二者的正、负效应在空间上表现不同。具体而言，高度增加能引起长江经济带 37.77% 的东部和中部部分县域的乡村性增强，但对 62.23% 的西部和中部部分县域有减弱作用（图 3-5a）。这表明东部地区相比于西部而言，其乡村发展及转型更易受到地形高度的限制。由于东部长江中下游平原地势低平、气候温和，适宜发展的农业类型多为水田农业，海拔的增加可能不利于其发展。而西部高原地区长期孕育形成了适应高寒气候的高原农牧业，原有的高海拔可能降低了高度增加带来的影响。与之不同，坡度增大更易对西部的乡村发展及转型产生限制，且向东程度逐渐减弱，其影响的县域比例达 89.47%（图 3-5b）。由于西部山地、丘陵较多，其农田分布较为零散、破碎，在此条件下，不利于进行规模化、机械化的农业耕作。此外，10.53% 的县域在安徽、江苏等地呈负效应，反映了坡度对其乡村发展及转型的促进作用。这可能与当地利用坡度发展乡村旅游等非农产业存在较大关联。综上，坡度和高程对不同地区的作用差异，凸显了自然环境影响的地区差异性，也说明适农发展的自然条件因地而异（周扬等，2019）。

2）区位条件：区位影响包括省内区位和市内区位，二者的空间效应存在差异。省内区位在空间上均呈正效应，反映了偏远的区位条件对乡村发展及转型的限制作用。其中，湖北、湖南等中部县域的限制作用最弱，向东、向西均逐渐增强，且在云南的部分县域呈现最高值，影响系数达 0.059（图 3-5c）。造成这种差异的原因可能与交通有关。由于西部的偏远山区交通受限，进一步增强了远离省中心所产生的衰减效应，乡村对外发展联系受到较大阻碍。而中部尤其湖北等地，省际交通较为发达，一定程度减弱了距离的限制影响。就市内区位而言，县至市距离增大对 57.99% 的县域乡村发展及转型具有限制作用，以湖北、湖南等中部县域最明显；但对 42.01% 的县域具有相反作用，集中体现在上海、江苏、浙江等地（图 3-5d）。这与长三角发达的市域交通体系不无关系，以城际铁路、市域公交为代表的市际通勤交通能够抵消距离带来的限制，使得较偏远的乡村也能受到城镇较强的辐射影响。故今后应分别加强中、西部地区的市域交通、省域交通建设，促进乡城间的互通交流（王雅竹等，2020）。

3）农业技术：农业技术对乡村性水平均具有负效应，其影响程度在各变量中最强，县域影响系数平均值为 1.096，反映了农业技术对乡村发展及转型的重要推动作用。从影响的空间差异来看，强、弱作用程度存在 3.236 的悬殊差距，一定程度表明农业技术在乡村地区间的不均衡配置较为严重。其中，对云南和四川的西部等地影响作用较强，向东逐渐减弱（图 3-5e），说明提升西部农区的农业技术更利于该地的乡村发展及转型。由于西部传统农区的农业机械化水平不高，农地产出率和劳动生产效率普遍偏低，乡村发展的内在动力相对不足，与东部较为发达、现代化的发展模式相比，其对于技术革新和高效生产的需求更为迫切。故未来应着力加强西部传统农区的技术孵化和人才引入，提升本地发展的内在动力（王艳飞等，2016）。

4）政府支持：公共财政投入对乡村发展及转型均具有促进作用，县域影响系数的平均值为 0.229。其中，湖北、湖南的西部和重庆、贵州的东部作用程度较强，而上海、江苏、浙江、安徽、江西等地的作用程度较弱（图 3-5f）。总体上，加大中、西部地区的公共财政投入相比于东部而言，更能促进乡村的发展及转型。这与中、西部传统农区本身滞后的发展有关。该地区长期存在基础设施薄弱、农业技术落后、产业经营管理低效、人才缺乏等问题，较难为本地的乡村发展及转型提供充足的动力支撑，与东部丰富的优质资源相比，其自身发展更加依附于政府的扶持。故今后应继续加强政府对中、西部地区的财政倾斜，助力中部崛起和西部大开发战略的实施。

5）资本投入：加大资本投入均能够促进区域乡村发展及转型。与长江经济带的东部和西部地区相比，中部地区受社会固定资产投资的影响更强（图3-5g），其县域回归系数的绝对值最高达0.193。原因可能是东部地区的基础条件较好，再增加资本投入对乡村发展及转型的促进作用不明显；而西部地区薄弱的基础设施和短缺的人力、技术资源亦没有使社会资本得到充分发挥。相较之，中部传统农区近些年的工业化推进和劳动力回流呈现积极趋势，为本地投资发展提供了良好的契机和环境。随着工商资本投入的增加、在外乡贤的资本回流，中部地区的城乡转型有序推进（龙花楼等，2011；刘达等，2020）。

6）市场调节：市场影响分为产业结构和就业人口。二者在空间上均呈负效应，且影响程度均由东部地区向西部逐渐递减（图3-5h、图3-5i），表明东部地区的乡村发展及转型受市场经济的影响更大。东部沿海地区作为国内外交流的主要平台和窗口，汇聚优质资源和丰富的生产要素，较强的市场竞争力促进了高新技术型、市场型等外向型产业的发展，并带动了本地乡村的非农产业转型。而中、西部地区对外开放程度较弱，资源型、初级产品加工型等低效、低收益产业居多，发展潜力和市场竞争力较为不足，对乡村发展及转型的推动作用也较弱。从就业人口来看，东部地区非农产业的快速发展扩大了其对就业群体的需求，并长期吸引中、西部的劳动力向其迁移，进一步导致中、西部非农就业人口的缩减和相应产业生产力的降低。

综合比较不同因素对长江经济带不同地区的乡村发展及转型的效应发现，东部地区的乡村发展及转型更易受到高程的限制以及市场经济的促进作用影响；中部地区更易受到市内区位的限制以及资本投入的促进作用；而西部地区更易受到坡度、省内区位的限制以及农业技术、政府支持的促进作用。为此，未来制定区域的乡村发展及转型策略时，应统筹考虑不同因素对区域的差异化影响，针对具体地区具体施策。

3.1.5　研究结论

本节在对乡村性的内涵、演变逻辑及影响因素作理论解析的基础上，探究了 2000—2017 年长江经济带县域乡村性的时空分异特征，并以 2017 年为例，定量分析了乡村性的影响因素及空间影响差异。主要结论有：

（1）2000—2017 年，长江经济带县域乡村性的平均水平有所降低，不同地区、省域的降低幅度各不相同，总体呈现"东部低、中西部高"的分异特点。从空间分布来看，乡村性低水平区主要集中在区域的城市群（圈）、省会城市及大城市附近，高水平区则分布在省域边缘、省界交汇处及偏远地区。随着时间推移，乡村性以城市群、省会城市及大城市为中心，向外逐渐减弱。

（2）长江经济带县域乡村性存在高、低值空间集聚，总体表现为"东冷西热"。其中，高高集聚主要分布在中、西部的赣南、渝东—黔东、黔西南、川南、川西北、滇西南等传统农区，随着乡村发展，各地范围均有明显的缩减；而低低集聚主要集中在长三角、武汉、长株潭等城镇化水平较高的城市群（圈）地区，且变动幅度相对较小。

（3）综合乡村性的理论驱动机制和 GWR 模型的实证结果表明，提升农业技术、加强政府支持、增大资本投入、发展市场经济能一定程度减弱乡村性，促进乡村发展及转型。而自然环境和区位条件作为地方固有的要素和属性，既可促进也可限制乡村的发展及转型。就长江经济带不同地区而言，东部地区的乡村发展及转型更易受高程的限制及市场的促进作用影响；中部地区更易受市内区位的限制及资本的促进作用影响；而西部地区更易受坡度、省内区位的限制，以及农业技术、政府支持的促进作用影响。

3.1.6　规划治理政策建议

本节探究了长江经济带县域乡村性的时空分异格局及驱动机制，其研究成果对区域的规划编制和差异化的乡村发展政策制定具有重要价值。一方面，随着国土空间规划的全面展开，以"双评价"为主导的地区基础评定工作在规划编制中发挥着关键作用。由于乡村性评价能综合反映乡村地域特征和发展状态，故其时空分异特征对未来长江经济带国土空间规划的"双评价"工作开展具有一定的指导借鉴。另一方面，本节构建的乡村性驱动机制理论框架及驱动因素的实证分析，有助于地方政府科学把握乡村的资源禀赋、区位、农业技术等地域基础条件和政策、市场、投资等外部发展环境，统筹兼顾乡村发展的地域独特性和区域协调性，制定差异化的区域发展策略，进而服务区内的乡村振兴。不过，本节构建的驱动机制理论框架主要侧重于区域层面县域乡村的发展动力解析，对于村域等微观尺度的乡村性演变过程则存在解释的局限性。

3.2 中部地区乡村类型识别与振兴模式研究

我国幅员辽阔，不同区域差异明显，各地乡村差异巨大（杨忍，2019）。相比东部地区，中部地区的乡村衰败、贫困集聚、"空心化"等问题更加突出，是地区之间、乡村与城市之间发展不平衡、不充分相互叠加的典型（张劲松，2018）。近年来，中部地区农村经济发展水平有所提高，2016 年中部地区乡村人均可支配收入达到 11794.3 元，但依旧远低于东部地区农村居民的可支配收入，且仅为中部地区城镇居民平均可支配收入的 41%。城乡系统的协调度也远低于东部地区（马历等，2018）。此外，中部地区普遍面临乡村人口向城区和向沿海城市的双向流失问题（郭炎等，2018），进城务工经商是中部乡村居民的主要收入来源，这种"半耕半工"模式虽为许多乡村家庭带来了经济提升，但也加剧了乡村"空心化"及乡村文化的消亡。中部地区的乡村振兴迫在眉睫。

自党的十九大提出乡村振兴战略以来，学界对相关问题给予了密切关注（何焱洲和王成，2019；陈秧分等，2019；王介勇等，2019；申明锐和张京祥，2019；贺艳华等，2013；房艳刚，2017），仅中国知网（CNKI）以"乡村振兴"为关键词的文献就有 1966 篇，现有文献在"振兴战略""乡村治理""乡村旅游""乡村建设""精准扶贫""三农问题""新型职业农民""城乡融合"等方面展开研究，主题演化详见文琦等（2019）。与此同时，各地正在如火如荼地制定乡村振兴规划，也取得了显著成效。本节结合中部地区乡村的基本特征，概括中部地区乡村发展的地域分异及制约因素，在总结现有乡村振兴模式和路径的基础上，思考未来乡村振兴方向，以此为国家乡村振兴战略需求提供参考和借鉴。

3.2.1 中部地区乡村的基本特征

3.2.1.1 农业基础雄厚，农业资源丰富，乡村农业生产条件优越

我国中部地区包括山西、河南、安徽、湖北、江西、湖南 6 个相邻省份，国土面积 102.8 万平方公里，占全国陆地国土总面积的 10.7%。中部地区位于我国中纬度地带，主要气候为温带季风气候和亚热带季风气候，春暖秋凉，夏热冬寒，四季分明，气候湿润，降水充沛。此外，中部地区光照充足、无霜期长，良好的气候与土壤环境为农业发展提供了优越的自然条件，是适宜发展农业的区域。

截至 2016 年底，中部地区乡村人口数量为 17338 万人，占全国乡村人口总数的 29.4%；耕地面积 3051.16 万公顷，占全国耕地总面积的 22.6%；农业总产值 15392.7 亿元，占全国农业总产值的 26%；粮食产量 18327.9 万吨，占全国粮食总产量的 29.7%。中部地区为全国粮食安全和农产品供给作出了重大贡献，素有"湖广熟、天下足"的美誉。中部地区 6 个省份除山西省外都是农业大省，第一产业占 GDP 的比重高于全国平均水平，粮食、棉花、油料等农产品产量居全国前列（表 3-8）。可见，中部地区有着雄厚的农业基础，农业发展水平对地区经济发展起到非常重要的作用。正如《促进中部地区崛起规划（2016—2025）》中提到的，"通过大力发展现代农业，改造基本农田，培育优良品种，中部地区能实现农业现代化，继续为国家粮食安全和全国农产品供给提供有力保障"。

省份	粮食总产量（万吨）	粮食总产量在全国各省的位次	棉花总产量（万吨）	棉花总产量在全国各省的位次	油料总产量（万吨）	油料总产量在全国各省的位次
山西	1318.5	18	10324	14	154346	25
河南	5946.6	2	97500	7	6190857	1
安徽	3417.4	8	184632	5	2148295	7
湖北	2554.1	11	188459	4	3297545	2
江西	2138.1	12	73296	9	1220179	10
湖南	2953.2	9	122730	6	2428705	5

数据来源：《中国农村统计年鉴 2017》。

3.2.1.2　乡村空间分布密度不均、规模各异、形态与功能多样

中部地区有平原、丘陵、高原、山地等多种地形地貌，不同地形的自然资源与自然条件存在空间差异，因此中部地区农村发展不均衡，乡村空间分布有密有疏、规模各异，整体呈现出平原地区乡村空间规模大、山地地区乡村空间规模小的特点。江汉平原、洞庭湖平原、鄱阳湖平原、华北平原等区域，地形平坦开阔，自然条件优越，农业机械化程度较高，乡村空间分布相对集中、规模较大、形态规律整齐；而江西的丘陵山地以及湘西、鄂西等山区，由于受崎岖地形的限制，农业生产技术受限，乡村空间分布较为分散、规模相对较小（贺艳华等，2014）。

在国家推动中部崛起战略与持续重视"三农"问题的共同影响下，中部地区创新发展思路，加快转型升级，促进了乡村的经济发展，也推动了乡村功能的拓展，乡村生态功能、旅游功能等新功能得到大力开发。中部地区乡村已从单一经营农业转向经营农业及旅游业、商业等服务行业，乡村功能趋向多样化。

3.2.1.3　乡村总体经济水平较低

中部地区农业发展基础较好、条件较为优越，以 10.7% 的国土面积贡献了全国

26% 的农业总产值和 29.7% 的粮食总产量。但乡村人口众多，效率相对不足，农业产业效益偏低。2016 年底中部地区乡村人均可支配收入为 11794.3 元，低于东部地区（15498.3 元）、东北地区（12274.6 元），也低于全国平均水平（12363.4 元），中部地区乡村经济总体上仍处于较低水平，农民生活并不富裕，区域内有 150 多个国家级贫困县，经济实力有待提高。

3.2.2　中部地区乡村功能类型与地域分异特征

中部六省共划分 708 个县市区，剔除其中 216 个市辖区，本节以剩余 492 个县市区为研究对象，采用定量分析等方法对其乡村功能类型与地域分异特征进行研究，借鉴已有文献（谭雪兰等，2018；李裕瑞等，2011），选取指标涉及乡村经济、社会、农业、生态等方面，研究数据主要来自《山西统计年鉴 2017》《河南统计年鉴 2017》《安徽统计年鉴 2017》《湖北统计年鉴 2017》《江西统计年鉴 2017》《湖南统计年鉴 2017》、中部六省各市统计年鉴、各市统计局官网、2016 年各县市区的国民经济与社会发展统计公报等。具体而言，本节首先根据各项经济指标确定乡村经济功能类型，在此基础上将其与地形、农业发展、社会保障等三项指标进行比对和交叉分析，以定量和定性相结合的方式划分乡村综合功能类型（图 3-6）。

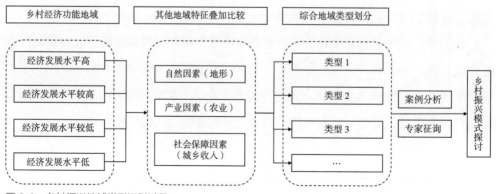

图 3-6　乡村振兴地域类型识别过程

3.2.2.1 中部六省乡村经济功能地域分异

首先探讨中部地区农村经济功能地域分异。在借鉴、参考国内外其他研究成果的基础上，结合数据获取等实际情况，确定以地均生产总值（地区生产总值/区域总面积）、地方政府财政能力（地方财政预算收入/区域总人口）、地方产业结构（二、三产业生产总值/地区生产总值）3 个指标来衡量中部六省各县市区经济发展状况。运用 SPSS 统计软件对已标准化处理的数据进行聚类分析，结果如下：

中部六省除市辖区外的 492 个县市区依据经济发展水平分为四类。第一类地区经济发展水平高，共 17 个，主要位于河南省，包括河南三门峡义马市、河南郑州新郑市、河南许昌长葛市、河南郑州新密市、河南郑州荥阳市、湖南娄底冷水江市、河南郑州巩义市、湖南长沙长沙县、河南焦作沁阳市、河南郑州中牟县、河南新乡新乡县、河南焦作温县、河南焦作孟州市、河南洛阳偃师市、河南焦作博爱县、河南郑州登封市、安徽芜湖繁昌市；第二类地区经济发展水平较高，包括山西临汾侯马市、湖北宜昌宜都市、河南许昌禹州市、河南鹤壁淇县、湖南长沙宁乡县、河南焦作武陟县、江西南昌南昌县、河南平顶山宝丰县等 221 个县市区；第三类地区经济发展水平较低，包括湖北孝感孝昌县、山西临汾霍州市、江西吉安新干县、安徽宿州灵璧县、山西吕梁汾阳市、河南驻马店确山县、江西上饶上饶县、湖北黄冈蕲春县等共 202 个县市区；第四类地区经济发展水平低，共 52 个，包括山西临汾汾西县、湖南郴州汝城县、江西抚州乐安县、湖南张家界桑植县、湖北恩施利川市、湖南湘西龙山县、山西忻州繁峙县、山西忻州宁武县、湖北十堰竹溪县、山西晋中左权县等。

由此可见，中部六省省会城市与其他主要城市市辖区周边的县市区经济发展状况明显优于远离省会城市或市辖区的其他地区，且经济发展水平高的县市区显著集中于平原地带，位于高原山地地形区的临汾、吕梁、神农架、邵阳、湘西等地部分地区经济发展状况较为落后。

3.2.2.2 中部六省乡村农业、社会功能地域分异

本部分运用农业总产值、城乡收入比（城镇居民人均可支配收入/农村居民人

均可支配收入）两项指标衡量中部地区各县市区农业功能与社会保障功能状况。并分别以聚类结果中 4 类不同经济发展水平的地区作为研究对象，取各类地区农业总产值、城乡收入比的均值，分别探讨不同经济发展水平地区农业功能、社会保障功能的规律与相关性。

中部六省经济发展水平存在空间分异，从地域地形方面来看，平原丘陵地区经济发展水平显著高于高原山地地区；中部六省乡村农业功能发展也存在空间分异，平原地区较其他地区农业功能优越。同时，整体经济发展水平更高的县市区与农业经济发展更突出的县市区并不完全重合，地形对中部地区乡村的农业经济发展影响更显著。进一步将经济功能地域类型与农业情况叠加比较可知（图 3-7），中部地区乡村经济发展水平与乡村农业功能相关关系不明显，经济发展最优越的地区对于农业经济的依赖较弱。

由图 3-8 可知，中部地区乡村经济发展水平与乡村社会保障呈正相关，经济发展更好的地区乡村居民生活保障相对更好；经济发展较差的地区城乡差异更显著，乡村社会保障功能更差。

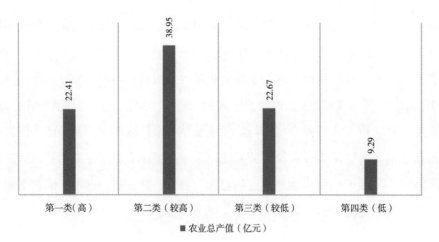

图 3-7　四类经济功能地域类型的农业生产状况

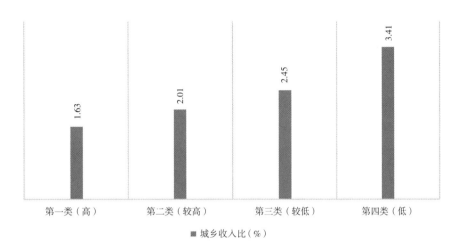

图 3-8　四类经济地域类型的社会保障状况

3.2.2.3　中部六省乡村地域类型识别

（1）功能均衡、发展更好的乡村——都市城郊乡村与平原地区乡村

坐落于城市郊区或邻近市辖区的乡村能更有效依托城市这一平台，利用城市经济资源带动本身发展，有利于城乡联动、以城带乡，推动城乡一体发展、共存共荣，因此都市城郊地区乡村是总体来说发展最好的乡村地区，经济发展状况良好，农村居民生活保障完善。党的十九大报告提出实施乡村振兴战略，并提出"建立健全城乡融合发展体制机制和政策体系，加快推进农业农村现代化"，城乡融合发展是都市城郊乡村振兴的重要推动力。

平原地区乡村分布于平原地带，地形平坦开阔，有良好的农业发展条件，利于机械化和大规模农业生产，能游刃有余地开展高标准基本农田建设，协调农业现代化发展，满足现代农业"良田、良种、良法、良机、良制、良景"的需求。平原地区乡村经济发展状况较好，农业生产条件优良，有能力进一步发展现代农业，建设高标准、成规模的现代农业产业化示范基地。

（2）功能欠缺、发展不足的农村——贫困山地乡村

贫困山地乡村多坐落于地形崎岖不平整的低丘岗地，位于山地的乡村受崎岖地形等地域条件限制，土地不平整，更依赖农业，但没有适宜的农业发展条件。经济

发展水平低下，基础设施不完善，农村居民社会生活保障不足，乡村用电难、安全饮水难、农田灌溉难，中小学办学条件差、卫生基础设施落后、公共文化设施不足，农民整体受教育程度偏低……没有良好的乡村发展基本条件。对外道路条件差，出行难，交通与信息闭塞，与外界联系不够紧密，不利于引进先进的农业生产技术，乡村发展困境重重。贫困山地乡村实施乡村振兴，一方面需要进行低丘岗地改造，平整土地，以增加耕地面积、提高耕地产能、促进贫困户增产增收；另一方面需要依托国家精准扶贫政策，统筹推进脱贫攻坚与乡村振兴。

3.2.3 中部地区乡村振兴战略与模式探索启示——以湖北省为例

湖北省的乡村具有不同的地域类型特征，制约发展的因素各有不同。乡村振兴不应仅限于为部分乡村"锦上添花"，也要为落后乡村"雪中送炭"，实现全面乡村振兴。因此，依据不同乡村的地域性特征、因地制宜推进乡村振兴，是湖北省乡村振兴战略的核心。乡村振兴的过程，在于全面激活乡村的内生动力，发挥农民的主体地位，进而解决"三农"问题。但这并不意味着乡村振兴仅靠农民或者乡村社区自身之力便可实现，政府、市场以及民间等不同主体如何介入乡村发展是实现全面乡村振兴的主要动力。结合湖北省不同乡村地域类型的特征及现有较为成功的乡村转型案例，对政府、市场以及民间等不同主体主导下的乡村振兴模式进行总结，提出"政府引导型""市场主导型"和"村民主体型"三种乡村振兴模式（表3-9）。

湖北省乡村振兴模式与路径 表 3-9

模式划分	振兴路径	主体参与	代表村庄
"政府引导"模式	精准扶贫、精准脱贫助力 绿色生态引领 投融资机制创新	政府引导 村民参与	咸宁市崇阳县天城镇茅井村 仙桃市三伏潭镇李台村、栗林嘴村 潜江市后湖农场
"市场主导"模式	企业兴乡 旅游开发引导	企业主导 政府扶持 村民参与	咸宁市崇阳县大岭村 四大山区
"村民主体"模式	乡贤反哺 农民工返乡创业	政府引导 村民主体	武汉市黄陂区姚家集街杜堂村

3.2.3.1　政府引导型乡村振兴模式及启示

针对第 4 类经济发展较差、农村居民社会生活保障不足、较为依赖农业发展的地区，需要政府力量的引导，以寻求正确的乡村振兴途径。

湖北省乡村的地貌兼具平原、山区、丘陵等，并有大别山区、武陵山区、秦巴山区、幕阜山区等 4 个国家明确指出的集中连片特困地区。这些集中连片特困地区往往具有生态脆弱、基础设施落后、产业基础薄弱等特征，乡村发展远落后于都市城郊和江汉平原地区的乡村。"政府引导"模式，即以政府介入为外力撬动，完善乡村基础设施，优化乡村生态环境，培育特色产业，提高人口素质，激活乡村的内生动力，最终实现乡村全面振兴。

乡村振兴路径及案例：①精准扶贫、精准脱贫助力乡村振兴。咸宁市崇阳县天城镇茅井村是湖北省重点贫困村。近年来茅井村受益于政府精准扶贫政策，由政府引导投入财政专项扶持资金，完善道路等基础设施建设，为其提供了产业发展空间。继而在乡贤、能人的积极带领和参与下实现了湘莲、樱花、虾稻等特色农业的种植培育，为产业振兴打下了良好的基础。②绿色生态引领美丽乡村建设。仙桃三伏潭镇李台村、栗林嘴村是湖北省"美丽乡村"建设试点，也是"美丽乡村"建设的样板和示范。在政府"美丽乡村"发展政策的指引下，李台村和栗林嘴村通过活水、全域植绿、养殖污染治理等对生态环境进行修复和综合治理，实现生态振兴，并在此基础上积极发展富硒产业，实现乡村产业振兴和生活富裕。③创新投融资机制，由国家开发银行介入推进乡村振兴。潜江市后湖农场拥有返湾湖国家湿地公园，是国际极危物种青头潜鸭和其他诸多水鸟的迁徙地。后湖农场依托国开行湖北省分行开展多渠道筹资融资推进乡村振兴。通过成立乡村振兴战略投融资平台，共融资 21 亿元资金用于基础设施投资建设、生态环境治理、土地整理、公共服务设施投资与建设、农村危房改造等。在过去的一年时间内，以"短平快"的速度完成拆迁安置工作，成功打造国际马拉松赛事，并对返湾湖进行生态修复、启动环返湾湖亮点片区建设，为打造旅游产业奠定了基础。

政府引导进行乡村振兴建设，在发展乡村支柱产业、加强乡村基础设施建设、推进乡村生态治理等方面需要大笔资金投入，除了利用国家相关政策补贴，创新投融资渠道也是保障投入、扎实推进乡村振兴战略的一项可借鉴举措。根据《中共中央 国务院关于实施乡村振兴战略的意见》，国家开发银行、中国农业发展银行等单位为乡村振兴提供专项融资，保障乡村振兴实施。除此之外，加大政府财政投入力度、积极引进社会资金等也是拓展资金来源、确保乡村振兴投入资金总量持续增加的渠道。湖北省仙桃市已于 2018 年 3 月印发《仙桃市实施乡村振兴战略市场化投融资机制试点方案》，提出开展多渠道筹资融资、建立市场化投融资机制等任务，目前仙桃市乡村振兴已获总投资上千亿，乡村振兴战略稳步推行。

3.2.3.2 市场主导型乡村振兴模式及启示

针对第三类经济发展尚可、农村居民社会生活保障较好、对农业发展依赖性不强的地区，应以市场为主导，抓住农村本身优势与特色推动乡村振兴。例如对于在区位、自然生态环境、旅游资源禀赋以及文化内涵等方面具有比较优势的乡村，对其因势利导，结合市场需求，因地制宜地发展特色产业。在产业兴旺的基础上，推进乡村人才、文化、生态以及组织等各方面的振兴。

乡村振兴路径及案例：①企业兴乡，引进企业合作推动乡村经济发展。咸宁市崇阳县大岭村先后引进武汉三特公司、湖北卓越集团和湖北领康中药材公司、浙江绿谷茶叶等公司发展乡村旅游、茶叶和中药材等产业，激活了乡村活力，实现了农民小康生活，并吸引了大量外出打工者返乡创业。②挖掘乡村文化特色与旅游资源，市场引导乡村转型。基于乡村转型发展的差异化动力机制，魏超等（2018）对武汉城市边缘区旅游引导的乡村转型发展模式进行总结，将其分为社区提升模式、景区依托模式、文化重构模式和近郊休闲模式。进入新时代，随着人们物质生活的丰富和对美好生活需求的日益增长，无论是都市城郊乡村或是偏远地区的山村，因其有别于城市的人文民俗和自然风光，成为旅游者的主要目的地，拥有极具潜力的市场。在此背景下，旅游开发引导乡村转型是实现乡村振兴的有效和常用手段之一。

市场主导型的乡村振兴模式以产业振兴为重要着力点。中部地区地形地貌多样，乡村形态各异，不同类型的乡村之间有各自独特的发展模式，因此在未来的乡村振

兴发展中也不可简单复制现有振兴路径与模式，要根据不同乡村的基础条件与自身
特色，充分运用好优势功能，因地制宜发展产业，例如农业生产功能较强的地区具
有发展现代化农业的优势条件，生态旅游功能发达地区发展旅游业与相关配套产业
等，各类型乡村以各自适宜的模式发展产业，走好乡村振兴的第一步。

3.2.3.3 村民主体型乡村振兴模式及启示

中部地区乡村劳动力流失情况严重，根据全国第六次人口普查（2010 年）数据，
山西省乡村现住地为外省的户籍人口为 159908 人，河南省乡村为 1462691 人，安
徽省乡村为 1894537 人，湖北省乡村为 841339 人，江西省乡村为 816368 人，湖南
省乡村为 945272 人，中部地区乡村共计 6120115 人，占全国乡村人口的 42.8%。
劳动力大量外出加剧了中部地区乡村的老龄化问题，人力资本的欠缺制约了乡村进
一步发展。同时，乡村劳动力的流失造成乡村整体受教育程度和素质水平下降，部
分乡村干部的个人素质达不到引导乡村发展的要求，部分村民的意识与素质不利于
乡村发展。因此，优质劳动力与相关人才是推动乡村振兴不可或缺的力量。

针对第一及第二类经济发展良好、农村居民社会生活保障较好，对农业发展依
赖性不强的地区，其经济、农业、生态、社会保障功能相对均衡，应以村民为主体，
"以人为本"，实现乡村振兴。一方面，村民群体渐渐有足够的能力参与乡村建设，
并且有诉求为乡村建设建言献策；另一方面，人才振兴是实现乡村振兴的重要支撑，
需要立足乡村人才资源，广泛吸纳返乡农民工、返乡大学生和乡贤等能人智士，通
过为其创造良好的投资和创业环境，动员其积极参与乡村治理，共同推进乡村经济
发展与治理能力的提高。

乡村振兴路径及案例：乡贤反哺，吸引农民工返乡创业，实现乡村繁荣。乡贤
一般是指与特定乡村有着比较直接的乡土渊源，德高望重、事业有成且能够给乡村
发展带来较大正能量的能人志士，是实现乡村振兴的重要资源（张福如，2018）。
例如武汉市黄陂区姚家集街的杜堂村是都市城郊村，具备发展乡村旅游的区位优势，
但因旅游资源优势不明显、文化内涵不突出等而未能有所发展。然而乡村振兴战略
实施以来，在乡贤葛天才的带领下，一方面，通过对杜堂村产业发展进行整体规划，

按照村庄、田园、文化、生态"四位一体"的思路,将乡土民宿、生态环境、赏花旅游作为杜堂村的最大卖点,使得杜堂村成为华中地区最大的鸟语林和花卉世界,并被誉为"武汉最美休闲乡村";另一方面,葛天才带领村民成立旅游合作社,促进村民脱贫增收,实现了生活富裕。

3.2.4 研究结论

实施乡村振兴战略是党的十九大作出的重大决策部署,是决胜全面小康社会的重大任务。作为乡村发展不充分不平衡的典型地区,中部地区乡村发展面临难得的机遇与诸多挑战。中部各省先后分别制定了乡村振兴战略规划,以"产业兴旺、生态宜居、乡风文明、治理有效、生活富裕"为总体目标有序推进乡村转型发展。目前形成了政府引导型、市场主导型和村民主体型的三大乡村振兴模式,在因地制宜发展产业、创新投融资渠道和鼓励人才返乡方面取得了一定的成效。

3.2.5 规划治理政策建议

未来实施乡村振兴战略的关键,在于如何平衡政府、市场和村民三者之间的相互关系,既能发挥外生力量的推力作用,又能充分激发村民的内生动力以及确保农民的主体地位,实现乡村转型与可持续发展。住房和城乡建设部推行美丽乡村共同缔造的工作方法,结合乡村发展需求,融合村民、政府、专家学者、社会等多元力量,参与乡村建设的规划—实施—反馈机制,为乡村振兴提供了新的目标和方向。"美丽乡村、共同缔造",即通过多元外力参与、共同主导激活村民共同参与治理、发展乡村,增强内部凝聚力,逐渐转向以外力为辅、由村集体和村民主导的过程。总之,未来乡村振兴必然是政府、市场与社会(村民)组织的相互合作与多元协同,是国家现代治理体系的重要组成。

3.3　湖北省枣阳市乡镇发展水平评价与动力识别

枣阳市隶属湖北省襄阳市，是全国百强县。为了更加合理地评估枣阳市各乡镇现阶段的发展潜力，本节构建了乡镇发展水平评价指标体系，通过计算得到乡镇发展水平评价结果，并对各乡镇的发展动力进行识别，对其发展模式进行总结与分类。

3.3.1　乡镇发展水平评价指标体系

遵循科学性、全面性、代表性和数据易获取性等原则，采用层次分析法，选取能够表征枣阳市乡镇发展水平的相关指标，通过主观和客观赋权相结合的方法确定各指标权重，构建枣阳市乡镇发展水平评价指标体系。其中，目标层包括基础要素和发展要素，准则层包括人口、经济、生产（农业、工业和服务业）、生活（交通、水电、文体、教育和医疗）和生态（卫生和污染）等 5 个，指标层包括户籍人口密度等 41 个指标（表 3–10）。

枣阳市乡镇发展水平评价指标体系　　　　　　　　　表 3–10

目标层	准则层	指标层	计算方法	单位	方向	权重
基础要素	人口	户籍人口密度	户籍人口 / 行政区面积	人 / 公顷	+	0.05
		户籍人口城镇化率	城镇户籍人口 / 户籍人口	%	+	0.05
	经济	社会消费水平	社会消费品零售总额 / 户籍人口	元 / 人	+	0.06
		人均可支配收入	人均可支配收入	元	+	0.06
		人均公共预算收入	一般公共预算收入 / 户籍人口	元 / 人	+	0.06
		人均公共预算支出	一般公共预算支出 / 户籍人口	元 / 人	+	0.06
		固定资产投资水平	固定资产投资完成额	万元	+	0.06

目标层	准则层	指标层	计算方法	单位	方向	权重
发展要素	生产	第一产业从业人员占比	第一产业从业人员 / 从业人员总数	%	+	0.02
		农村劳动力占比	农村劳动力 / 农村总人口	%	+	0.01
		农民合作社成员占比	农民合作社成员数 / 农村总人口	%	+	0.01
		农村劳动力外流率	农村外出劳动力 / 农村劳动力	%	−	0.01
		人均耕地面积	耕地面积 / 户籍人口	公顷 / 人	+	0.02
		有效灌溉率	有效灌溉面积 / 耕地面积	%	+	0.02
		粮食地均产量	粮食作物总产量 / 播种面积	千克 / 公顷	+	0.01
		第二产业从业人员占比	第二产业从业人员 / 从业人员总数	%	+	0.02
		工业企业数量	工业企业单位数	个	+	0.02
		工业总产值	工业总产值	万元 / 人	+	0.02
		工业利润总额	工业利润总额	万元	+	0.02
		工业企业净资产	工业企业总资产 − 工业企业总负债	万元	+	0.02
		第三产业从业人员占比	第三产业从业人员 / 从业人员总数	%	+	0.02
		住宿餐饮业数量	住宿餐饮业企业数量	个	+	0.02
		商品交易市场数量	商品交易市场数量	个	+	0.02
		商超数量	营业面积 50 平方米以上的综合商店或超市数量	个	+	0.02
		住宿床位数	提供住宿的社会工作机构床位	张	+	0.02

准则层分项：农业、工业、服务业

目标层	准则层		指标层	计算方法	单位	方向	权重
发展要素	生活	交通	通公共交通率	通公共交通的村 / 总村数	%	+	0.04
		水电	通宽带互联网率	通宽带互联网的村 / 总村数	%	+	0.015
			通有线电视率	通有线电视的村 / 总村数	%	+	0.015
			通自来水率	通自来水的村 / 总村数	%	+	0.01
		文体	图书馆数量	图书馆数量	个	+	0.01
			影剧院数量	影剧院数量	个	+	0.01
			体育场馆数量	体育场馆数量	个	+	0.01
			公园广场数量	公园广场数量	个	+	0.01
		教育	小学师生比	小学专任教师数 / 小学在校学生数	—	+	0.02
			小学数量	小学数量	所	+	0.02
		医疗	医疗卫生机构数量	医疗卫生机构数量	个	+	0.01
			人均医疗卫生机构床 位数	医疗卫生机构床位 数 / 户籍人口	张 / 千人	+	0.01
			养老机构数量	养老机构数量	个	+	0.02
	生态	卫生	生活垃圾处理水平	生活垃圾全部集中 处理的村 / 总村数	%	+	0.025
			生活污水处理水平	生活污水全部集中 处理的村 / 总村数	%	+	0.025
		污染	农用化肥施用强度	农用化肥施用量 （折纯）/ 耕地面积	吨 / 公顷	−	0.025
			农药施用强度	农药使用量 / 耕地 面积	吨 / 公顷	−	0.025

3.3.2 乡镇发展水平评价结果

根据上述镇域发展水平评价指标体系，基于枣阳市统计年鉴等数据，计算各乡镇现阶段的发展水平。计算时，各项指标最高者得满分，其余乡镇按比例折算得分。全部指标计算完成后，将得分加总，最后折算成百分制，得到枣阳市乡镇发展水平评价结果，见表3-11。

将评价结果进行可视化发现（图3-9），总体而言，南城街道的发展水平最为强劲，枣阳经济开发区紧随其后；第二梯队是北城街道、吴店镇和环城街道，乡镇

枣阳市乡镇发展水平评价结果　　　　　　　　表3-11

	总分	基础要素		发展要素		
		人口	经济	生产	生活	生态
北城街道	81.97	16.96	21.82	18.60	24.59	0.00
南城街道	99.00	7.83	30.78	36.69	28.22	−3.53
环城街道	59.60	4.74	22.58	20.37	18.03	−6.12
琚湾镇	47.20	2.06	13.22	19.81	15.48	−3.37
七方镇	48.44	1.72	13.18	23.62	17.68	−7.74
杨垱镇	50.50	2.10	13.79	16.62	20.60	−2.61
太平镇	46.93	2.75	12.12	17.16	19.98	−5.08
新市镇	49.57	1.35	11.76	20.54	21.04	−5.12
鹿头镇	48.13	2.18	13.92	15.60	19.93	−3.49
刘升镇	38.24	0.83	13.12	16.61	15.10	−7.42
兴隆镇	52.69	1.54	17.69	18.94	17.87	−3.35
王城镇	45.03	2.00	15.14	16.26	14.60	−2.97
吴店镇	80.51	2.39	34.15	23.55	23.24	−2.82
熊集镇	44.30	1.02	14.04	20.06	16.32	−7.14
平林镇	45.22	1.81	16.69	16.85	17.36	−7.49
枣阳经济开发区	95.79	10.74	43.39	22.02	18.51	0.96
随阳农场	43.32	0.95	12.60	10.13	18.87	0.77
车河农场	45.01	0.56	12.04	12.90	18.80	0.71

发展水平较高；兴隆镇等 13 个乡镇位列第三梯队，发展水平相对较弱。就人口来说，北城街道、枣阳经济开发区和南城街道的人口得分较高，其余乡镇水平较低。就经济来说，枣阳经济开发区、吴店镇和南城街道的经济发展动力较强。就生产来说，南城街道得分遥遥领先，七方镇、吴店镇和枣阳经济开发区得分也较高，其余乡镇的生产潜力较为均衡。就生活来说，各乡镇的生活水平相差不大，其中，南城街道、北城街道和吴店镇得分较高。就生态而言，枣阳经济开发区、随阳农场、车河农场和北城街道的生态得分相对较高。

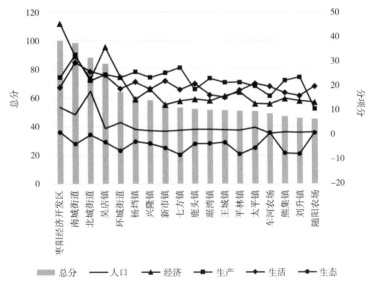

图 3-9 枣阳市乡镇发展水平评价结果

3.3.3 乡镇发展动力识别

对枣阳市各乡镇的农业、工业和服务业进行评分，根据得分将产业评级分为五个等级。其中，农业的评级标准为 +++++（得分 ≥ 10）、++++（9 ≤ 得分 <10）、+++（8 ≤ 得分 <9）、++（5 ≤ 得分 <8）和 +（得分 <5）；工业的评级标准为 +++++（得分 ≥ 10）、++++（6 ≤ 得分 <10）、+++（5 ≤ 得分 <6）、++（3 ≤ 得分 <5）和 +（得分 <3）；服务业的评级标准为 +++++（得分 ≥ 10）、++++（8 ≤ 得分 <10）、+++

（6≤得分<8）、++（4≤得分<6）和+（得分<4）。根据各产业的得分和评级结果，识别各乡镇的发展动力，将枣阳市的乡镇分为以下5个类型：综合发展型、工业商贸型、农业服务型、工农互促型和农业驱动型。枣阳市乡镇发展动力的识别结果见表3-12。

枣阳市乡镇发展动力识别 表3-12

发展类型	乡镇	产业评价结果					
		农业		工业		服务业	
		得分	评级	得分	评级	得分	评级
综合发展型	北城街道	2.27	+	6.32	++++	10.02	+++++
	南城街道	6.50	++	14.82	+++++	15.38	+++++
	吴店镇	7.72	++	6.72	++++	9.10	++++
	枣阳经济开发区	7.18	++	6.70	++++	8.13	++++
工业商贸型	环城街道	7.61	++	5.70	+++	7.06	+++
	琚湾镇	6.81	++	5.73	+++	7.27	+++
	兴隆镇	8.57	+++	4.33	++	6.03	+++
农业服务型	七方镇	9.67	++++	5.36	+++	8.59	++++
	太平镇	8.26	+++	2.92	+	5.98	++
	新市镇	8.16	+++	3.47	++	8.91	++++
	王城镇	8.82	+++	2.38	+	5.06	++
	熊集镇	11.50	+++++	2.50	+	6.06	+++
工农互促型	鹿头镇	7.70	++	5.06	+++	2.83	+
	刘升镇	9.43	++++	3.38	++	3.80	+
农业驱动型	杨垱镇	8.38	+++	3.95	++	4.30	++
	平林镇	10.28	+++++	2.80	+	3.77	+
	随阳农场	5.38	++	1.45	+	3.31	+
	车河农场	9.24	++++	2.35	+	1.31	+

其中，北城街道、南城街道、吴店镇和枣阳经济开发区属于综合发展型，即以工业和服务业作为主要驱动力；环城街道、琚湾镇和兴隆镇属于工业商贸型，即以工业作为主要驱动力，服务业水平有待提升；七方镇、太平镇、新市镇、王城镇和熊集镇属于农业服务型，即以农业和服务业作为主要驱动力；鹿头镇和刘升镇属于工农互促型，即以工业和农业作为主要驱动力；杨垱镇、平林镇、随阳农场和车河农场属于农业驱动型，即以农业作为主要驱动力。

3.3.4　乡镇发展模式

3.3.4.1　等级发展模式

（1）等级体系结构

依据上位规划及乡镇等级规模与职能分工，确定乡镇等级结构体系。规划 1 个中心城区、5 个重点镇、9 个特色镇、16 个城镇新型社区、126 个农村中心社区。

（2）重点镇筛选

吴店镇、兴隆镇、太平镇、琚湾镇、七方镇为乡镇等级结构中的重点镇，5 个重点镇围绕中心城区布局，促进城乡资源全方位互动。这 5 个重点镇分别有各自的职能分工，其中吴店镇、兴隆镇属于综合型城镇，太平镇、琚湾镇属于工业商贸型城镇，七方镇属于农业服务型城镇。

（3）城镇新型社区筛选

城镇新型社区是指位于中心城区和各乡镇镇区规划建成区内的农村居民点，规划期内逐步搬迁至拆迁安置小区，按城镇居住区模式建设集中型安置社区。城镇新社区一般由 1 ～ 3 个行政村组成，城镇新社区的人均建设用地规模控制在 100 平方米 / 人以内。

3.3.4.2　空间发展模式

枣阳市乡镇空间结构为"一主三副九特，一带一环四轴"。"一主"是指由中心城区、吴店镇、兴隆镇一体化发展形成的市域发展主核心，"三副"是指七方、琚湾、太平 3 个重点镇，"九特"是指平林镇、新市镇、熊集镇、鹿头镇、王城镇、刘升镇、杨垱镇、随阳农场管理区、车河农场管理区 9 个特色镇（区）。围绕重点镇及特色镇分别形成襄枣同城化高质量发展带与农旅互促发展环，并形成襄枣产业协同发展轴、东西产业发展轴、东西科技协同发展轴、南北产业发展轴。

3.3.4.3　职能发展模式

乡镇职能分工分为综合型、工业商贸型、农业服务型、生态旅游型，详见表 3-13。

乡镇职能分工体系

表 3-13

城镇等级	名称	职能结构	城镇职能
中心城区	枣阳中心城区	综合型	襄阳都市区副中心，市域经济政治文化中心，以现代制造、一城两花为特色的生态田园城市
重点镇	吴店镇	综合型	汉文化旅游名镇，镇区以生活服务、现代制造为主，镇域重点发展生态文化旅游、蔬果花茶种植
	兴隆镇	综合型	面向区域的专业性物流重镇，镇区以生活服务、商贸物流、现代制造为主，镇域重点发展规模粮油、蔬果种植
	太平镇	农业服务型	承接鄂豫协同发展的高质量生活服务示范镇，镇区建设以生活服务、食品加工为主，镇域重点发展山水观光、农业旅游、规模化种植，打造农业文旅小镇
	琚湾镇	工业商贸型	以生活服务、农业服务、棉纺织加工为主的工业商贸型城镇，镇域重点建设规模化粮油、烟叶基地
	七方镇	农业服务型	链接襄阳市区的门户镇，国家级现代农业示范区，镇区以生活服务、食品加工、农业服务为主，镇域重点发展规模粮油、蔬果种植、循环养殖
特色镇	杨垱镇	农业服务型	鄂豫交界的产粮重镇，标准化、规模化养殖的小麦生产核心产区
	新市镇	农业服务型	提升中国桃之乡品牌特色，推动食材加工、生态能源和文化旅游创新发展，创建省级文旅名镇
	鹿头镇	农业服务型	以炎帝都邑、桃果种植、生态矿业为品牌，打造农耕文化和都邑文化融汇的荆楚文旅名镇
	刘升镇	农业服务型	以桃果、蔬菜为特色打造优势农业产业，发展休闲旅游、观光农业

续表

城镇等级	名称	职能结构	城镇职能
特色镇	王城镇	生态旅游型	枣阳生态后花园，依托美丽乡村建设争创省级特色文旅名镇，大力发展桃果产业和特色生态旅游
	平林镇	生态旅游型	枣阳粮仓，打响"平林大米"品牌，依托平林桃花大会活动推动镇域生态旅游业发展
	熊集镇	生态旅游型	生态环境优美、产业特色鲜明的农业旅游小镇，依托全国生态环境和基础设施建设试点，创建省级文旅名镇
	随阳农场	生态旅游型	大力推进美丽乡村建设，建设生态环保的特色产业集群，发展生态农业、生态旅游
	车河农场	生态旅游型	生态环境多样、农业优势突出的枣南"鱼米之乡"，依托丰富的山水资源和农业技术资源，发展生态农业、生态旅游

本章聚焦县域尺度，重点分析长江经济带、中部地区和湖北省枣阳市的发展模式，从乡村性测度、区域差异和乡村治理三点出发，为中国县域村镇发展模式与规划治理提供参考借鉴。

第一，本章通过乡村"人、地、产"的发展要素以及"生产、生活、生态"的地域功能对乡村性进行表征，借鉴"城乡统一体"思想，按照数据可获取性、代表性等原则，选取乡村人口变化率、耕地变化率、一产结构比、农业劳动生产率、农业土地生产率、农民人均粮食产量、农村居民生活水平、归一化植被指数等指标作为评估乡村发展的指标，为后文构建县域村镇发展模式识别指标体系提供重要参考。

第二，长江经济带县域乡村性的水平总体呈现"东部低、中西部高"的分异特点，乡村性低水平区主要集中在区域的城市群（圈）、省会城市及大城市附近，高水平区则分布在省域边缘、省界交汇处及偏远地区。说明乡村性存在明显的区域差异，地方政府应科学把握乡村的地域基础条件和外部发展环境，统筹兼顾乡村发展的地域独特性和区域协调性，制定差异化的区域发展策略，进而服务区域内的乡村振兴。

第三，根据中部地区尤其湖北省的乡村发展情况进行总结，乡村振兴模式包括政府引导型、市场主导型和村民主体型。乡村振兴应因地制宜，根据乡村的资源禀赋、社会经济情况等，结合乡村发展的实际需求，融合村民、政府、专家学者、社会等多元力量，实现多元主体参与的乡村规划治理。

第

4

章

乡镇发展
模式识别

作为我国政府的基层管理单元，乡镇是实施国土空间管控的基本行政单元，直接面向发展和保护实践的管理。因此，乡镇尺度的规划在面向实施的管理和承接县级的原则要求上具有承上启下的关键作用：是上级任务向下传导和具体落实，也是村庄土地产权主体向上表达诉求的关键窗口。乡镇级的国土空间规划应充分响应上述重要的使命，细化县级层面国土空间规划内容，并充分征求村级意见与建议，落实各项发展和管控措施。乡镇可充分依托县级对乡镇的发展战略指引，也可自行编制镇级战略规划。

在此基础上，本章进行了乡镇发展模式识别。第一部分以湖南省岳阳市为例，借助"人—地—资本"协同转型的理论框架，构建要素转型评价指标体系，分析各要素转型的发展水平、耦合协调度的空间异质性、影响因素等。第二部分重点研究了以湖北省天门市、汉川市和仙桃市为代表的中部地区创业回流模式及其特征。第三部分以湖北省孝感市云梦县为例，构建了乡镇发展水平评价指标体系，分析其乡镇发展模式。第四部分聚焦广西壮族自治区柳城市柳城县，分析其发展现状与问题，构建多元评价指标体系，评估其综合发展水平。

4.1　湖南省岳阳市乡村生产要素协同转型的时空格局及影响因素

改革开放以来，伴随我国制度的渐进式改革，人—地—资本三要素的配置方式逐步由行政计划转向市场机制。由于制度改革存在阶段差异，要素错配严重。进入城镇化中后期，要素自由流动的制度约束有所放松，要素协同明显提升，但仍存在"堵点"，制约着城乡经济、社会持续发展。为此，2020年4月，中共中央、国务院印发了《中共中央　国务院关于构建更加完善的要素市场化配置体制机制的意见》（以下简称《意见》），意在逆全球化、国际保守主义日益严峻的形势下，打破要素流动壁垒，深化要素协同配置。乡村人、地、资本的协同配置，更是被《意见》置于重要地位，是促进乡村振兴乃至城乡可持续发展的关键（陈秧分等，2019）。为使地方政府在乡村要素市场化配置体制机制建设中更加有的放矢，必须开展乡村全生产要素协同配置的理论和实证探索，主要涉及要素协同转型的时空格局和影响因素研究。

就要素协同而言，既有研究偏向两要素间的互动关系，对多要素协同探讨不够。张永丽和梁顺强（2018）指出劳动力转移和农地流转相互促进，劳动力流动是土地流转的动因，土地流转推动了劳动力转移的进程。在劳动力转移与资本循环方面：劳动力的大量转移，能促进资本进入农业，催生大量新型农业经营主体，推动农业专业化分工、规模化生产（张红宇，2018）；同时，经营主体可为当地农民提供大量就业岗位，促进其农内转移（阮荣平等，2017）。在农地流转与资本循环方面：农地流转有利于培育各类经营主体（龙花楼和屠爽爽，2017）；经营主体为扩大生产规模不断流转土地（邵爽，2015）。上述研究已揭示出两要素的互动关系，但难以揭示全要素的配置状况，在政策建议上，难免避重就轻。因此，有必要探讨乡村生产全要素的协同状况。

就影响因素而言，学术界多围绕单一要素展开，且多基于全国、省域等宏观尺度，部分到县级中观尺度。在全国尺度，王佳月等（2018）、王亚辉等（2018）揭示了耕地资源禀赋、经济发展水平、地形等因素对土地流转的影响。在省域尺度，何军和朱成飞（2020）指出道路、水利等农业基础设施对经营主体多样化发展的促进作用；宋淑丽和齐伟娜（2014）发现财政扶持、农业机械化水平与劳动力转移正相关。在县级尺度，王婧和李裕瑞（2016）认为产业结构、人力资本、地理区位等影响劳动力转移。此外，刘景琦（2019）指出，有效的村庄治理是三要素协同转型的基础。这些宏观尺度研究囊括的影响因素，可归纳为内生维度（自然条件、耕地资源禀赋、村庄治理）和外源维度（区位条件、政府农业农村投入、地方发展水平）（曲衍波，2020），揭示了对单一要素对乡村聚落转型的影响，但对要素协同，尤其是协同水平空间异质性的影响探究不充分，因为较大分析单元会平滑掉微观层面的空间差异。因此，有必要聚焦微观尺度的要素协同转型，关注其空间格局和影响因素。

针对上述研究不足，本节着重解决三个问题：①人、地、资本各要素转型发展水平如何？②要素协同转型的时空异质性如何？③空间异质性的影响因素有哪些？由此构建人—地—资本协同转型的理论框架，并对影响因素的作用机制作假说性探讨；以湖南省岳阳市为例，基于历时统计数据，构建要素转型评价指标体系，分析各要素转型发展水平，运用耦合协调度模型揭示要素协同转型特征，并用探索性空间分析判断耦合协调度的空间异质性；采用地理加权回归模型，探讨特定年份要素协同转型空间异质性的影响因素；针对不同协同水平地域和影响因素，提出相应建议。

4.1.1　理论框架：人—地—资本协同转型的演变逻辑及影响因素

改革开放前，为优先发展城市，我国实行户籍管理制度，建立了城乡分割的二元体制，严格限制城乡人口、土地、资本等要素流动。农村由于人多地少，存在大量潜在剩余劳动力。改革开放后，城镇经济快速发展，就业岗位增加。虽户籍制度未变，但农村劳动力逐步被允许进城务工，劳动力市场逐渐形成（陈宏胜等，2016）。同时，家庭联产承包责任制的实行，调动了农民生产积极性，提高了农业生产效率，释放出大量剩余劳动力（张英男等，2019）。为谋求更高收入，农村劳动力不断涌入城镇。由于农业户籍身份，"公粮"等承包责任，以及当时大力发展小城镇、严格限制大城市发展的政策，农业转移劳动力"离农"并未"弃地"，主要是"就近非农化"（许庆等，2017）。同时，少量村民开始自发在村内流转土地（钟涨宝和汪萍，2003）。人均耕地规模逐步增加，劳均生产效率增加，劳动力过剩程度降低，人—地关系逐步改善（图4-1）。

1990年代中期至2000年代中期，承包责任被逐步取消，城市发展方针转向大中小城市协调发展。改革开放力度大的东部沿海地带发展迅速，劳动力需求大，劳动力转移约束进一步放松，乡—城人口流动处于强势能期，中西部农村劳动力大量流向东部地区，"异地非农化（城镇化）"增强（陈宏胜等，2016）。然而，农地流转却远远落后。虽然在20世纪90年代，政府出台了多项文件，鼓励农地适度流转，但因土地产权的残缺和不稳定，行政配置资源配置的痕迹明显（许庆等，2017），流转多限于集体内部，少量非正规流转至村外，且流转周期短（王家庭等，2017）。随着农村劳动力大量析出，人—地关系转向"失配"，种田能手无地可种

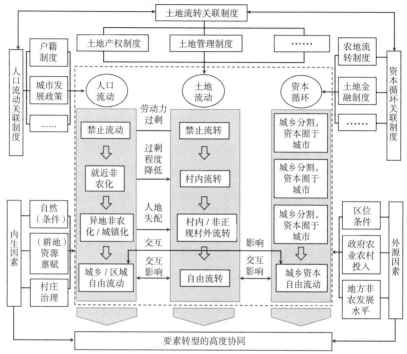

图 4-1 理论框架

与良田抛荒并存。2000 年代后期，随着劳动力城乡转移全面放松，人—地失配不断恶化（李永萍，2018）。

为化解人—地矛盾，优化土地资源的市场配置，提高农业生产效率，中央政府于 2010 年代初推行农地确权、三权分置，旨在界定农地所有权，稳定其承包权，放活其经营权，引入市场机制（李东轩和刘平养，2020）。此前，资本循环（即资本流动以创造剩余价值，进行再流动，以不断累积的过程）被圈于城市，但城市已存在生产过剩危机，如城市基建和房屋过剩。按照 Harvey 的资本循环理论，伴随农地市场化开启，未经资本"洗礼"的乡村地域，成为城市过剩资本进行"时空修复"的场域（逯百慧等，2015）。城市工商资本入乡，连同乡村内生资本加速农地流转，大幅促进其供需的平衡（严海蓉和陈义媛，2015）。

资本在农地流转中循环，表现为不同类型资本通过整合农地等资源，进入不同经济领域，逐步形成以家庭经营为基础，专业大户、家庭农场、专业合作社、龙头企业等多种经营主体并存的新型农业经营体系（洪银兴和王荣，2019）。农业生产方式因此改变，反过来影响城乡人口转移。一方面，农业规模化生产，土地流转加快，大量农业劳动力离乡进城；同时，农业产业化深化劳动分工，创造新的就业岗位，具有专业技术的劳动力向农内转移，成为新型职业农民（孟令国和余水燕，2014）。另一方面，资本入乡也将改变乡村单一农业生产图景，促进乡村资源全面商品化、"乡村"符号化和乡村消费主义兴起，形成"逆城市化"，即城市居民向乡村消费转移（刘祖云和刘传俊，2018）。人—地—资本将朝着高度协同的远景目标深度发展。但就当前阶段而言，要素的自由流动仍受到诸多制度的约束：外出务工群体的市民化之路依然漫长；农地（房）的基本保障功能依然突出，代种、季节性抛荒依然是规避资本风险的方式；由于土地破碎、信用机制缺失等原因，市场交易成本仍较高（张学浪，2018）。

就当前特定地域的要素协同及空间分布而言，地方性因素起决定性作用。基于此，本节从内生、外源两个维度对地方性影响因素的作用机理，做假说性探讨，以指引实证。①内生维度包括自然条件、耕地资源禀赋和村庄治理。自然条件决定适农发展程度，如高程和坡度。高程和坡度过低，水涝隐患大；过高，不利于机械化种植（王佳月等，2018；王亚辉等，2018），这都将阻碍农地流转，进而影响劳动力转移和资本循环，导致要素协同程度低。就耕地资源禀赋而言，资源越丰富，越适宜本地特色农业发展，越易引入资本，从而促进农地流转和劳动力转移，提高要素协同水平（王亚辉等，2018）。村庄治理是地方化的微观制度因素，"有为集体"将整合地方政府、村民、社会资本的力量，合理统筹人、地、资本，促进要素协同配置（刘景琦，2019）。②外源维度包括区位条件、政府农业农村投入和地方经济、社会发展水平。区位的影响可能是"倒U"形格局，距离城区过近，受城市集中建设区严格管制，农地流转受限；过远，受城市资本和市场辐射的力度趋弱，要素转型会受到限制（王婧和李裕瑞，2016）。政府农业农村投入，如农业基础设施、农业资金投入等，对要素流动的影响将呈现边际效用的先增后降（宋淑丽和齐伟娜，2014）。就本地经济、社会发展水平而言，非农发展水平越高，非农就业人口比例越大，人均收入越高；居民平均受教育水平越高，越易从事非农岗位，推动本地非农发展（王婧和李裕瑞，2016；王盼等，2019）。以上因素都将促进农村劳动力转移，增强资本和市场对农村的辐射力度，提高要素协同水平。

4.1.2 研究设计

4.1.2.1 研究区域

岳阳市位于湖南省东北部，坐拥洞庭湖，地貌多样，市域西部以平原为主，向东逐渐由丘陵转向山地；此外，幕阜山脉南北纵贯洞庭湖以东县市，如临湘市、岳阳县、平江县。市域面积 15019.2 平方千米，辖六县（市）、三区、一管理区，共132 个镇级单元（下文统称镇街）。2019 年，岳阳市产业结构为 9.4（一产）∶41.7（二产）∶48.9（三产），是中部地区三四线城市的典型代表：劳动力转移方面，2016年外出劳动力占比 37.16%，本地转移劳动力（从事非农业和兼业）占比 24.30%，共计 61.46%；农地流转方面[①]，2016 年流转规模占比 36.69%，2012—2016 年，年均增长率达 15.19%；资本循环方面，近年来，大量资本介入农业，新型经营主体迅猛发展，2012—2016 年由 911 家增至 4400 家，且其经营性收入占农村经济总收入的比例由 72% 增至 83%。

4.1.2.2 数据来源

本节以镇街单元为研究尺度，依据 2016 年岳阳市行政区划，共涉及市域 108个镇街[②]。数据来源：①劳动力转移、农地流转、资本循环的指标数据，来自岳阳市农业农村局提供的 2012—2016 年农经统计年报[③]；②各镇街的平均高程和平均坡度，来自地理空间数据云官方网站的 DEM 数字高程数据（http://www.gscloud.cn）；③其他影响因素数据来自农业农村局和相关部门。

[①] 本节农地流转指耕地流转，包括水田和旱地两种类型。

[②] 将相邻的完全城镇化街道合并为一个区域，完全城镇化街道不在本节研究范围内。

[③] 本节研究时段为 2012—2016 年的原因有二：一是，2012 年之前，岳阳市农经统计数据没有电子存档，且由于部门多次调整，数据丢失，难以获取。二是，2010 年代初以前，虽乡村劳动力不断向非农转移，但农地流转与资本循环仍受到严格制约，要素协同转型基本处于理论所述的失调加剧阶段；其后，农地流转与资本入乡全面放开，要素协同转型才开始加速。虽然中央促进农地流转的系列政策在 2010 年代初出台，但在岳阳当地的实施主要在 2012—2014 年，因此该时段的数据足以揭示岳阳乡村要素协同转型的整体趋势。

4.1.2.3　研究方法

针对研究内容需要，分别采用以下三个定量分析模型：

（1）耦合协调度模型

耦合指两个或以上要素通过相互作用，以致协同的现象。在此基础上形成的耦合协调度模型，用来表示要素间相互作用的良性耦合程度，以衡量协同状况。首先，本节依据指标选取的科学性、针对性及可获取性等原则，构建要素转型的评价指标体系（表4-1），其中，劳动力转移的发展水平用外出劳动力占比与本地非农劳动力占比来衡量；农地要素，从农地流转率和流转规模分布占比两个维度测度，分别表征农地流转的程度和质量；就资本要素而言，各类资本资金投入数据难以直接获取，但根据相关研究，农业经营主体的经营性收入与资本投入量正相关（张益丰等，2019），所以乡村资本转型可从投资收益层面来表征。同时，在完全自由竞争的市场中，相同质量、类型的农地流转价格一致，农地流转规模与资本投入量正相关，因此也可以用农地流转规模表征。其次，用熵权法客观分析各指标间的关联度和各指标所提供的信息量，确定指标权重，计算各要素转型发展水平 U（丁敬磊等，2016）；进而用耦合协调度模型，测度2012—2016年各镇街人—地—资本的协同水平。

"人—地—资本"要素转型的指标体系　　　　　　　　　　　　　　表 4-1

要素层	表达层	指标层
人	外出劳动力占比	外出务工劳动力 / 总农村劳动力
	本地非农劳动力占比	（本地务工劳动力 + 兼业劳动力）/ 总农村劳动力
地	农地流转率	农地流转总面积 / 总耕地面积
	流转规模分布占比	经营耕地 0~30 亩经营主体数 / 总经营主体数
		经营耕地 30~100 亩经营主体数 / 总经营主体数
		经营耕地 100 亩以上经营主体数 / 总经营主体数
资本	经营主体经营性收入占比	经营主体经营性总收入 / 农村经济总收入

要素层	表达层	指标层
资本	经营主体流转耕地面积占比	农户流转的耕地面积 / 总流转面积
		专业合作社流转的耕地面积 / 总流转面积
		企业流转的耕地面积 / 总流转面积
		其他主体流转的耕地面积 / 总流转面积

三要素耦合协调度的计算公式为：

$$C = 3 \times \left[\frac{U_1 \times U_2 \times U_3}{(U_1+U_2+U_3)^3}\right]^{\frac{1}{3}} \tag{4-1}$$

$$T = \alpha U_1 + \beta U_2 + \gamma U_3 \tag{4-2}$$

$$D = \sqrt{C \times T} \tag{4-3}$$

式中：U 为各要素转型发展水平；C 为要素间耦合度值；T 表示各要素组合形成的总发展水平；D 表示耦合协调度；α、β、γ 为待定系数，分别表示人、地、资本对整个体系的重要性。劳动力转移是农地流转的动因（张永丽和梁顺强，2018），农地流转推动资本循环，故本节按照诱因的先后顺序和发展程度，对三个待定系数进行赋值：$\alpha =0.40$，$\beta =0.35$，$\gamma =0.25$[①]。参考相关文献（盖美等，2013），结合实际情况，本节将耦合协调度分为严重失调（$0< D \leq 0.30$）、低度协调（$0.30< D \leq 0.40$）、中度协调（$0.40< D \leq 0.60$）、高度协调（$0.60< D \leq 1.00$）四个等级。

（2）探索性空间分析

探索性空间分析用于探究研究时段内耦合协调度的空间集聚特征。其中，全局

---

① 既有文献对待定系数的设置分为两种情况：一是认为各要素对整个体系同等重要，将系数均等设置，即 $\alpha = \beta = \gamma =1/3$；二是根据各要素对整个体系的相对重要程度，区别设置。本节采用第二种方法。改革开放以来，农村劳动力经历了长时间、大规模的转移，转型程度高；而农地流转、资本入乡的政策放开时间短，转型程度相对滞后，尤其是资本。由于要素转型的时间越长，转型程度越高，对要素协同发展的引导作用可能会越强，本节依此区别设置三要素的系数。

空间自相关指数（*Global Moran's I*），判断市域整体的空间集聚特征；局部空间自相关指数（*Local Moran's I*），刻画各镇街与相邻镇街的空间关联效应。此外，用标准化统计量 z 值检验 *Moran's I* 的显著性，一般认为，当 $|z|>2.58$ 时，结果通过 1% 显著性水平的检验（刘尊雷等，2018）。

（3）地理加权回归模型（GWR）

探索性空间分析揭示耦合协调度的空间异质性特征。本节基于 ArcGIS 软件，采用 GWR 模型，以 2016 年耦合协调度为因变量，探讨其空间异质性的关键地方性影响因素（刘尊雷等，2018）。

4.1.3　乡村人—地—资本协同转型的时空格局

在阐述各要素转型发展水平的基础上，探究三要素耦合协调度的时空演变和空间集聚特征。

4.1.3.1　要素转型发展水平

整体而言，劳动力转移的转型发展水平远高于农地流转和资本循环。2012—2016 年，劳动力转移的镇街平均水平介于 0.30 ~ 0.35，而另外两个要素均在 0.10 左右。运用 ArcGIS 软件，采用自然间断点分级法，将 2016 年三要素转型发展水平划分为四级，揭示其空间特征。结果表明，三要素空间分布差异显著，具体如下：①劳动力转移。高值区主要分布在三类镇街，一是经济发展水平高的镇街，如市区及周边；二是地势平坦、耕地资源丰富、农业产业化水平高的镇街，如屈原管理区及周边；三是地势高、耕地资源稀缺的镇街，如平江县部分镇街。②农地流转。发展水平普遍不高，镇街发展差距大，介于 0.02 ~ 0.76。高值区集中在地势平坦、耕地资源丰富的镇街，如临湘市京广铁路以北、屈原管理区及周边镇街。③资本循环。高值区主要集中在耕地资源丰富、政府农业农村投入多的镇街，如市区、屈原管理区及其周边镇街。

4.1.3.2 要素协同转型的时空格局

总体而言，2012—2016 年，市域大部分镇街协同水平有所增强，但整体仍处于低水平协同状态。其中，中高协调度的镇街在空间上趋于"大分散，小集中"（表4-2）。

2012—2016 年不同协调等级的镇街数量　　表 4-2

协调等级	2012 年	2013 年	2014 年	2015 年	2016 年
严重失调	44	34	26	20	14
低度协调	48	56	61	61	63
中度协调	15	17	20	26	28
高度协调	1	1	1	1	3

（1）2012—2014 年，严重失调镇街减少 18 个，低、中度协调分别增加 13 个、5 个，高度协调始终为 1 个。空间上，2012 年，高值区集中分布在地势平坦、耕地资源丰富的镇街，如屈原管理区及周边镇街、汨罗市与平江县交界处及临湘市京广铁路以北镇街等。2014 年，低、中度协调镇街在 2012 年基础上继续扩张。严重失调镇街普遍农业基础设施相对匮乏或地势较高，如华容县和湘阴县部分镇街、临湘市和平江县部分镇街。

（2）2014—2016 年，严重失调镇街进一步减少 12 个，低、中度协调分别增加 2 个、8 个，高度协调增至 3 个。空间上，在农业发展条件好的华容和临湘，各有一镇发展为高度协调，分布分散。中度协调镇街继续扩张，与高度协调共同形成了"大分散，小集中"的分布格局。随着农业基础设施改善，华容县及湘阴县严重失调镇街减少；平江县也因土地整治等，农地资源改善，基本无严重失调镇街。严重失调的多为政府扶持力度小、地势较高的临湘市部分镇街；市区及周边严重失调镇街或与其着力发展第二、第三产业有关。

4.1.3.3　要素协同转型的空间自相关分析

基于GeoDa和ArcGIS软件,用空间自相关分析探讨耦合协调度的空间集聚特征。全局空间自相关分析揭示其在市域的空间特征（表4-3）。2012—2016年,*Global Moran's I*指数整体上由0.23增至0.26,且均通过了*z*统计量1%的显著性检验,说明耦合协调度为正空间自相关,即高（低）耦合协调度镇街在空间上趋于邻近,且集聚程度有所增强。

2012—2016 年耦合协调度全局自相关指数　　　　　　　　表 4-3

年份	*Global Moran's I*	*E（I）*	*P* 值	*Z（I）*
2012	0.23	−0.01	0.00	3.49***
2013	0.28	−0.01	0.00	4.13***
2014	0.28	−0.01	0.00	4.14***
2015	0.25	−0.01	0.00	3.80***
2016	0.26	−0.01	0.00	3.91***

注：*** 表示在 1% 水平上显著。

为揭示镇街间的空间关联效应及演变,本节进行了局部空间自相关分析。局部集聚,经历了 HH（高高）、LL（低低）集聚区先扩张后缩小,LH（低高）集聚区先缩小后扩张,HL（高低）集聚区逐步减少至 0 的变化：① HH 集聚区集中分布在地势平坦、耕地资源丰富、农业基础设施完善的镇街,且空间溢出效应明显。2012—2014 年,HH 集聚区在屈原管理区及周边镇街的基础上扩张；2016 年,HH 集聚区有所缩小,或是为因屈原管理区带动周边镇街耦合协调度普遍提升。另外,华容县也开始出现 HH 集聚区。② LL 集聚区以农业基础设施相对匮乏、耕地资源稀缺、地势高的镇街为主。2012 年,华容县部分镇街或因基础设施相对匮乏（农业用水问题突出）,成为 LL 集聚区；后因情况改善,2014 年退出 LL 集聚区。云溪区则因重点发展第二产业,始终是 LL 集聚区。平江县部分镇街因地势过高、耕地资源稀缺,2012—2014 年,LL 集聚区有所扩张,但伴随土地整治,耕地质量提高,

2016 年退出 LL 集聚区。③2012—2016 年，LH 集聚区先缩小后扩张，HL 集聚区消失，印证了各镇街耦合协调度的普遍升高。

4.1.4 乡村人—地—资本协同转型的影响因素

上述分析结果表明耦合协调度的空间异质性显著，这是多因素共同作用的结果，GWR 模型可对此进行较好解释。

4.1.4.1 影响因素选取

本节聚焦的内生影响因素包括自然条件和耕地资源禀赋。村庄治理格局难以在镇街尺度反映出来，数据也难以获取，因此未纳入模型；外源因素包括区位条件、政府农业农村投入、镇街经济社会发展水平（表 4-4）。首先，在自变量标准化的基础上，借助 SPSS 软件，将 2016 年耦合协调度分别与其进行相关性分析，得到各自变量的显著性（P 值），作为筛选最终变量的依据；其次，利用 OLS 回归方法，对各自变量进行多重共线性诊断，诊断结果显示各变量的方差膨胀因子（VIF）均小于 7.5，变量间不存在显著共线性；最后，上述相关性分析忽略了各变量的空间异质性，可能导致某些变量未通过显著性检验，因此，本节将 P 值在 0.20 以内的变量代入 GWR 模型，经过多轮筛选，得到最优拟合度。外源动力中，镇街经济、社会发展水平影响不显著，根据张改素等（2020）的研究，这是因中部地区镇街发展乏力，还未产生"以工（商）促农"作用；其他类别影响因素分别确定了平均坡度、旱地面积占比、水田与旱地面积之比、距县城中心距离、沟渠面积占比、政府农业补贴 6 个关键变量。

影响因素显著性及共线性检验 表 4-4

维度	类别	影响因素	P 值	VIF
内生维度	自然条件	平均高程	0.03	6.84
		平均坡度	0.01	7.12

续表

维度	类别	影响因素	P 值	VIF
内生维度	（耕地）资源禀赋	旱地面积占比	0.03	6.14
		水田面积占比	0.13	2.90
		水田与旱地面积之比	0.11	2.06
外源维度	区位条件	距省城中心距离	0.30	3.20
		距市区中心距离	0.67	3.79
		距县城中心距离	0.00	2.00
	政府农业农村投入	沟渠面积占比	0.00	5.96
		公路面积占比	0.51	1.70
		公益性基础设施建设投入	0.19	1.31
		政府农业补贴	0.20	1.15
	镇街经济、社会发展水平	工业企业个数	0.35	1.97
		人均 GDP	0.51	1.56
		城镇化率	0.83	1.90
		第二、第三产业从业人员占比	0.82	1.41
		高中及以上学历占比	0.34	1.56

4.1.4.2　GWR 回归结果分析

GWR 模型的拟合度 R^2 为 0.54，即可解释 54% 的全市耦合协调度变化。就各镇街而言，解释度介于 12% ~ 70%。对各变量的回归系数进行绝对值的平均值以及正、负值占比整理，发现，各变量的回归系数差异较大，反映出对耦合协调度的不同影响（表 4-5）。从回归系数绝对值的平均值来看，距县城距离、旱地面积占比、沟渠面积占比、水田与旱地面积之比、政府农业补贴、坡度的影响程度依次减小；从回归系数的正、负值比例来看，距县城距离仅有正向影响，其余变量对镇街要素协同转型均有正负两种影响，其中，旱地面积占比、水田与旱地面积之比、政府农业补贴以正向影响为主，坡度、沟渠面积占比以负向影响为主，印证了理论部分中这些影响因素的作用逻辑。

GWR 模型运算结果 表 4-5

影响因素类别	影响因素	绝对值的平均值	正值(%)	负值(%)
自然条件	平均坡度	0.16	5.56	94.44
耕地资源禀赋	旱地面积占比	0.32	67.59	32.41
	水田与旱地面积之比	0.24	87.04	12.96
区位条件	距县城距离	0.55	100	0
政府农业农村投入	沟渠面积占比	0.30	36.11	63.89
	政府农业补贴	0.16	80.56	19.44

4.1.4.3 影响因素分析

利用 ArcGIS 软件，可视化表达 GWR 模型回归系数，解释各影响因素在不同空间上的作用。

（1）自然条件：坡度影响较为显著。在 94.44% 的镇街，要素协同随坡度增加而降低，证实了理论假说，但负向影响程度因地势而异，洞庭湖以西的华容县、君山区、临湘市北部，为平原地带，负向关系最显著。原因在于平原地区坡度体现为河流、湖泊、池塘等有碍农业生产的水域，平均坡度越大，水域越多，对农地流转的抑制性越强。洞庭湖以东地区，多为丘陵、山地，坡度增加抑制了农业规模化生产和农地流转。对于剩余 5.56% 的镇街，坡度为正向影响，集中在华容县西部和平江县东部，前者可能是因地处平原，农业用水问题突出[①]，坡度增加可缓解该问题；后者是以喀斯特地貌为主的旅游目的地，与人口就地非农化、经济非农化不无关系。

（2）耕地资源禀赋：耕地（旱地与水田）的面积与比例，对要素协同整体为正向影响，与理论假设基本相符。但在空间上分化成三类区域。第一类为旱地与水田越多，协同水平越高，主要为幕阜山脉以西及平江县东部镇街，尤其是平江县旅

[①] 如媒体报道的华容县梅田湖镇沟渠淤塞情况（http://www.tcmap.com.cn/hunan/huarongxian_meitianhuzhen.html）。

游业发达镇街，旱地面积越多，正向影响越强；第二类为幕阜山脉沿线，旱地破碎，相对适宜水田种植，旱地占比越少，水田占比越多，水田与旱地面积之比越大，越有利于要素协同；第三类为华容县西部，已形成以荠菜等旱地作物为主的特色产业，因此，旱地相对水田而言，占比越高，越有利于要素协同。

（3）区位条件：距县城中心距离对要素协同影响全部为正，说明理论部分所述抑制作用与辐射带动的平衡中，县城非农经济活动对乡村人口非农化转移、资本与市场的辐射有限，与中部地区普遍薄弱的县城发展大体吻合；但其影响具有空间分异特征，与市域耕地质量分布整体相符，呈由西向东（平原向丘陵向山地）逐渐降低趋势（如《岳阳市土地利用总体规划（2006—2020年）》所述，华容县、屈原管理区的全部和湘阴县、君山区的部分镇街、临湘市京广铁路以北的部分镇街，耕地质量属于全市较高水平）。在质与量的占补平衡政策下，耕地质量越高，越易流转，城市扩张的抑制作用相对更加显著。

（4）政府农业农村投入：农业基础设施（沟渠）和农业补贴这两个因素的正、负向影响在空间上有所差别。洞庭湖以东，两因素对要素协同的影响，表现为以临湘市北部为中心，向南逐渐递减。其中，南部片区农业基础设施、农业补贴分别为负、正向影响；洞庭湖以西表现为两因素均为负向影响；北部片区农业基础设施和农业补贴均为正向影响，这三片区域基本代表了政府投入对要素协同影响的三种类型。南部片区劳动力转移水平高，农业基础设施投入一定程度上改善了农业生产条件，提高了农户自种水平，农地流转水平依然低，因此对要素协同为负向影响，而农业补贴有利于引导资本循环，因此为正向影响，此为类型一。类型二以洞庭湖以西的华容县与君山区为代表，该片区特色农业发展较好，资本循环水平较高，但劳动力转移和农地流转水平均较低，说明农户自种水平高，基础设施投入与农业补贴反而降低了劳动力转移和农地流转的积极性，因此，展现出两因素对协同水平的负向影响。类型三则以洞庭湖以东的北部片区为典型，在人口外流趋势下，基础设施投入与农业补贴促进了农地流转与资本循环。

4.1.5 研究结论

针对既有研究缺乏探讨乡村人—地—资本协同转型及其影响因素的状况，本节构建了人—地—资本协同转型的理论框架，并以岳阳市为例，在镇街尺度进行了实证研究。研究发现：

（1）岳阳市三要素转型发展水平不一，劳动力转移远高于农地流转和资本循环，这与孙云奋（2012）的观点基本一致；且因地域经济发展水平、自然条件、耕地资源禀赋、政府对农业农村投入不同呈现出显著时空差异。

（2）总体而言，三要素转型协同程度有所增强，但整体仍为低水平协同。这说明随着要素自由流动放开，要素协同程度有所增强，但离高度协同仍有很大差距。要素转型的协同水平空间分异显著，中、高度协同镇街呈"大分散，小集中"格局；随着时间推进，协同水平的 HH 集聚区先增后减，倾向分布在地势平坦、耕地资源丰富、农业基础设施完善的镇街，LL 集聚区同样先增后减。

（3）在协同转型的影响因素及程度上，距县城距离、旱地面积占比、沟渠面积占比、水田与旱地面积之比、政府农业补贴、坡度对要素协同的影响程度依次减小，镇街经济、社会发展水平的影响不显著，这与中部地区镇街发展水平有限相关。

（4）在协同转型的空间异质性上，坡度、耕地资源禀赋、区位条件与政府农业农村投入具有较强解释力。坡度总体呈负向影响，局部镇街因与地形相关的特定农业生产条件（农业用水）、旅游产业而成正向影响。耕地资源禀赋总体表现为正向影响，旱地与水田的禀赋需求因地形而异。距县城中心距离是显著的区位影响因素，总体表现为城市扩张的抑制作用强于对乡村的辐射带动，说明中部地区县城对乡村转型的促进作用有待加强。农业基础设施与农业补贴等政府投入，整体表现为积极影响，但因地方要素转型水平差异，呈现出三种不同影响类型：两种投入均为正向关联、两种投入分别正负关联、两种投入均为负向关联。

4.1.6 规划治理政策建议

新时代下，乡村人—地—资本协同转型是乡村可持续发展的重要抓手。笔者认为，三要素的高度协同仍有较长的路要走：宏观层面应进一步破除城乡之间要素流动的门槛，如户籍制度对市民化的制约、应对市民化风险的保障制度缺失、土地市场化和资本流动的高交易成本等；地方实践层面则应因地制宜，至少从以下四个方面予以改进：

（1）土地整治应聚焦改善坡度对农业生产的制约，坡度较高的农业地带，适度减缓坡度；对用水条件恶劣的部分平原地区，应增强沟渠的蓄水能力，如华容县西部。

（2）应进一步明确土地整治目标，改善耕地资源禀赋，增加旱地与水田的面积，如本案例中幕阜山脉以西及平江县东部。同时，应考虑旱地与水田的地方资源禀赋差异和农业生产适宜性，因地制宜调整比例，如山地地区，可适度"旱改水"，如本节中的幕阜山脉沿线。此外，旱地特色产业发展较好地区，应避免过度"旱改水"，如华容县西部（龙花楼，2015）。

（3）充分发挥县城对乡村转型的带动作用，增强县城对乡村资本投入、农产品消费、劳动力接纳的能力；此外，城市集中建设区应减少其扩张对要素转型的影响，尤其应针对耕地质量高低设定刚性由大到小的城市边界管控策略（易家林等，2018）。

（4）政府农业农村投入应因地施策。对于像华容县这类特色农业发展好、劳动力转移与农地流转水平低的地区，投入应鼓励农地适度流转，释放劳动力；对于像南部区域劳动力转移水平高的地区，应进一步加大农业基础设施和农业补贴投入，促进农地流转和资本循环；对于像洞庭湖以东、要素协同良好的北部片区，政府投入应兼顾各要素平衡发展。

本节以岳阳市这一中部地区三四线城市为例，揭示了乡村人—地—资本协同转型的时空格局和影响因素，为认知乡村生产全要素的协同配置提供了新视角。但这种影响存在东、中、西部地区和大、中、小城市的差异，未来研究可对此作进一步探讨。此外，本节未能纳入村庄尺度的影响因素，如村庄治理等，未来研究也可以此为方向，补充影响因素，丰富既有成果。

4.2 湖北省天门市、汉川市、仙桃市创业回流视角下的城镇化发展

进入新时代，人口回流现象越发明显（殷江滨，2015），大规模的"回流城镇化"正在出现（罗小龙等，2020），标志我国已经进入人口"回流"时代。第七次全国人口普查数据显示，我国流动人口数量高达 3.76 亿人，与 2010 年相比增长了69.73%[①]。随着东部沿海地区净流入人口逐年减少，中西部地区净流出人口有所下降，人口回流趋势明显（罗小龙等，2020）。在此背景下，人口回流正在全面改变我国原有的城镇化面貌，新的城镇化路径已经出现。从比较视角出发，总结和理清回流人口及其城镇化机制，具有重要意义。具体而言：改革开放以来，自下而上的苏南模式、温州模式和珠江模式或是以本地居民、集体经济为主体，或是以港资、外资引入为特征；进入 21 世纪，新型城镇化、乡村振兴则以自上而下的政府主导为主要特征，这些均与当前大规模回流人口的城镇化有所差别，"创业回流"正成为一种新的城镇化路径。

我国中部地区的人口回流现象尤为明显。据统计，2021 年我国中部地区山西、河南、安徽、湖北、江西、湖南六个相邻省份的省外流入人口总数高达 797.46 万人[②]。2021 年 4 月，中共中央、国务院发布《中共中央 国务院关于新时代推动中部地区高质量发展的意见》，对中部地区发展予以高度重视。第七次全国人口普查数据显示，2021 年湖北省市辖区内省外流入人口为 224.96 万人，省内流动人口为1051.46 万人[③]。笔者在调研中发现，中部地区的人口回流形式多样，其中存在大量创业回流人口。伴随电子商务和物流业的蓬勃发展，回流创业成为创造财富、提供就业机会、解决社会问题、培育创业精神的重要力量。本节的研究问题包括：创业回流人口的构成如何？他（她）们如何实现城镇化？出现何种空间实践？从比较视角出发，这种新的城镇化路径与我国其他城镇化模式及路径有何差别与联系？后文先从比较的视野综述我国城镇化研究进展；其次介绍本节的研究区域及研究方法；

---

① 第七次全国人口普查主要数据情况。
② 山西、河南、安徽、湖北、江西、湖南第七次全国人口普查公报。
③ 湖北省第七次全国人口普查主要数据情况。

第三部分则是对中部地区创业回流人口的城镇化路径与特征进行深入分析；最后是本节的总结与讨论。

4.2.1　比较视野下的我国城镇化研究进展

在近40年的快速城镇化进程中，流动人口一直是我国城镇化的主要载体（刘涛等，2015），也是影响城市和区域发展的重要因素（古恒宇和沈体雁，2021）。从比较的视角来看，自改革开放以来，我国的城镇化模式主要经历了以下两个阶段：①自20世纪80年代起，沿海地区快速的工业化和多样化经济活动的集聚，陆续出现了由集体经济发展带动下的"苏南模式"（费孝通，1999）、以本土民营企业为主体，以发展传统制造业为特征的"温州模式"（胡智清，2010），以及凭借政策优势与区位优势，大力发展外向型经济的"珠江模式"（白素霞和蒋同明，2017），全面推动了当地的社会经济发展。上述三种模式均是自下而上的，是由乡镇企业主导，并以快速工业化为目标的农村城市化（崔功豪和马润潮，1999）。在这一时期，流动人口在流入地面临多重制度性障碍（曹广忠等，2021），无法取得城市户口，无法平等享受福利，长期游离于城市体制的边缘（齐红倩等，2017）。②21世纪以来，以小城镇为载体的乡村城镇化一度被认为是一条既可实现工业化又可规避西方国家城市病的中国特色城镇化道路，然而，城镇化率的快速提升也无法掩盖城镇化质量上的诸多问题（罗震东和何鹤鸣，2017），乡村人口大量流失、人口老龄化（廖柳文和高晓路，2018）、乡村衰落（姜德波和彭程，2018）等，城乡差距持续拉大，区域发展不平衡、不充分问题日益严重。在此背景下，党中央和国务院正式提出新型城镇化、乡村振兴战略，促进城乡融合发展，近年各地乡村地区发展因此有了明显改善（王兴周，2021；段龙龙，2021）。总之，改革开放以来我国的城镇化路径可大体分为市场主导和政府主导两种。一是以市场为主体所推动的"苏南模式、珠江模式、温州模式"等，是自下而上的城镇化，主要出现在东部沿海发达地区；二是在国家政策扶持下的新型城镇化和乡村振兴路径，是自上而下的城镇化，主要出现在乡村地区。

进入新时代，第三种城镇化路径正在出现：回流城镇化。回流是"理智选择型逆城镇化"的重要特征（刘达等，2020），主要受到沿海产业转移、亲情社会网络、创业精神等因素影响（罗小龙等，2020），且规模化的人口回流及其所引发的城镇化正在中西部地区大量出现（刘云刚和燕婷婷，2013）。一方面，进城务工人员以"代际分工为基础的半耕半工"为生计模式，在城乡间"双向流动"并实现城镇化（夏柱智和贺雪峰，2017）。另一方面，部分草根创业者利用乡村本土资源优势，与互联网、电子商务相结合，实现新的自下而上的城镇化（罗震东和何鹤鸣，2017）。不过，这些研究对于研究对象的主体性关注不够，尤其缺乏对于其中的"创业回流人口"的关注。例如，创业回流人口如何创业？效果如何？其城镇化具有何种特征？效应如何？等等。对比已有理论所述的城镇化，这种创业回流城镇化有何差别？这些问题的回答，均需要深入实证。为此，后文将以研究团队长期关注的湖北天门、汉川、仙桃三地为例，聚焦从事纺织服装业的创业回流人口，聚焦其城镇化路径，并以此回答以上问题。

4.2.2 研究设计

4.2.2.1 研究区域

本次研究以湖北省的天门市、汉川市、仙桃市为主要研究对象。三地邻近武汉，近代以来就是人口流出之地（胡德盛，2019）。改革开放以来，三地均有大量人口外出打工创业，在广州、深圳、浙江义乌等地形成了规模化的创业移民聚居区，如广州康乐村、东风村及其周边地区（Liu 等，2014）。近年来，各地主动承接产业转移，在三地出现了天门龙腾服装小镇、汉正服装工业城、毛嘴服装产业园等项目，出现了成规模的、完整的服装产业生态。以天门市为例，在 2020 年新冠肺炎疫情后，500 多家中小服装企业"转战"天门，带火了当地的家庭式作坊[①]。这些新产业空间的主体正是成规模的创业回流进城务工人员。

---

① 天门市经济和信息化局官网。

4.2.2.2 研究方法

研究主要采用质性分析,通过深度访谈收集定性数据,辅以政府文件、统计年鉴、网络新闻等资料。访谈样本包括天门、汉川、仙桃三地政府官员以及各类回流人口(表4-6),累计访谈人次33人,累计访谈时间1582分钟。研究选择了三地政府各职能部门,深入了解政府部门对创业回流的政策措施、规划、态度等。此外,研究将不同类型的回流人口纳入访谈,如服装纺织大厂老板、家庭式作坊老板、工人等。访谈收集了创业回流人口的流动历程、回流意愿、区位选择等信息,尤其关注其创业回流后的日常行为、空间实践等方面特征。

学术界将进城务工人员的创业式回流定义为"在农村剩余劳动力向发达地区和城市跨区域流动务工的进程中,进城务工人员面对外部环境变化带来的机遇及打工面临的生存压力,出于生计、自我实现等动机,动员打工过程中积累的人力资源、资金和信息等资源,在乡村、小城镇创办企业,发展工商服务业,投资商品性农业的活动"(黄晓勇等,2012)。本研究中的"创业回流人口"概念基本与之一致,但侧重于聚焦回流后创办家庭式作坊进行服装生产加工的群体,该群体也是案例地区的主要创业回流群体。另外,本次研究重点关注创业回流人口中的创业群体,而非打工群体,意在强调创业群体在回流城镇化中所凸显的主体性。这类创业群体在回流前并无创业经历,在回流中主动利用各类资源完成从打工者到初创企业家身份的转变,促进了服装产业在回流地的发展,是中部地区创业回流城镇化的核心群体。

访谈样本的主要特征描述 表4-6

主要特征	类别	数量
性别	男	24人
	女	9人
职业	公务员	13人
	服装纺织业老板	9人
	服装纺织工人	11人

主要特征	类别	数量
外出务工经历	有	12 人
	无	21 人
样本总数		33 人
平均访谈时长		54 分钟

4.2.3 中部地区创业回流模式

近年来，创业回流已成为中部地区人口流动的重要形式，该群体充分发挥主观能动性，充分挖掘自身资源，通过空间实践构建积极的社会空间，实现了"人的城镇化"。调查表明，中部地区的人口回流可分为 4 个阶段（图 4-2）。

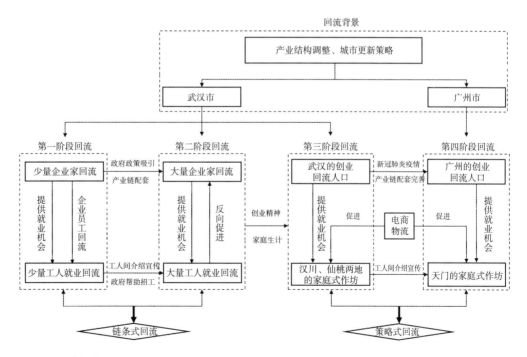

图 4-2 回流模式

第一阶段（2005—2012 年），随着中部崛起战略的逐步推进，湖北省武汉市实施了一系列城市更新策略与产业结构调整措施，地处武汉"汉正街"一带的服装工厂开始逐步外迁至距离武汉市市中心 38 公里的汉正服装工业城，形成"前店后厂"的模式。据统计，2007 年汉正街有 300 余名服装老板迁至汉正服装工业城。在此背景下，部分农民工企业家们也开始带领自家工人回到家乡办厂，并引起湖北省汉川、仙桃等地方政府的重视。

第二阶段（2012—2017 年），地方政府大力兴建服装产业园、承接回流企业。一方面，地方政府通过招商引资、为回流企业提供税收与土地优惠、帮助企业招工等方式，吸引大量企业与劳动力回流。另一方面，地方的"劳动力池"持续扩大，工人之间通过社会网络关系不断传播回流就业信息，进一步激发回流行为。这一时期，天门、汉川、仙桃三地经过几年的建设与发展，相继成立了天门龙腾服装小镇、浙商产业园、毛嘴服装产业园等正规化园区承接回流企业。2017 年底，近 4000 家企业迁进三地的产业园区及其周边地区，有近 11 万多名务工人员涌入汉川新河镇、仙桃毛嘴镇、天门市多祥镇等地区。

第三阶段（2017—2019 年），地方服装产业链逐步配套完善，回流城镇化水平逐步提升。在互联网影响下，传统服装产业开始转型升级，尤其伴随电商的出现，回流人口迎来新的发展机遇。该时期，曾在武汉汉正街从事纺织服装业的工人通过创业回流的方式回到仙桃、汉川两地。据统计，共计有 1500 多家服装作坊落户于产业园区周边的农村地区，如汉川市经济开发区辖区的东方红村等。

第四阶段（2019 年至今），与第三阶段的创业回流人口有所不同，这一阶段广州市陆续开展了以康乐村、大塘村、鹭江村为核心的"湖北制衣村"改造计划，各种"天门籍"的制衣厂、小作坊被迫回到天门。再者，2020 年新冠肺炎疫情暴发，进一步促进了在广州的天门人回流至岳口镇、多祥镇等地。这些创业回流人口依托电子商务与当地发达的物流网络，创办家庭式作坊。据调查，天门市每日的拼多多订单可达到 45 万单左右。在创业精神和家庭生计需求的驱使下，农民工利用先前外出务工所积累的资源，通过创业回流实现自身城镇化。

第三、四阶段的创业回流实则是前两阶段回流的延续，先前产业与人口回流所产生的集聚效应为创业回流人口提供了稳定的销售渠道与充足的劳动力，使其能够快速完成产业转型。在这两个阶段，创业回流人口通过创办家庭式作坊与上下游形成产业链，推进地区城镇化进程。本研究将第一、第二阶段的回流界定为"链条式回流"，在该阶段回流人口仍与在外务工的亲戚、朋友和老乡保持密切联系。这种跨地域的社会网络将就业机会广泛传播，进一步带动回流（刘达等，2020）。这些回流农民工大多进到服装大厂就业。其次，我们将第三、第四阶段回流中的创业回流界定为"策略式回流"，即回流者为了实现生计乃至发展目标，构建多种策略破除回流地的制度壁垒（Liu et al.，2014），实现自身的城镇化。相对而言，第三、第四阶段的创业回流人口更具主体性，他们挖掘各方资源，抓住市场机遇，是回流城镇化的中坚力量。

4.2.4 中部地区创业回流特征

4.2.4.1 开展非正规性业务，降低回流城镇化成本

研究表明，非正规性的出现与制度因素相关，非正规经济活动可以有效增加低收入人群的经济收入（Roy，2005；Hart，1973）。调查表明，创业回流城镇化中的非正规经济主要包含两方面：空间的非正规性和管理的非正规性。

创业回流人口因未取得营业执照、税务登记证等，其商业活动不受法律法规约束。而创业回流人口正是利用非正规空间来发展以家庭式作坊为代表的非正规业务，降低了回流城镇化的成本。具体而言，空间非正规性的表现之一是非正规的土地利用。调查发现，经济发展需求与用地指标供给之间存在不匹配性，服装企业与家庭式作坊多位于正规的开发区边界之外，而这些非正规土地利用则被包容和默许（黄颖敏等，2017）。另一方面，空间的非正规性还表现在建筑用途的改变上。部分作坊以农民自建房为空间载体（图 4-3a），原有单一的居住功能逐渐演变成集居住、服装生产、生活服务等功能为一体的复合功能。例如，一栋占地面积约 100 平方米的自建房盖有 3～4 层楼，第一层有厨房、面辅料堆放区、服装打包区等（图 4-3b），第二层、第三层为裁剪、缝纫、熨烫等服装生产区域（图 4-3c），第四层是员工宿舍。为了高效利用空间，许多老板还将新建楼层外租给纺织工人或新回流的创业人口，赚取额外的租金收入。

图 4-3 （a）岳口服装工业园；（b）家庭式作坊；（c）农民自建房；（d）作坊内的面料堆放区；（e）家庭式作坊内的缝纫区

其次，家庭式作坊相对灵活的管理与回流人口希望照顾家庭的诉求相契合。为了提高劳动生产率，服装行业一直采用按件计酬的方式发放工资。工人每天自愿延长工作时间，以获得更多收入。调查表明，人口回流主要受到照顾老人、陪伴小孩等亲情因素影响。与服装大厂相比，作坊有着更灵活的上下班时间与请假制度，可以方便这些工人接送孩子、送老人就医等。因此，老板与工人更像是"合作伙伴"关系，很多工人愿意辞掉大厂工作来作坊务工。而且，非正规的聘用制度也降低了本地人口非农化的门槛。家庭式作坊为城郊地区缺乏纺织技术、先前从事农业活动的村民提供了新的就业方式。他们在非农忙时节便会来作坊务工，逐步向非农化生活方式转变。作为结果，以乡缘关系为纽带，作坊生产与人口非农化进程紧密结合起来。

4.2.4.2　形成产业集聚，提升回流城镇化质量

产业集群可以促进外部经济快速增长，降低企业成本，使企业在相互信任和合作的学习氛围中实现技术创新（马铭波和王缉慈，2012）。一般而言，集聚有三个维度：地理维度、活动维度和商业环境维度，地理集聚是可以促进知识溢出推动企业技术创新和生产率提升，活动集聚有利于获得规模效益，商业环境集聚有利于促进消费环境和商业经营的进一步提升。调查表明，创业回流人口在创业精神的驱使下形成空间集聚，参与分包合作，同时与服装大厂积极互动，一方面探索出适合自身发展的电商模式，另一方面构建起跨地区的商业网络。产业集聚提升了回流城镇化的质量。

具体而言，大厂老板在回流之前已是企业家，在武汉、广州、杭州等地积累了办厂经验，其回流是"前店后厂"的自然拓展。与大厂不同，多数作坊老板在回流之前只是沿海某服装大厂的普通员工。创业回流人口的冒险闯荡精神集合了地方的"码头文化"和沿海经商传统，他们大多业务能力出众，是有抱负的群体。这些作坊老板主动将外出务工时所积累的纺织技术、个人存款、社会网络等资源带回家乡创业。

外包业务盛行，使得家庭式作坊成为天门服装产业生态链上的重要一环。调查表明，越来越多的纺织工人愿意到作坊工作，以致服装大厂缺乏足够劳动力支持其生产活动，需要与作坊进行业务合作。一方面，作坊促进了大厂的技术改革，大厂通过对流水线设备的更新与提升，摆脱劳动密集型产业的困境；另一方面，大厂在版式挑选、纺织技术、管理模式方面为作坊提供了丰富的经验参考，能促进作坊的知识技术更新。

大厂因规模庞大、生产销售模式固定，其改革与创新需大量的人力物力投入，相较之下作坊的创新成本更低，容易探索新的商业模式。电商模式下，各作坊之间建立起了合作紧密的集生产、销售、运输为一体的产业链。服装制作的每一个环节都有对应的作坊负责，有的作坊负责布料裁剪，有的制作辅料，还有的直接成为了电商老板，将左邻右舍做好的成衣通过淘宝、拼多多等平台发往全国。

4.2.4.3　构建韧性生产体系，实现稳定的城镇化

在社会生态系统中，韧性（Resilience）概念强调了复杂系统通过自组织增强学习能力，适应或者改变自己以抵抗潜在风险灾害、维持原平衡或形成新平衡的能力（王成等，2021）。创业回流人口构建具有韧性的生产体系，具体表现在两个方面：一是家庭式作坊灵活的生产模式与创新能力能够及时应对市场的时令性变化，二是由创业回流人口串联起来的社会网络为作坊的可持续运营提供了后备力量。

长期以来，服装生产都有淡旺季之分。服装大厂是流水化、规模化的生产模式，产品类型较为单一，易受市场波动影响，工人的收入在淡旺季有明显差距。相反，家庭式作坊却没有明显的淡旺季。因为在电商模式下，作坊承接的单个订单规模较小，同时与不同电商商家进行分包合作，订单种类丰富。此外，作坊工人多能独立且快速地完成成衣制作，无论订单是冬季棉袄或夏季短袖，工人们都能满足订单需求。因此，与大厂工人相比，作坊内的工人拥有更为稳定的工作时间与报酬。

正是基于电商模式，家庭式作坊在新冠肺炎疫情下展现了强大生命力。受疫情影响，2020年初湖北大量服装大厂停工停产，对服装实体行业打击较大。大厂订单多为线下销售订单，复工后因接不到订单流失了大量工人。相反，家庭式作坊因其参与生产的人员规模较小，生产活动更加自由灵活，并未流失太多工人。在新冠肺炎疫情期间，电商蓬勃发展，作坊不断开拓这些电商领域，吸引了大量滞留在家的农民工加入。

此外，家庭式作坊多拥有稳定的外部关系网络和凝聚力较强的内部关系。除了分包业务，作坊老板还与武汉、广州等地的电商老板、批发商等有着密切往来。作坊老板与上游商家的关系可能是朋友、前同事、前雇主等，其商业合作长期而稳定。其次，家庭式作坊内部的生产运营多建立在亲情关系网络上。例如，天门市长湾村内一家作坊是由一家人共同经营：父母一辈负责作坊的卫生打扫与员工食宿，老板的妹妹在作坊里负责生产监督，而老板本人负责接收订单并安排工作。所雇用的工人也多是曾经的同事、亲戚、邻里，彼此有着多重身份关系。凭借稳定的社会关系网络，作坊内部发生员工离职的概率较低。

4.2.5 研究结论

进入新时代，在电子商务与物流业快速发展的背景下，由社会力量主导的创业回流城镇化已经成为实现中部地区高质量发展的核心与关键。本节从"创业回流"视角入手，揭示了中部地区创业回流城镇化的过程与特征。

从比较的视角出发，创业回流城镇化与我国已有的城镇化路径有明显差别，强调创业回流人口的主观能动性，关注其作为重要社会力量，自下而上地对回流地产生的积极影响，其主导的创业回流城镇化更是立足于新时代背景下的"人"的城镇化（表 4-7）。2021 年 8 月，习近平总书记主持召开中央财经委员会第十次会议，此次会议标志着我国的社会分配机制已从市场主导下的初次分配、政府主导下的再分配，转变为由社会主导下的、以实现"共同富裕"为目的的三次分配。由此可见，我国的城镇化路径与改革开放以来"三次分配"的基础性制度安排高度契合。在本研究中，创业回流人口在实现城镇化进程中构建了三种策略：一是创业回流人口聚集于城市郊区，利用郊区空间发展非正规性业务，降低回流城镇化成本。二是通过形成主导产业集聚，如服装产业集聚，构建家庭生计优化策略，稳步提升回流城镇化质量。在创业精神的驱使下，各作坊之间相互合作，使得创业回流个体效益最大化。三是通过构建韧性生产体系，灵活应对市场的波动，使回流城镇化具有稳定性。

我国城镇化的发展历程　　　　　　　　　　　　　　　表 4-7

城镇化路径	主导力量	城镇化特征	典型案例
路径 1	市场	自下而上、地域分布：以东部沿海发达地区为主、以实现经济快速增长为目的	苏南模式 珠江模式 温州模式
路径 2	政府	自上而下、地域分布：全国各地、以缩小区域间发展差距为目的	新型城镇化 乡村振兴
路径 3	社会	自下而上、地域分布：以中部欠发达地区为主、以实现共同富裕为目的	创业回流城镇化

我们认为，创业回流城镇化与传统城镇化有着紧密联系。首先，流动人口在初次分配阶段完成资本积累，推动了三次分配阶段的创业回流。多数创业回流人口有

沿海务工经历，在沿海地区快速城镇化进程中积累资金、技术、人脉等资源，进而帮助其在三次分配阶段实现创业回流城镇化。其次，再分配阶段中，政府通过政策优惠、产业链配套、基础设施完善等措施吸引了大量企业、工人回到家乡，为后续创业回流创造了良好的产业环境。再者，三种分配机制下的城镇化模式并非独立存在。当前沿海地区的产业结构升级仍以市场为主要推动力，欠发达地区仍处于政府主导的城乡融合发展进程中，而创业回流城镇化正是以上两种分配机制共同作用的结果。因此，我们推测，创业回流城镇化在未来很长一段时间内将会是我国中部地区城镇化的典型特征。

4.2.6 规划治理政策建议

本节研究表明，创业回流人口正在创造积极的社会空间，通过发挥自身的主体性推动湖北等地的城镇化进程。建议地方政府充分重视此类城镇化进程中的创业回流主体，进一步发挥其创业精神培育、促进产业结构升级、推进人的城镇化等方面的重要作用。后续研究可以进一步关注回流城镇化中具有主体性的其他群体，关注其参与回流地空间实践的多样化方式，以此为新型城镇化建设、中部崛起等国家战略的实施提供支撑。

4.3 湖北省孝感市云梦县乡镇发展水平和发展模式

云梦县位于湖北省中部偏东、江汉平原东北部，孝感市西侧。县境东与孝昌县、孝南区为邻，西与应城市隔涢水相望，南与汉川市以汉北河、老府河为界，北与安陆市接壤。云梦地处荆楚腹地，距孝感市18千米左右，离武汉市区80千米，离武汉天河国际机场60千米，是武汉市的北大门。全县处于大武汉的辐射圈内，周围有宜昌、襄阳、十堰、荆门等重要城市。京广铁路、京珠高速公路穿境而过，汉丹铁路、316国道横穿南北，107国道、汉十高速、汉宜公路贯通东西，漳河、府河、汉北河通汉水。

云梦县辖 9 个镇、3 个乡、1 个省管经济开发区，共有 35 个居委会、257 个村委会。县域面积 604 平方公里，县人民政府驻城关镇。根据云梦县统计局提供的数据，截至 2019 年底，云梦县总户数 187996 户，户籍总人口为 57.11 万人，其中乡村人口 43.26 万人、城镇人口 13.85 万人、常住人口 53.74 万人，城镇化率 55.1%。城镇人口主要集中在城关镇、下辛店镇、隔蒲潭镇、义堂镇。

4.3.1 乡镇发展水平评价指标体系

4.3.1.1 确定评价指标

自党的十八大以来，生产、生活、生态三大维度的发展已成为中央推动生态文明建设、优化国土空间开发和推动城乡发展转型等重大政策的抓手。在此背景下，考虑数据的易获性和可采集性选择评价指标，从生产、生活、生态三方面入手，结合人口条件，构建县域发展模式识别的评价指标体系。县域乡镇城镇化水平评价指标体系见表 4-8。

县域乡镇城镇化水平评价指标体系　　　　　　　　　　　　表 4-8

一级指标	二级指标	指标计算或数据来源	指标类别
人口条件	户籍人口数	云梦县年鉴	正向
	农村外出从业人口比例	农村外出从业人口 / 农村从业人口	负向
	少儿比	0 ~ 17 岁人口 / 户籍人口	正向
	农村劳动力资源	云梦县年鉴	正向
	城市化率	城镇人口 / 户籍人口	正向
	全年外出返乡比例	全年外出返乡人数 / 农村外出从业人口	正向
生态条件	坡度	DEM 数据	负向
	地表起伏度	DEM 数据	负向
	地质灾害隐患点个数	云梦县地质灾害详细调查材料图	负向

续表

一级指标	二级指标	指标计算或数据来源	指标类别
生产条件	规模以上工业企业个数	云梦县年鉴	正向
	规模以上工业总产值	云梦县年鉴	正向
	农业总产值	云梦县年鉴	正向
	年末实有耕地面积	云梦县年鉴	正向
	旱涝保收面积比例	云梦县年鉴	正向
	地膜覆盖面积	云梦县年鉴	正向
	省级文化遗址数量	GIS 数据	正向
	非物质文化遗产等级	国家级→县级，分等级打分，求和	正向
生活条件	道路网密度	公路长度 / 区域土地面积	正向
	文化设施数量	文旅局文化股资料	正向
	教育设施密度	GIS 核密度分析	正向
	文化设施密度	GIS 核密度分析	正向

4.3.1.2　确定指标权重

采用主观和客观赋权相结合的方法确定指标权重（图 4-4）。首先基于 Yaahp 软件分析平台，采用层次分析法和一致性检验初步得出二级指标权重。其次，进一步结合变异系数法以及初步分析结果确定二级指标权重。最后，结合专家打分法，对各指标权重进行最后的修正。

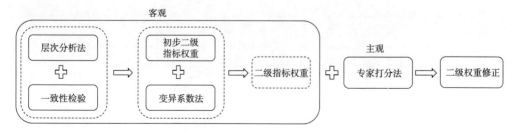

图 4-4　县域乡镇发展水平评价指标指标权重的确定

一级指标、二级指标权重确定见表4-9。生产条件、人口条件对乡镇发展水平影响较大，因此权重赋值更高。

县域乡镇城镇化水平评价指标权重分布　　　　　表 4-9

一级指标	一级指标权重	二级指标	二级指标权重	指标类别
人口条件	0.2551	户籍人口数	0.0190	正向
		农村外出从业人口比例	0.0240	负向
		少儿比	0.0431	正向
		农村劳动力资源	0.0499	正向
		城市化率	0.0784	正向
		全年外出返乡比例	0.0407	正向
生态条件	0.1072	坡度	0.0381	负向
		地表起伏度	0.0212	负向
		地质灾害隐患点个数	0.0479	负向
生产条件	0.3971	规模以上工业企业个数	0.0451	正向
		规模以上工业总产值	0.1111	正向
		农业总产值	0.0616	正向
		年末实有耕地面积	0.0828	正向
		旱涝保收面积比例	0.0385	正向
		地膜覆盖面积	0.0288	正向
		省级文化遗址数量	0.0155	正向
		非物质文化遗产等级	0.0137	正向
生活条件	0.2404	道路网密度	0.1017	正向
		文化设施数量	0.0482	正向
		教育设施密度	0.0593	正向
		文化设施密度	0.0312	正向

4.3.1.3 乡镇各指标得分

对各乡镇自身情况的各项指标进行量化分析，并运用得分范围法将各项指标计算结果标准化，见表 4-10。

县域乡镇城镇化水平评价指标得分　　表 4-10

二级指标	义堂镇	倒店乡	曾店镇	吴铺镇	伍洛镇	沙河乡	下辛店镇	道桥镇	隔蒲潭镇	胡金店镇	清明河乡	城关镇
坡度	0.861	0.148	0.000	0.704	0.937	1.000	0.965	0.968	0.992	0.965	0.872	0.945
地表起伏度	0.773	0.149	0.000	0.621	0.895	1.000	0.906	0.904	0.948	0.920	0.818	0.856
地质灾害隐患点个数	1.000	0.750	1.000	1.000	0.750	1.000	1.000	1.000	0.000	1.000	0.750	0.500
户籍人口数	0.301	0.013	0.150	0.183	0.185	0.134	0.401	0.000	0.403	0.072	0.019	1.000
农村外出从业人口比例	0.063	0.270	0.098	0.146	0.135	0.116	0.000	0.318	0.096	0.205	0.270	1.000
少儿比	0.622	0.736	0.946	1.000	0.838	0.449	0.233	0.000	0.528	0.577	0.338	0.577
农村劳动力资源	0.733	0.273	0.497	0.467	0.485	0.484	1.000	0.216	0.970	0.386	0.296	0.000
城市化率	0.046	0.024	0.061	0.038	0.044	0.000	0.033	0.084	0.029	0.014	0.023	1.000
全年外出返乡比例	0.778	0.883	0.539	0.315	0.474	0.000	0.602	0.414	0.903	1.000	0.743	0.548
规模以上工业企业个数	0.120	0.120	0.080	1.000	0.240	0.240	0.120	0.120	0.160	0.040	0.000	0.240
规模以上工业总产值	0.302	0.179	0.167	1.000	0.465	0.528	0.297	0.365	0.191	0.092	0.000	0.281

二级指标	义堂镇	倒店乡	曾店镇	吴铺镇	伍洛镇	沙河乡	下辛店镇	道桥镇	隔蒲潭镇	胡金店镇	清明河乡	城关镇
农业总产值	0.319	0.000	0.152	0.320	0.356	0.191	0.630	0.066	1.000	0.050	0.026	0.113
年末实有耕地面积	0.567	0.516	0.714	0.515	0.418	0.409	1.000	0.226	0.528	0.210	0.192	0.000
旱涝保收面积比例	0.373	0.098	0.000	0.485	0.181	0.254	0.024	0.283	0.379	0.375	0.559	1.000
地膜覆盖面积	0.061	0.000	0.104	0.150	0.040	0.075	0.335	0.378	1.000	0.080	0.098	0.224
省级文化遗址数量	0.333	0.000	0.333	0.000	0.000	0.000	0.333	0.000	0.000	0.000	0.000	1.000
非物质文化遗产等级	0.063	0.250	0.000	0.063	0.938	0.000	0.000	0.000	0.000	0.000	0.000	1.000
道路网密度	0.520	0.167	0.506	0.158	0.619	0.386	0.028	0.615	0.880	0.919	0.000	1.000
教育设施密度	0.506	0.343	0.057	0.104	1.000	0.386	0.000	0.517	0.631	0.493	0.890	0.665
卫生设施密度	0.028	0.043	0.024	0.082	0.055	0.049	0.000	0.073	0.038	0.159	0.098	1.000
文化设施数量	0.200	0.000	0.000	0.000	0.000	0.000	0.000	0.000	0.000	0.000	0.000	1.000

4.3.2 分维度乡镇发展水平评价

4.3.2.1 人口条件

从户籍人口数、农业外出从业人口比例、少儿比、农村劳动力资源、城市化率、全年外出返乡比例 6 项二级指标出发量化人口条件，各乡镇在不同指标的优势地位不同，综合得出人口规模方面城关镇、隔蒲潭镇、义堂镇得分较高。

4.3.2.2 生态条件

从坡度、地形起伏度、地质灾害隐患点个数出发量化生态条件。全县地势北高南低，三分丘陵七分平地，高程在50米以下的平原湖区占全县总面积的90.13%。大部分乡镇坡度均较平缓，地表起伏度均较低，北部的曾店镇、倒店乡较突出。隔蒲潭镇有地质灾害隐患点4个，城关镇为2个，倒店乡、伍洛镇、清明河乡均为1个，其他乡镇为0个。在生态条件方面，沙河乡、胡金店镇、道桥镇得分较高。

4.3.2.3 生产条件

从规模以上工业企业个数、规模以上工业总产值、农业总产值、年末实有耕地面积、旱涝保收面积比例、地膜覆盖面积、省级文化遗址数量、非物质文化遗产等级出发量化发展条件现状，综合得出生产条件方面吴铺镇、隔蒲潭镇、下辛店镇得分较高。

4.3.2.4 生活条件

从道路网密度、教育设施密度、卫生设施密度和文化设施密度出发量化生活条件。在道路网密度方面，城关镇、胡金店镇、隔蒲潭镇、胡金店镇、伍洛镇道路网密度均超过1.5千米/平方千米，其余各乡镇在1.07～1.44千米/平方千米。教育设施分布较均匀，其中伍洛镇、清明河乡、城关镇、道桥镇教育设施密度相对来说较高，下辛店镇、曾店镇处于相对较低水平。卫生设施和文化设施集中于城关镇，其他乡镇均明显低于城关镇。综上得出，城关镇、胡金店镇、隔蒲潭镇综合得分较高。

4.3.3 综合城镇发展水平评价

对各乡镇生态条件、人口条件、生产条件、生活条件进行叠加分析，得到各乡镇综合城镇发展水平评分（表 4-11）。

各乡镇综合城镇发展水平及各分维度城镇发展水平得分　　表 4-11

乡镇名称	综合城镇化水平		生态条件		人口条件		生产条件		生活条件	
	得分	排名	得分	排名	得分	排名	得分	排名	得分	排名
城关镇	0.5940	1	0.0781	8	0.1685	1	0.1231	7	0.2242	1
隔蒲潭镇	0.4773	2	0.0579	10	0.1201	2	0.1771	2	0.1221	3
吴铺镇	0.4455	3	0.0879	7	0.0892	9	0.2424	1	0.0260	11
伍洛镇	0.4349	4	0.0906	6	0.0898	8	0.1400	4	0.1144	4
义堂镇	0.4160	5	0.0971	5	0.1059	3	0.1278	5	0.0852	6
下辛店镇	0.3771	6	0.1039	4	0.0946	5	0.1757	3	0.0029	12
胡金店镇	0.3723	7	0.1042	2	0.0922	6	0.0493	11	0.1267	2
沙河乡	0.3438	8	0.1072	1	0.0488	11	0.1270	6	0.0608	7
道桥镇	0.3281	9	0.1039	3	0.0419	12	0.0905	9	0.0918	5
曾店镇	0.2998	10	0.0479	11	0.0975	4	0.0988	8	0.0556	8
倒店乡	0.2459	11	0.0447	12	0.0899	7	0.0752	10	0.0360	10
清明河乡	0.2453	12	0.0682	9	0.0865	10	0.0419	12	0.0487	9

根据综合得分可以将全县各乡镇划分为高发展水平地区、较高发展水平地区、一般发展水平地区三个区域。高发展水平地区有城关镇、隔蒲潭镇、吴铺镇、伍洛镇、义堂镇；较高发展水平地区有下辛店镇、胡金店镇、沙河乡、道桥镇；一般发展水平地区有曾店镇、倒店乡、清明河乡。

根据各分维度城镇发展水平得分可以得到 4 个维度下所占优势较大的城镇：人口条件方面，城关镇、隔蒲潭镇、义堂镇人口发展趋势好，人力资源丰富，人口规模评分位居前三。生态条件方面，沙河乡、胡金店镇、道桥镇土地资源条件优越，便于城镇建设发展，生态条件评分位居前三。生产条件方面，吴铺镇、隔蒲潭镇、下辛店镇经济条件和产业基础雄厚，生产条件评分位居前三。生活条件方面，城关镇、胡金店镇、隔蒲潭镇在基础设施、公共服务建设方面较完善，生活条件评分位居前三。

4.3.4 乡镇发展模式

根据以上乡镇发展水平的综合评价，将乡镇发展模式分为：综合发展型、商业服务型、工业贸易型、农业贸易型、农业旅游型、文化旅游型、工农结合型（表4-12）。

云梦县城镇职能引导一览表　　　　　　　　　　　　　表4-12

城镇规模等级	名称	职能类型	职能发展引导
中心镇	城关镇	综合发展型	县域政治、经济、文化中心。各项社会服务设施齐全，生活便利，是"产城融合"发展的人口密集区，可辐射带动城乡一体化发展
重点镇	隔蒲潭镇	工农结合型	盐化产业特色镇，全县重大的养殖与种植基地。充分发挥盐卤资源优势，发展循环经济产业，成为湖北资源型产业发展典范。依托农业良好基础，合理安排其与乡村振兴的发展布局
	下辛店镇	工农结合型	集生态农业、轻工制造、文化旅游于一体的生态型宜居城镇。以发展高效农业与水产品牌农业为主，依托大健康智造产业园区推进产业转型升级
	义堂镇	文化旅游型	云梦孝文化特色名镇，以文旅产业、绿色森工产业为主导的区域级生态人文特色镇
	伍洛镇	商业服务型	云孝一体化产业联动发展区，云梦东部重要的现代服务基地。依托国家级特色小镇"中华孝文化特色康养小镇"与东创小镇建设，打造具有水乡园林特色的宜居城镇
	吴铺镇	商业服务型	云梦东门户。以高铁新区建设为契机，建成云孝一体化发展重要商业服务基地，以现代商贸物流、现代生产性服务业为主的生态型宜居小镇
一般镇	沙河乡	农业贸易型	云孝一体化发展的战略储备地，以城镇中心集聚功能为主，依托湖北省"水产健康养殖项目"以及区位优势，形成以健康水产养殖业、城郊休闲农业为主的生态宜居城镇

续表

城镇规模等级	名称	职能类型	职能发展引导
一般镇	曾店镇	农业贸易型	以城镇中心集聚功能为主，以国家级放心大米为依托，形成以品牌示范农业为主的农贸型城镇
	胡金店镇	农业旅游型	以城镇中心集聚功能为主，以休闲农业、观光体验农业、科普农业为主导产业，以乡村旅游为特色的生态宜居城镇
	清明河乡	农业贸易型	以城镇中心集聚功能为主，发展休闲旅游等城郊服务型产业，打造成为集中建设区后花园式的生态宜居城镇
	道桥镇	农业贸易型	以城镇中心集聚功能为主，以现代生态农业为主，依托大健康智造产业园区大力发展无公害蔬菜加工，形成集生态农业、轻工制造、现代物流于一体的生态型宜居城镇
	倒店乡	工业贸易型	以城镇中心集聚功能为主，以农副产品加工园为依托，结合滚子河生态资源优势，打造形成宜居宜业宜游生态农业小镇

4.4 广西壮族自治区柳州市柳城县发展水平评价

4.4.1 发展现状与问题

4.4.1.1 人口失调

（1）出生人口波动性较大，人口自然增长乏力

柳城县出生人数波动性较大，整体呈下降趋势（图4-5）。2013—2016年出生人数一直减少，2013年全县出生人数为5203人，2016年减少至4450人，但2017年又稍有增加，出生人数为5032人。从各乡镇来看，出生人数差别较大，大埔镇、东泉镇、太平镇、沙埔镇出生人数整体较多。

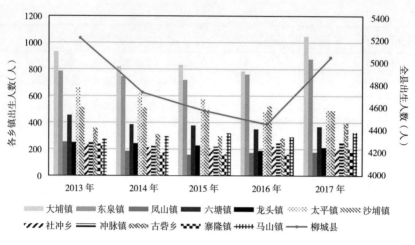

图 4-5　柳城县出生人口变化情况（2013—2017 年）

从人口自然增长来看，柳城县总体变化不大，但各乡镇差别较大（图 4-6）。与出生人口具有一致性，出生人口较多的乡镇，自然增长也较多，如大坪镇、东泉镇、太平镇。其中，龙头镇比较特殊，2017 年自然增长人数剧增。

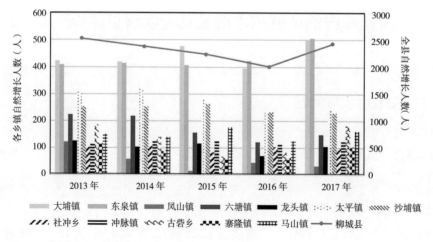

图 4-6　柳城县人口自然增长变化情况（2013—2017 年）

（2）老年人口占比大，老龄化严重

柳城老年人口占比大，全县和各乡镇老龄化率均高于 15%，对标国际标准，当

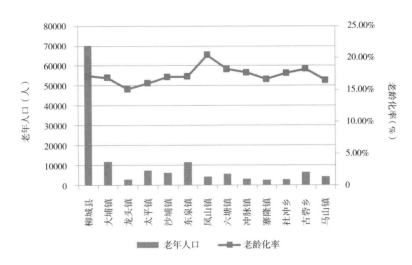

图 4-7　柳城人口老年化情况（2017 年）

一个国家或地区 60 岁以上老年人口占人口总数的 10%，意味着这个国家或地区的人口处于老龄化社会。因此，柳城县已迈入老年化时期（图 4-7）。

4.4.1.2　人地矛盾

（1）人均建设用地面积较大，土地利用粗放

柳城县村民人均建设用地相对较大，土地利用粗放（图 4-8）。全县人均建设用地面积为 141 平方米，远远高于村庄人均建设用地相关标准。其中，大于 150 平方米的村庄有 46 个，占总村庄个数的 38%。100 ~ 150 平方米的村庄有 67 个，占总数的 55%。

从空间分布来看，柳城县村民人均建设用地面积整体呈现"西高东低"（图 4-9）。西部的六塘镇、冲脉镇、马山镇人均建设用地面积均在 130 平方米以上，部分村庄甚至超过 200 平方米，东部的太平镇用地集约程度高，大多数村庄人均建设用地面积在 80 平方米左右。

（2）人均宅基地面积相对较高，土地利用效率较低

柳城县村民人均宅基地面积为 128.64 平方米，远远高于国家相关标准（图 4-10）。

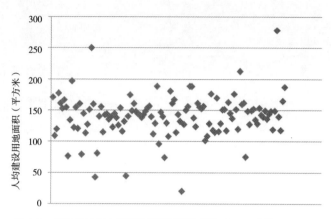

图 4-8　柳城县村庄人均建设用地面积散点图（2017 年）

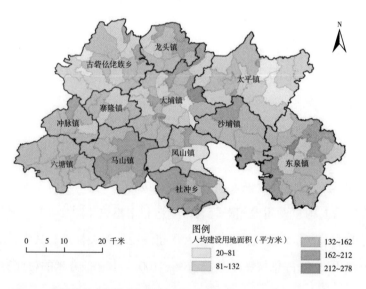

图 4-9　柳城县村庄人均建设用地面积空间分布（2017 年）

农村习惯建新不拆旧，一户占多地，老宅基地闲置，用地规模不断扩大，由于村民建房的自发性、无序性和分散性，导致村庄宅基地面积规模不断扩大，且由于农村人口不断外流，导致土地利用效率低。

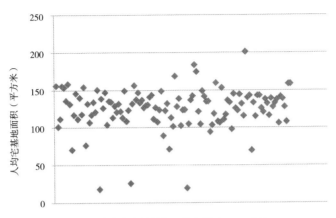

图 4-10 柳城县村庄人均宅基地面积散点图（2017 年）

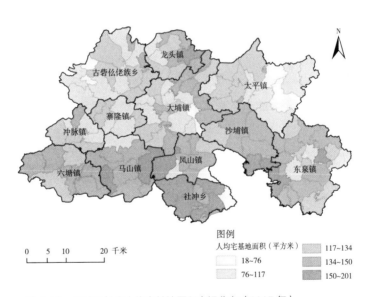

图 4-11 柳城县村庄人均宅基地面积空间分布（2017 年）

从空间分布来看，柳城县村民人均宅基地面积总体呈现"南高北低"（图 4-11）。南部的六塘镇、马山镇、凤山镇、社冲乡、沙塘镇和东泉镇人均宅基地面积基本都超过 130 平方米，北部的太平镇和古砦乡用地相对集约，基本在 70 ～ 100 平方米。

（3）传统粮食作物种植面积相对较少，农地非粮化现象严重

柳城县传统粮食作物种植面积19104.46公顷，非粮食作物种植面积50589.94公顷，大部分村庄农地非粮化比例在70%左右，最高的罗峒村农用地基本全部非粮化（图4-12）。

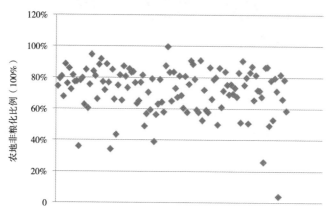

图 4-12　柳城县农地非粮化情况（2017 年）

从空间分布上看，西南部和东南部乡镇农地非粮化现象更为严重，尤其是社冲乡和寨隆镇（图4-13）。北部的古砦乡和太平镇非粮化情况较好，古砦乡大部分村庄仍然以种植粮食作物为主。

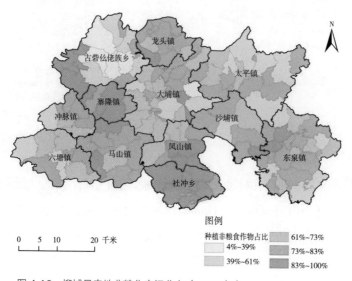

图 4-13　柳城县农地非粮化空间分布（2017 年）

4.4.1.3 公共服务设施失衡

（1）教育设施

柳城县教育设施总体相对落后，各乡镇差别较大（图 4-14、图 4-15）。城关镇大埔镇教育设施相对充足，大部分乡镇幼儿园和小学各 3 个、中学 1 个。从空间

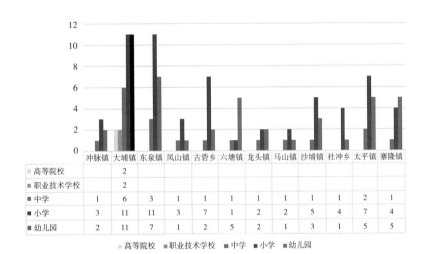

	冲脉镇	大埔镇	东泉镇	凤山镇	古砦乡	六塘镇	龙头镇	马山镇	沙埔镇	社冲乡	太平镇	寨隆镇
高等院校		2										
职业技术学校		2										
中学	1	6	3	1	1	1	1	1	1	1	2	1
小学	3	11	11	3	7	1	2	2	5	4	7	4
幼儿园	2	11	7	1	2	5	2	1	3	1	5	5

■高等院校　■职业技术学校　■中学　■小学　■幼儿园

图 4-14　柳城县教育设施数量（2017 年）

图 4-15　柳城县教育设施空间分布（2017 年）

分布上看，中部乡镇的教育设施相对充足，如冲脉镇、寨隆镇、大埔镇、沙埔镇、东泉镇；南北部乡镇教育设施相对缺乏，如六塘镇、马山镇、凤山镇、社冲乡。

（2）医疗设施

柳城县医疗设施整体较落后，各乡镇之间差距悬殊，主要集中在大埔镇和东泉镇，大埔镇综合医院10个、诊所16个、医疗保健销售店48个，而社冲乡医疗设施最为匮乏，基本无诊所和医疗保健销售店。从空间分布上看，东部乡镇医疗条件整体高于西部乡镇（图4-16、图4-17）。

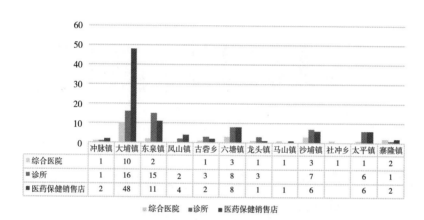

	冲脉镇	大埔镇	东泉镇	凤山镇	古砦乡	六塘镇	龙头镇	马山镇	沙埔镇	社冲乡	太平镇	寨隆镇
■综合医院	1	10	2		1	3	1	1	3	1	1	2
■诊所	1	16	15	2	3	8	3		7		6	1
■医药保健销售店	2	48	11	4	2	8	1	1	6		6	2

■综合医院　■诊所　■医药保健销售店

图 4-16　柳城县主要医疗设施数量（2017 年）

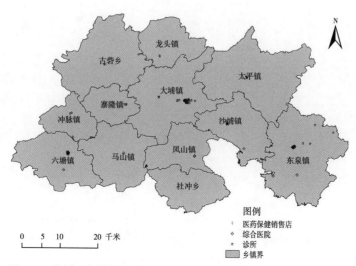

图 4-17　柳城县主要医疗设施空间分布（2017 年）

（3）其他主要公共服务设施

柳城县其他公共服务设施主要有超市、体育休闲场所、度假疗养场所和加油站（图 4-18、图 4-19）。大埔镇、东泉镇、六塘镇和沙埔镇整体发展较好，大埔镇便民超市达到 58 个、综合市场 18 个、体育场所 21 个、加油站 5 个，但其他乡镇普遍缺乏，尤其是社冲乡的其他公共服务设施更是匮乏。

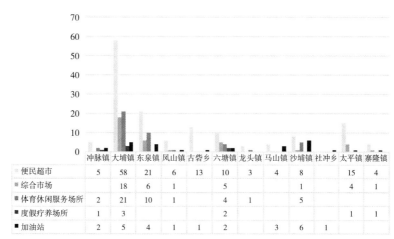

	冲脉镇	大埔镇	东泉镇	凤山镇	古砦乡	六塘镇	龙头镇	马山镇	沙埔镇	社冲乡	太平镇	寨隆镇
便民超市	5	58	21	6	13	10	3	4	8		15	4
综合市场		18	6	1		5			1		4	1
体育休闲服务场所	2	21	10	1		4	1		5			
度假疗养场所	1	3				2					1	1
加油站	2	5	4	1	1	2		3	6	1		

图 4-18　柳城县其他主要公共服务设施数量（2017 年）

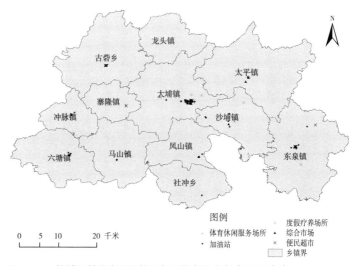

图 4-19　柳城县其他主要公共服务设施空间分布（2017 年）

4.4.1.4　乡产难撑

（1）第一产业增长缓慢，对 GDP 拉动乏力

2017 年，柳城县地区生产总值 136.36 亿元，比上年同期增长 9.3%，其中：第一产业增加值 46.58 亿元，增长 4.4%；第二产业增加值 44.89 亿元，增长 11.0%，其中工业增加值 37.04 亿元，增长 13.1%；第三产业增加值 44.89 亿元，增长 12.5%。工业经济的提速增长成为推动经济增长的主要动力，拉动 GDP 增长 3.7 个百分点。从三大产业增长速率来看，第一产业增长缓慢（图 4-20）。

（2）第一产业固定资产投资不足，远远低于其他产业

2017 年，柳城县第一产业投资完成 19.38 亿元，比上年同期下降 8.7%；第二产业投资完成 34.40 亿元，比上年同期增长 12.6%；第三产业投资完成 85.23 亿元，比上年同期增长 21.0%。三次产业的投资比重分别为 13.94%、24.75% 和 61.31%（图 4-21）。

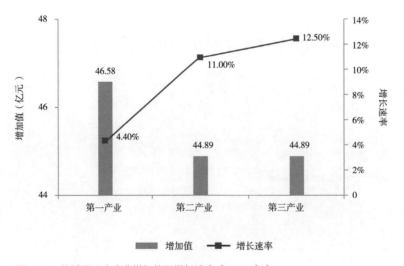

图 4-20　柳城县三大产业增加值及增长速率（2017 年）

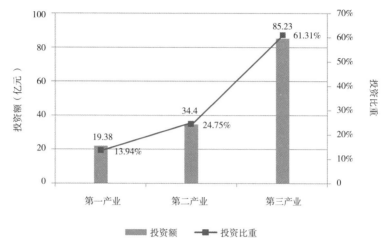

图 4-21　柳城县三大产业投资额及投资比重（2017 年）

4.4.1.5　文保不善

柳城县部分历史文化资源存在保护与利用不善的问题，历史文化名村和传统村落等都面临着基础设施陈旧、人口外迁、空心闲置的压力，再加上社会上更注重文化的经济价值，对历史文化内涵丰富、短期经济价值较低的文化遗产缺乏足够的关注，很多优秀的历史文化资源无法得到有效的保护和利用。此外，部分乡村地区的历史文化保护工作依然停留在保护环节，对文化内容缺乏深入挖掘。比如，一些乡村对本地的村落文化缺乏深入研究，难以发挥乡村文化的真正价值。

4.4.2　多元评价指标体系

柳城县村庄数量较多，村庄形成与发展的影响因素较多，以乡镇为单位，从对现状要素的分析拓展到规划发展要素的分析，着眼于柳城县村庄的未来发展，基于国内相关研究成果，运用德尔菲法，以村庄合理分类、合理布局为目标，考虑到指标体系的科学性、实操性及均衡性，从生态、生产、生活三方面着手，将定量和定性分析相融合，综合分析村庄地形生态、区位交通、现状资源、村庄规模、服务设施、人地关系 6 类影响因素作为准则层，筛选出村庄高度、坡度、水域环境、山林环境、距城镇中心距离、交通可达性、文化价值、旅游资源、特色产业、人口规模、宅基地规模、设施便利度、人均村庄建设用地、村庄建设用地的空间集聚度、人均农用地、农用地的空间集聚度共 16 项指标作为指标层，构成的村庄潜力评价指标体系（表 4-13）。

柳城县多元评价指标体系表　　　　　　　　　　　　　表 4-13

目标层	准则层	指标层	分析方法 / 指标正负效应
村庄综合发展潜力 A	地形生态 B1	村庄高程 C1	定量（－）
		村庄坡度 C2	定量（－）
		水域环境 C3	定量（＋）
		山林环境 C4	定量（＋）
	区位交通 B2	距城镇中心距离 C5	定量（－）
		交通可达性 C6	定量（＋）
	现状资源 B3	文化价值 C7	定性（＋）
		旅游资源 C8	定性（＋）
		特色产业 C9	定性（＋）
	村庄规模 B4	人口规模 C10	定量（＋）
		宅基地规模 C11	定量（＋）
	服务设施 B5	设施便利度（POI）C12	定量（＋）
	人地关系 B6	人均村庄建设用地 C13	定量（＋）
		村庄建设用地的空间集聚度 C14	定量（＋）
		人均农用地 C15	定量（＋）
		农用地的空间集聚度 C16	定量（＋）

4.4.3　评价指标权重确定

应用层次分析法进行权重赋值。参考有关研究成果确定各指标的相对重要度并构造判断矩阵，计算该指标体系各级指标的权重。

首先，采用层次分析法，将各种因素层次化，并逐层比较多种关联因素，为分析和预测提供客观定量的依据。其次，为了使结果更为客观，邀请了对柳城情况比较熟悉的专家填写判断矩阵，其专业涵盖了土地规划、城市规划、旅游规划、产业规划、环境保护、生态学等领域。专家打分结果通过一致性检验后，进行矩阵运算，得出各指标的权重（表 4-14）。

村庄发展潜力评价指标权重表　　　　　　　　　　　　　表 4-14

要素	权重	因子	权重
地形生态	0.1346	村庄高程	0.2536
		村庄坡度	0.2655
		水域环境	0.2833
		山林环境	0.1976
区位交通	0.1535	距城镇中心距离	0.4115
		交通可达性	0.5885
现状资源	0.1486	文化价值	0.3533
		旅游资源	0.3325
		特色产业	0.3142
村庄规模	0.1652	人口规模	0.6667
		宅基地规模	0.3333
服务设施	0.1952	设施便利度（POI）	1.0000
人地关系	0.2029	人均村庄建设用地	0.2500
		村庄建设用地的空间集聚度	0.2500
		人均农用地	0.2500
		农用地的空间集聚度	0.2500

4.4.4 村庄单因子分析

利用 ArcGIS 平台，通过数据结构与格式的重构、图形的拼接、拓扑的生成，按照分区、分级、分类的判定标准，对影响村庄发展的生态因子、规划道路、服务设施等各项因子进行评估，得出柳城县村庄各项评估的分值。

4.4.4.1 高程因子分析

柳城县地势东西高，中部低，境内最大高程约 712 米，最小高程约 70 米，经过 ArcGIS 分析，对村庄高程进行可视化。古砦乡西部村庄高程为全区最高，太平镇东部村庄高程仅次于古砦乡。此外，西部的寨隆镇、冲脉镇、六塘镇、马山镇高程相对较高，城关镇大埔镇高程为全区最低（图 4-22）。

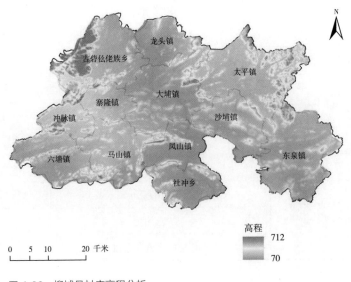

图 4-22 柳城县村庄高程分析

4.4.4.2 坡度因子分析

柳城县位于云贵高原东南缘，是一个低丘谷地岩溶低山交错的半丘陵地区。东西部属岩溶山地，地势自东向西递降。中部地区岩溶山与丘陵交错，属低丘坡地。经过 ArcGIS 分析，对村庄坡度进行可视化。从分析结果来看，柳城县村庄散布在县域内相对平缓的地区（图 4-23）。

4.4.4.3 水域环境分析

柳城县水域环境相对优越，尤其是中西部乡镇。柳城县河流属珠江水系，集雨面积大于 50 平方千米的有融江、龙江、沙埔河、大帽河、中回河和保大河，境内总长 221.9 千米，河网密度 0.01 千米 / 平方千米，流域总面积 437237.6 平方千米，多年平均年径流总量 384.176 亿立方米，多年平均水资源总量 16.08 亿立方米。其中，

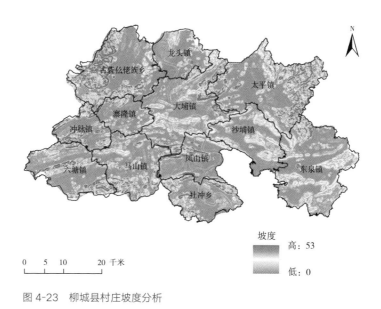

图 4-23 柳城县村庄坡度分析

图 4-24　柳城县水域环境分析

柳江南北向穿城而过，串联龙头镇、大埔镇、凤山镇和社冲乡，成为县域重要的水带，提升整个城市的水环境质量（图 4-24）。

4.4.4.4　山林环境分析

柳城县山林资源整体呈现"东西高、中部低"的格局。利用 ArcGIS 软件，依据村庄山林面积，将村庄划分为 5 个等级，结果显示，西部的古砦乡、冲脉镇以及东部的太平镇山林资源最为丰富，中部的龙头镇、大埔镇、凤山镇、社冲乡以及东南部的东泉镇山林资源相对匮乏（图 4-25）。

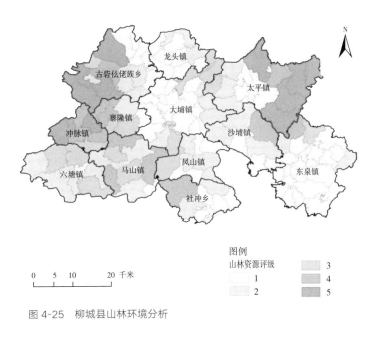

图例
山林资源评级
1
2
3
4
5

0   5   10   20 千米

图 4-25   柳城县山林环境分析

4.4.4.5　距城镇中心距离

选取到县城中心的时间和到最近镇的时间两个指标对各个村的交通可达性进行分析。从到县城中心的时间来看，大埔镇作为城关镇，周边村庄到县城中心的时间基本都在 30 分钟以内。紧邻大埔镇的寨隆镇、马山镇、凤山镇、沙埔镇、太平镇和龙头镇到县城中心的时间均在 50 分钟左右。东泉镇和社冲乡到县城中心的时间最长，在 100 分钟左右（图 4-26）。

从到最近城镇中心的时间来看，各个村庄差别较大。最方便的只需要 8 分钟左右，而最偏远的村庄到最近城镇的时间需要 70 分钟左右。整体来看，中部乡镇如龙头镇、大埔镇、凤山镇和社冲乡的村庄到最近城镇中心的时间都相对较短。而西南部乡镇如六塘镇、马山镇和冲脉镇各村庄到最近城镇的时间相对较长（图 4-27）。

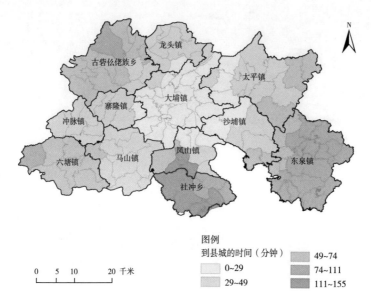

图 4-26　到县城中心的时间

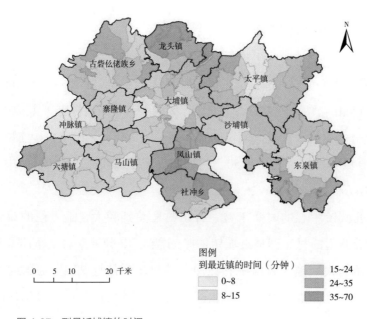

图 4-27　到最近城镇的时间

4.4.4.6 交通可达性

选取路网密度衡量各个村庄的交通可达性。整体来看，呈现两个特征：一是交通可达性以城关镇（大埔镇）为圆心，自北向南形成龙头镇—寨隆镇—马山镇—凤山镇—沙埔镇—太平镇高可达性圆环，城关镇周边的村庄可达性普遍高于远离城关镇的村庄；二是以各个乡镇中心为圆心，形成乡镇内部的可达性圆环或者扇形区域，各个乡镇内部不同区域可达性差别也较大（图 4-28）。

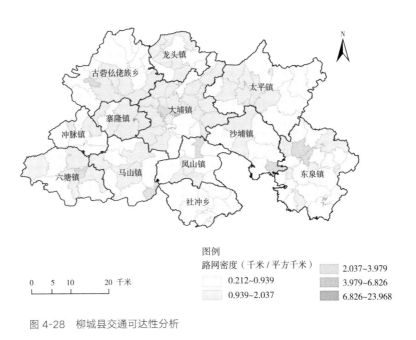

图例

路网密度（千米 / 平方千米）

0.212~0.939	2.037~3.979
0.939~2.037	3.979~6.826
	6.826~23.968

0 5 10 20 千米

图 4-28 柳城县交通可达性分析

4.4.4.7 人口规模

选取村庄户籍人口作为衡量人口规模的指标。利用 ArcGIS 自然断点法，将人口规模分为 5 级，最大的村庄达到 6000 人，最小的只有 350 人。总体呈现"东西高、中部低"的格局，东部的沙埔镇、太平镇、东泉镇村庄人口大约在 4000 人左右；

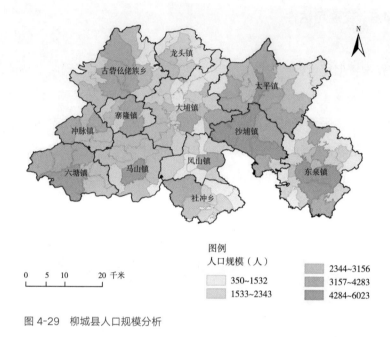

图 4-29　柳城县人口规模分析

西部的古砦乡、寨隆镇、冲脉镇、六塘镇的村庄人口在 1500 ～ 3000 人；中部的龙头镇、大埔镇、凤山镇和社冲乡人口均低于 1500 人（图 4-29）。

4.4.4.8　宅基地规模

利用 ArcGIS 软件自然断点法将村庄宅基地面积划分为 5 级，各个村庄宅基地规模差别较大，最小的 26000 平方米，最大的达到 810000 平方米。从空间分布来看，总体呈"东部高、中部低、西部次之"的格局。东部的沙埔镇、太平镇和东泉镇村庄宅基地面积普遍较大，大多在 500000 平方米左右。中部的龙头镇、大埔镇、凤山镇和社冲乡宅基地规模普遍较低，大多在 200000 平方米以下。西部的古砦乡、寨隆镇、冲脉镇、马山镇、六塘镇宅基地规模中等，大多在 300000 ～ 500000 平方米（图 4-30）。

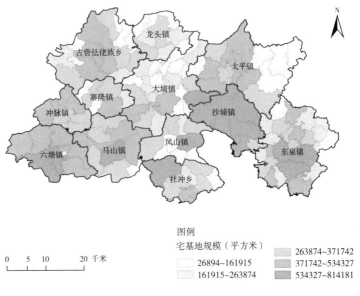

图例
宅基地规模（平方米）

26894~161915	263874~371742
161915~263874	371742~534327
	534327~814181

0   5   10   20 千米

图 4-30　柳城县宅基地规模分析

4.4.4.9　设施便利度（POI）

选取教育设施、医疗设施以及其他主要设施（加油站、超市、体育场所、疗养）作为评价指标，对各村庄设施总数进行统计并赋予权重，计算村庄的设施便利度，利用 ArcGIS 进行可视化。结果显示，大埔镇以及东部的太平镇和东泉镇设施便利度相对较高，大埔镇东边村庄设施便利度最高，而西部的古砦乡、寨隆镇、六塘镇设施便利度相对较低（图 4–31）。

4.4.4.10　人均村庄建设用地

借助 ArcGIS 软件采用自然断点法将村庄人均建设用地面积划分为 5 类，可以发现，柳城县各村庄人均建设用地面积均相对较高，除太平镇少部分村庄的人均建设用地面积小于 80 平方米外，大部分村庄的面积均在 130 平方米以上，社冲乡、马山镇的部分村庄人均建设用地面积甚至超过 200 平方米（图 4–32）。

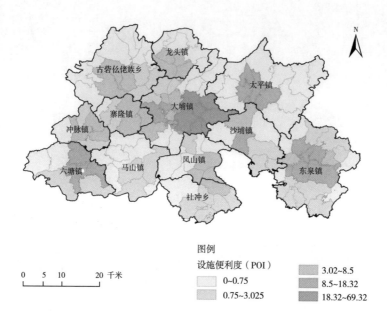

图 4-31 柳城县设施便利度分析

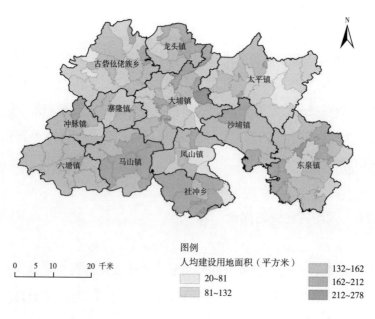

图 4-32 柳城县人均建设用地面积分析

4.4.4.11 村庄建设用地的空间集聚度

对建设用地斑块识别的基础上，借助 Fragstats 软件，计算各村庄建设用地的集聚度，集聚度越高，表明用地越集约。利用 ArcGIS 软件对集聚度进行可视化展示，发现整体上柳城县各村庄的建设用地集聚度相对偏低，尤其是大埔镇、龙头镇、沙埔镇。而西部的六塘镇、冲脉镇和马山镇建设用地的集聚度反而较高（图 4-33）。

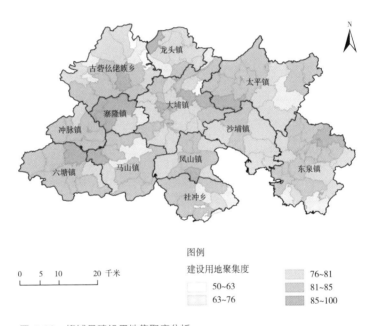

图 4-33 柳城县建设用地集聚度分析

4.4.4.12 人均农用地

借助 ArcGIS 软件，将县域村庄人均农用地划分为 5 个等级，发现各个村庄之间人均农用地差别较大，最小的人均农用地面积只有 0.38 亩，而最大的村庄达到 7 亩，差距悬殊。从空间分布来看，整体呈现"西部高，东部低"的格局。西部的古砦乡、寨隆镇、马山镇以及南部的社冲乡人均农用地面积大多在 4 亩左右。而大埔镇、沙埔镇和东泉镇人均农用地面积普遍较低，大多在 2 亩左右（图 4-34）。

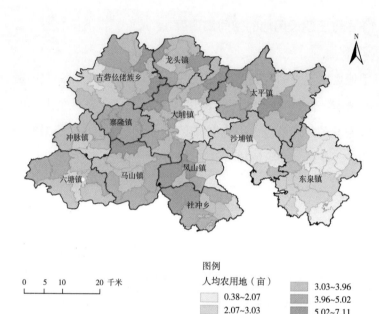

图 4-34 柳城县人均农用地分析

4.4.4.13 农用地的空间集聚度

对农用地斑块识别的基础上，借助 Fragstats 软件，计算各村庄农用地的集聚度，集聚度越高，表明用地越集约、越高效。利用 ArcGIS 软件对集聚度进行可视化展示，结果表明，柳城县各村庄的农地相对集约，集聚度均相对较高。部分乡镇农地集聚度总体偏低，如古砦乡、大埔镇、沙埔镇，其余乡镇集聚度普遍较高（图 4-35）。

4.4.4.14 现状资源

根据村庄现有等级、规划等级，以及村庄的现状资料，运用德尔菲法对文化价值、特色农业、旅游资源三个评价因子进行打分赋值，得出最终评价结果。

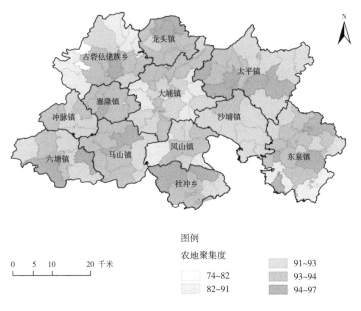

图例

农地聚集度

74~82	91~93
82~91	93~94
	94~97

0　5　10　　20 千米

图 4-35　柳城县农用地集聚度分析

柳城县定性评价分值表　　　　表 4-15

评价因子	等级与等级赋值		
	高（8 ~ 10）	较高（5 ~ 7）	低（1 ~ 4）
文化价值（分值）	属于历史文化名村、传统自然村落、风貌具有少数民族风格的村庄	村庄传统格局保存良好，村庄建筑具有一定的特色，特色民风民俗传承	村庄建筑特色缺失，民风民俗消失，具有故事传说传承
特色农业（分值）	拥有甘蔗、蜜橘等特色产业，生态本地较好，有良好的乡村旅游基础（如休闲庄园）	拥有特色产业，并具备一定的农业休闲的基础（如农家乐）	具有特色产业，但不具备发展休闲农业的条件
旅游资源（分值）	本底条件好，位于重要景区周边或旅游线路沿线	本底条件良好，周边具有旅游点	本底条件一般，周边缺少旅游景点

4.4.5　村庄综合发展潜力评价

4.4.5.1　基于指标评价的村庄综合发展潜力

在单因子评价的基础上，首先，对各负向因子取倒数，将因子影响作用正向化，

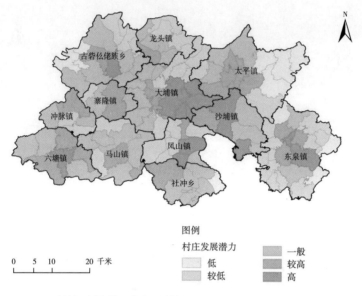

图 4-36　柳城县村庄发展潜力评价结果

并借助 SPSS 软件对各因子进行标准化；然后，结合各因子确定的权重，计算每个村庄的发展潜力；最后，利用 ArcGIS 软件，自然断点法将村庄发展潜力分为 5 类：村庄发展潜力高、村庄发展潜力较高、村庄发展潜力一般、村庄发展潜力较低、村庄发展潜力低（图 4-36）。

4.4.5.2　村庄综合发展潜力主观校核

综合考虑发展潜力和主观校核的因子，主客观综合评价的基础上，分街乡对村庄进行分类。主观校核因子包括位于不适宜建设区、位于临城镇集中建设区，总人口低于 150 人，建成面积低于 30 亩，有小学、中学、规模经营、土地流转、历史保护价值（历史名村）、历史遗存，原本为重点村、中心村、美丽乡村示范村、扶贫村等因素（表 4-16）。

村庄综合发展潜力主观校核因子   表 4-16

一级指标	主观校核指标
区位条件	位于不适宜建设区、位于临城镇集中建设区
人口规模	村庄总人口低于 150 人
建成规模	建成面积低于 30 亩
生产条件	规模经营、土地流转
历史文化	历史保护价值（历史名村）、历史遗存、少数民族特色村庄
发展基础	原本为重点村、中心村、美丽乡村示范村、扶贫村

本章聚焦乡镇尺度，重点识别湖南省岳阳市，湖北省天门市、汉川市和仙桃市，湖北省云梦县和广西壮族自治区柳城县的发展模式，从乡村生产要素协同发展、推动县域城镇化和县域发展模式识别三点出发，为中国县域村镇发展模式与规划治理提供参考借鉴。

第一，通过构建"人—地—资本"要素转型的指标体系，测度乡村生产要素协同发展水平。其中，"人"通过外出劳动力占比和本地非农劳动力占比表征，"地"通过农地流转率和流转规模分布占比表征，"资本"通过经营主体经营性收入占比和经营主体流转耕地面积占比表征。该指标体系为后文构建县域村镇发展模式识别指标体系提供重要参考。

第二，创业回流人口通过发挥自身的主体性推动当地的城镇化进程，符合当前的国家发展战略，即 2022 年中共中央办公厅、国务院办公厅出台《关于推进以县城为重要载体的城镇化建设的意见》。县城是我国城镇体系的重要组成部分，是城乡融合发展的关键支撑，对促进新型城镇化建设、构建新型工农城乡关系具有重要意义，应推进以县城为重要载体的城镇化建设。

第三，"三生空间"（生产、生活、生态）的发展已成为中央推动生态文明建设、优化国土空间开发和推动城乡发展转型等重大政策的抓手。在此背景下，构建县域发展模式识别的评价指标体系，应从生产、生活、生态三方面入手，更有助于实现"生产空间集约高效，生活空间宜居舒适，生态空间山清水秀"的国土空间优化目标。

第
5
章

乡村发展
模式识别

我国不同区域乡村人口发展、经济条件、自然地理、资源禀赋等具有较大差异，科学识别乡村发展模式对于指导乡村发展策略制定、推动乡村振兴具有重要意义。一方面，当前乡村模式识别存在遴选指标不一、反映特征各异、划分结果不同、案例地不具有一般性等问题；另一方面，由于村庄尺度数据的难获取性导致难以科学、量化、精准地划分村庄发展模式。在此背景下，本章尝试探讨我国不同区域村镇发展的动力机制，并结合自然社会经济数据和遥感数据等多源数据，提出村镇发展模式识别方法和特征指标。

具体而言，章节前半部分以湖北省武汉市蔡甸区和岳阳市村庄为研究对象，探讨资本、人口等因素对乡村发展的影响；章节后半部分构建基于农业、工业、服务业三产发展水平的指标体系，结合多源数据，利用三维特征法分析了华中地区云梦县以及华东地区薛埠镇乡村发展模式，总结出城乡融合型、一般农耕型、工业主导型、文化休闲旅游型、特色农业主导型等多种乡村发展类型。基于在以上两个差异较大区域的成功应用证明了该方法与思路具有一定的普适性，可推广使用。

5.1 湖北省武汉市蔡甸区资本循环视角下农地流转的时空格局与机制

当今中国的发展始于农村土地制度改革。1980年代初推行的家庭联产承包责任制赋予了农户土地使用权，极大地释放了基层积极性，提升了生产效率。然而，该制度下，农地是仅限于自用的生产资料，以行政配置为主（张英男等，2019；刘守英，2014）。伴随快速城镇化中农村劳动力的大量外流，农地使用权的不可流动性造成了人—地—资本的错配：资本被阻隔，农地破碎，低效经营甚至被抛荒，村庄活力尽失（刘彦随和刘玉，2010）。为此，国家自2010年以来大力推行农村"土地确权"（Xu等，2017）、农地"三权分置"（向超和张新民，2019），推动农村土地资源的市场化配置（刘彦随，2019；王亚辉等，2017），并于 2020 年 4 月印发《中共中央 国务院关于构建更加完善的要素市场化配置体制机制的意见》，明确加快城市工商资本下乡，促进农地流转。乡村市场化释放了资本，加速农地的流转与整合，重构农地用途和乡村产业（龙花楼等，2019；邵景安等，2015）。然而，市场效率的发挥有赖于合理的政策引导。如何因地制宜地引导资本循环、促进农地流转，是一个关乎乡村振兴与城乡可持续发展的重要实践命题，有赖于农地流转空间格局与资本循环机制的研究（陆继霞，2017）。

关于农地流转影响因素的现有研究较多，从理论分析的角度，主要是基于经济理论的要素推论（许恒周和郭忠兴，2011）；从实证分析的角度，主要是基于个案的定性剖析（陈美球等，2008）；从研究方法角度，主要采用多元线性回归模型的量化分析（陆继霞，2017）。除了农民个体与农户家庭等基本影响因素外，这些研究或多或少地揭示了自然条件、区位、社会经济等因素的影响：恶劣的自然条件对农地流转具有抑制作用，表现为平原地区的农地流转规模普遍高于山区，但随着流转用途和流转主体的多元化，自然条件的影响力在弱化（王亚辉等，2018）；区位因素体现为距城镇或主干道的距离与流转规模负相关，便利的交通条件是促进农地流转的重要因素（王佳月等，2018）；社会经济因素体现在人口流动、地方非农经济收入等方面，人口外流程度越高、非农收入占比越高，流转程度越高（邵景安等，2007）。这些研究有助于识别农地流转的影响因素，但忽略了对影响因素本身空间异质性的探讨。此外，农地流转直接表现为资本类型与农地用途间的匹配，即资本的循环。资本循环是影响农地流转的关键因素，但目前尚未得到足够的探讨。

基于上述实践需求和研究不足，本节拟探讨两个研究问题：就村级尺度而言，农地流转（效）率的空间格局如何？资本循环的三个维度，即资本类型、农地用途、两者匹配关系（循环模式）分别如何影响农地流转？为此，本节尝试构建了资本循环作用于农地流转的理论框架；基于从蔡甸区多部门收集的数据和全区 288 个村庄的实地调研访谈，采用"探索性空间分析法"揭示农地流转的空间格局；运用地理加权回归模型实证资本循环对农地流转的作用机理；提出相应的政策优化对策，以助力乡村振兴和城乡协同发展。

5.1.1 理论框架: 资本循环对农地流转的影响逻辑

基于马克思对资本主义生产过剩固有危机的分析, Lefebvre (1991) 和 Harvey (1978) 发展出了"空间生产"和"资本循环"的理论: 进入城市时代, 资本为化解危机而不断循环, 通过"时空修复"诱发"空间生产", 进而重构空间景观; 通过进入新的经济领域, 资本实现了"时间修复", 如 Harvey 所提出的"资本三重循环[①]"; 通过空间区位重置完成"空间修复"。资本重新选址的过程被称为"地域化"(Territorialization), 让资本"固着"的地方被称为"地域组织"(Territorial organization)(Brenner, 1999), 如城市与乡村。资本的"时空修复"要经历原地方的"去地域化"和新地方的"再地域化"(Castells, 1992)。该过程从两方面重构空间格局: 一是资本跨地域流动将带来生产组织方式在更大尺度调整, 在深度和广度上重构劳动分工, 分工后的生产环节由资本定向空间整合, 进而改变生产空间格局 (Friedmann and Wolff, 1982); 二是资本"再地域化"需要"地域组织"创造出与之相适应的地理空间架构, 地方为吸引资本会主动改造空间 (Brenner, 1999)。

改革开放加速了资本在我国的循环: 对外开放打通了国际资本在我国进行"时空修复"的通道, 对内改革充分响应了资本"再地域化"的要求。然而, 资本生产的深入也使我国大体经历着 Harvey 所说的前两重危机, 即制造业产能过剩、城市基建和房屋的物质空间过剩。为化解这些危机, 资本也开启了多样化的"时空修复": 通过"一带一路"等倡议化解产能过剩开启"空间修复", 通过加大城市民生与创新投入启动"时间修复"。其中, 我国城乡二元体制下城市资本向乡村地域的流动尤其值得关注 (逯百慧等, 2015)。由于对土地等资源长期的行政配置, 乡村地域经受资本生产的危机相对较小。土地制度改革开启农地市场化流转, 使乡村地域成为城市过剩资本进行"时空修复"的"地域组织", 资本从城市流向乡村。

通过农地流转, 资本开启了在乡村地域的循环, 重构乡村生产空间格局。首先, 资本循环的内涵, 可解读为资本流向新的或改造传统的经济领域以实现投资与再投资不断积累的过程。在农地流转情境下体现在资本类型、农地用途、两者相互匹配

---

① 生产与生活资料生产领域(制造业)的第一重循环, 城市物质环境生产(基建、房地产)的第二重循环, 维持劳动力(民生)和生产关系再生产(创新)的第三重循环。

三个维度（图 5-1），即不同类型的资本流向不同农地用途，通过不同循环模式创造剩余价值，再流动，以实现积累的过程。就资本类型而言，已有研究从来源、主体属性、规模等方面进行了划分（赵艳平等，2019）。本节借鉴严海蓉等相关研究成果（严海蓉和陈义媛，2015），将资本解构为城市工商资本、乡村内生资本、城乡混合资本三类：城市工商资本指在城市完成原始资本积累的工商业企业资本；乡村内生资本指农户自有资本；城乡混合资本指城市工商资本和农户自有资本结合形成的混合资本。农地用途指资本流向的农业生产领域。黄宗智等将农业生产分为"新农业"（如蔬菜、水果等）和"旧农业"（小农户谷物生产等）（黄宗智，2018），也有学者提出"现代农业"和"传统农业"的划分方式（吕军书和张鹏，2014）。本节结合已有研究，将其解构为传统农业、现代农业与休闲农业。因此，资本循环模式可划分为九类：城市工商资本—传统农业、城市工商资本—现代农业、城市工商资本—休闲农业、乡村内生资本—传统农业、乡村内生资本—现代农业、

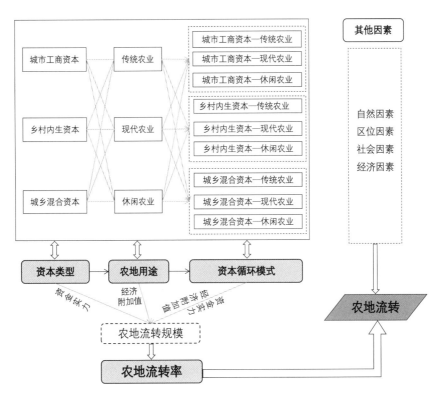

图 5-1 理论框架

乡村内生资本—休闲农业、城乡混合资本—传统农业、城乡混合资本—现代农业以及城乡混合资本—休闲农业。

其次，资本循环影响农地流转的机制建构如下：资本循环是为了实现经济增值，收益是根本。村庄农地流转率，即总用地面积中流转的比例，取决于各类资本针对村庄各类用途农地的流转规模。给定用途，流转规模取决于各类资本的盈利能力，表现为资本持有规模，即资金实力。一般而言，城市工商资本实力雄厚，城乡混合资本次之，乡村内生资本最低。给定资本类型，流转规模则取决于农地用途，因为不同农业行业的经济附加值不一。受利益最大化驱动，优势资本往往趋向于附加值更高的农地用途。通常情况下，传统农业投资回报慢、效益低，现代农业见效快、收益高。从资本的循环来看，不同资金实力、不同附加值的循环模式将具有不同的农地流转能力，进而综合决定村庄农地流转率。

5.1.2 研究设计

5.1.2.1 研究区域

蔡甸区位于武汉市西南部，辖区面积 1093.57 平方千米，耕地面积 23200 公顷，辖 12 个乡镇街、288 个行政村，整体呈"东城西乡"空间格局。蔡甸区具有三个方面的典型特征：①位于武汉"三环线"以外，一小时通勤圈以内，城乡互动活跃，城乡要素尤其是资本要素流动频繁；②地形地貌相对多样，由北向南丘陵、山地、平原交叉分布，农地流转地域特征明显；③政策制度具有示范效应，武汉大力推进"三乡工程（市民下乡、能人回乡、企业兴乡）"，盘活农村土地资源。截至 2017 年底，蔡甸吸引市民下乡、能人回乡 793 人，引进企业兴乡 18 家，农地累计流转面积达 12000 公顷，约占耕地面积的 50%。其中，流转主体主要包括专业大户、家庭农场、专业合作社、农业企业，累计流转面积分别为 1203 公顷、812 公顷、3274 公顷、6730 公顷；流转用途主要有粮食种植、花卉苗木、水产养殖、蔬菜水果以及农庄等休闲旅游，累计流转面积分别为 3297 公顷、2961 公顷、3154 公顷、2061 公顷、547 公顷。

5.1.2.2 数据来源

本节数据主要来源于三方面：① 2017 年村庄尺度的社会、经济、人口数据，来源于蔡甸区相关职能部门：村级农地流转数据，包括流转主体、流转用途等，来源于农业委员会；村级户籍人口、常住人口、外出务工人口，来源于卫生和计划生育委员会；各镇、村的农村经济基本情况、土地承包经营与管理、新型经营主体等信息，来源于各乡镇经管部门的《中国农村经营管理统计年报》，以上数据均借助 Excel 软件以村级为评价单元进行统计分析；行政区划和土地利用数据，来源于国土资源和规划局，并借助 ArcGIS10.2 软件的 ArcToolbox 中的分析工具计算各行政村距最近主干道的距离和所在乡镇中心的距离。②蔡甸区行政村的平均坡度和平均海拔，源于地理空间数据云官方网站的 DEM 数字高程数据（http: //www.gscloud. cn），并借助 ArcGIS10.2 软件的栅格数据分区统计功能计算各行政村的平均坡度和平均海拔。③村庄调研访谈数据，2018 年 9—11 月，课题组以街镇为单元，分别对各街镇所辖村庄的村支书或主任开展集中座谈与一对一问卷访谈，访谈内容主要包括村庄基本情况、村庄经济产业发展情况、村庄住房规划建设与管理三方面，基于访谈数据形成对各行政村基本情况的认知。

5.1.2.3 研究方法

针对空间格局与影响因素分别采用以下方法：①探索性空间分析方法是一系列空间数据分析技术与方法的集合。本节运用 *Moran's I* 指数测度蔡甸区农地流转率的空间分异程度（李亚婷等，2014）。②一般线性回归（OLS）模型往往建立在研究变量空间均质的基础上，仅对回归参数进行全局估计，如果因变量为空间数据且存在空间自相关性，其残差项独立的假设将无法满足。而地理加权回归分析（GWR）模型能够反映参数在不同空间的空间异质性，反应因变量 Y 与解释变量 X 在区域尺度上的变化关系（Martin 等，2009）。为此，本节将应用 GWR 分析，在 OLS 模型的基础上进行局部参数估计，重点探究资本循环三个维度对农地流转的影响程度及空间异质性。

5.1.3 农地流转的时空演化特征

5.1.3.1 时间维度：快速增长转变为短时期减速增长

2007—2017 年，蔡甸区累计农地流转规模不断增加。从 2007 年的 1180 公顷增长到 2017 年的 12000 公顷，年均增长 1080 公顷，与全国农地流转趋势、速度保持较好一致性。可见，在农地流转大趋势下，全国及各地农地流转已初步形成适度规模经营格局。按增长特征的差异，整个时段以 2013 年为节点，可以划分成以下两个阶段（图 5-2）。

2007—2013 年为快速增长阶段。2007 年之前，全区累计农地流转面积仅为 1180 公顷，但自 2007 年《中华人民共和国物权法》将土地承包经营权界定为"用益物权"，强化土地承包经营权流转的法律地位，2008 年中共中央印发了《中共中央关于推进农村改革发展若干重大问题的决定》，提出培育家庭农场、农业企业等新型经营主体，鼓励多种形式的适度规模经营后，全国和蔡甸农地流转面积和速度，均在 2008 年实现重要转折。2008 年全区新增流转面积达到最高 1590 公顷，2008—2013 年一直保持较高增长速度，每年新增流转面积维持在 1100 公顷左右。

2014—2017 年为减速增长阶段。2014 年全区新增流转面积骤降至 573 公顷，比 2013 年减少了 720 公顷，整体呈下降趋势，尤其是 2017 年，新增流转面积仅为 353 公顷，为 2008—2017 年以来最低水平。这可能是因为 2013 年中央提出全国农

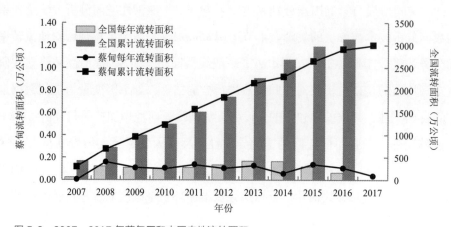

图 5-2　2007—2017 年蔡甸区和中国农地流转面积

村"土地确权"登记颁证，2014年印发《关于引导农村土地经营权有序流转发展农业适度规模经营的意见》实现"三权分置"，这两个政策旨在明晰产权，提高农地承包经营权的安全性，但政策出台尤其是"土地确权"工作耗时较长，农户和流转主体持观望态度，造成流转增长速度放缓。但可以预测，随着新的政策文件出台和农村土地制度改革，农地流转将会再次走上"快车道"。总体来看，从2007—2017年农地流转面积和速度的历时变化可以发现，无论是全国还是蔡甸区，农地流转速度虽存在波动，但流转的大趋势明显。与此同时，流转政策对农地流转影响较大，当前农地流转在很大程度上仍是一个政府主导的过程，市场力量仍然处于相对被动位置，市场在资源配置过程中的作用仍有待加强。

5.1.3.2 空间维度：随机分布转向集聚分布

农地流转空间格局取决于研究单元的空间尺度。一般而言，分析单元的尺度越大，微观空间的差异被平滑的程度越高。本节以行政村为基本分析单元，从微观尺度揭示农地流转的区域空间格局，进而采用 Moran's I 指数测度农地流转率的空间分异程度。农地流转率空间分异较大，各乡镇之间以及同一乡镇村际之间均存在显著差异，整体呈"西高东低，南北高、中部低"的空间格局，这与蔡甸区经济发展水平"东城西乡"的格局正好相反。

从东西城乡差异来看，东部城镇化水平高、经济发展好，农地流转率较低；西部农业化程度高，农地流转率反而较高。这种现象主要源于政策限制。笔者调研发现，虽然城市中心区街镇（如蔡甸街、大集街、奓山街）的一些城边村仍以农业用途为主，但农地的流转受到城镇扩张的政策制约。地方政府划定了城镇集中建设区，为避免村庄或市场借流转之名在征地中投机的行为，对城边村农地流转进行适度限制，而对远郊村采取鼓励政策，从而导致农地流转率呈"西高东低"的空间特征，与"东城西乡"格局正好相反。

从南北地形差异来看，农地流转率呈"南部平原、北部丘陵高，中部山地低"的格局。这主要是因为南部平原地形平坦，适合大规模农业生产，成为各类流转主体争夺之地，各类资本相继流入，从而促进该地区的农地流转。与此同时，北部丘陵地带、靠近城区周边地区的街镇，得益于区位优势，农地流转率也相对较高，如张湾街，大力发展蔬菜产业，是武汉市的"菜篮子"，玉贤街则以"中国园艺小镇"而闻名。与前两个高流转区域不同，中部以山地为主（如索河街、永安街），地形一定程度上限制了农业发展，使农地流转受阻。

利用 GeoDa 软件计算 2007—2017 年蔡甸区农地流转率全局自相关系数，发现农地流转经历了由随机转向集聚的两个阶段（表 5-1）：阶段一，2007—2010 年的随机分布。虽然 Moran's I 均大于 0，但显著性 P 值大于 0.05，表明此时期农地流转处于随机分布；阶段二，2011—2017 年，农地流转集聚分布且日益增强。2011—2017 年 Moran's I 指数在 [0.0984，0.3002] 间变化，并通过 5% 显著性检验，2016 年上升到峰值 0.3002，2017 年微降至 0.2941，表明农地流转空间日益集聚并趋于稳定。

蔡甸区农地流转率全局 Moran's I 指数　　　　　　　　　表 5-1

年份	Moran's I	E（I）	Sd.	P（I）	Z（I）
2007	0.0179	−0.0035	0.0292	0.1640	0.7187
2008	0.0210	−0.0035	0.0324	0.1710	0.8020
2009	0.0295	−0.0035	0.0373	0.1690	0.8898
2010	0.0619	−0.0035	0.0392	0.0670	1.6850
2011	0.0984	−0.0035	0.0397	0.0110	2.6174
2012	0.2120	−0.0035	0.0404	0.0010	5.3765
2013	0.2489	−0.0035	0.0410	0.0010	6.2185
2014	0.2899	−0.0035	0.0419	0.0010	7.0301
2015	0.2904	−0.0035	0.0417	0.0010	7.0647
2016	0.3002	−0.0035	0.0412	0.0010	7.3799
2017	0.2941	−0.0035	0.0413	0.0010	7.2345

注：E（I）为数学期望值；Sd. 为标准差；P（I）为显著性水平；Z（I）代表 Z 检验结果。

利用 GeoDa 软件探究局部空间关系：①高高集聚区不断增多，从干道沿线向南部平原、城区周边街镇转移。2007 年高高集聚区主要分布在 318 国道沿线，随后逐步向南部平原的农业街镇和北部主城区周边街镇转移。②低低集聚区由不显著逐渐在城镇化水平较高的东部街镇集聚。造成此现象的原因有两点：其一，城区周边经过多年城市建设征地，农地已相对较少，故流转较低；其二，虽然城镇周边的一些村仍以农业为主，但农地流转受到城镇扩张的政策制约。调研了解到政府划定城镇集中建设区，为避免借流转之名在征地中投机行为，对该区域（蔡甸街、大集街、奓山街）农地流转进行适度限制。③高低集聚区和低高集聚区分布相对分散，呈"先增多后减少"的特征，大部分均演变为高高集聚区。

5.1.4　资本循环影响农地流转的实证分析

基于自然条件、区位、社会经济等变量，重点考察资本循环三个维度对农地流转的影响：基于自变量与因变量的相关性分析，通过 OLS 模型识别对农地流转影响显著的因子，进而采用 GWR 模型考察这些显著因子对农地流转的影响程度及空间异质性。

5.1.4.1　变量选取及显著影响因子识别

结合已有文献（包宗顺等，2009；王亚运等，2015；许恒周和郭忠兴，2011；陈美球等，2008；王佳月等，2018），选取自然因素、区位因素、社会因素和经济因素的 9 个因子为控制变量：自然因素包括平均高程和平均坡度；区位因素包括距乡镇中心距离和距主干道距离；社会因素包括外出务工人口占比、农业劳动力占比和人均承包耕地面积；经济因素包括家庭平均收入和非农收入占比。关键自变量为资本循环三个维度的相关因子：①资本类型，包括城市工商资本、乡村内生资本、城乡混合资本，并分别用农业企业、专业大户和家庭农场、专业合作社的流转面积进行表征；②农地用途，包括传统农业、现代农业、休闲农业，并分别用粮食种植、水产养殖、花卉苗木、蔬果，休闲旅游的流转面积进行表征；③资本循环模式，包括城市工商资本—传统农业等 9 种，并分别用相应资本类型和农地用途匹配模式的流转面积进行表征（表 5-2）。

变量选取的基础上，借助 SPSS23.0 软件对各变量进行 z-score 标准化处理，进行因变量与各自变量间的相关性分析，笔者最终得出 15 个因子与农地流转具有显著相关性（表 5-2），并进一步通过构建 OLS 模型得出其中 8 个因子（城市工商资本、城乡混合资本、现代农业、城市工商资本—现代农业、乡村内生资本—传统农业、城乡混合资本—传统农业、人均承包耕地面积、非农收入占比）对农地流转具有显著影响。从 OLS 模型结果来看，各参数的方差膨胀因子（VIF）均远小于 7.5，表明未出现多重共线性问题，且模型拟合度达到 0.596，说明模型设置合理（表 5-3）。

变量描述性统计及相关性分析　　　　表 5-2

变量类型		变量	变量含义	均值	标准差	Pearson 相关
农地流转		农地流转率	村庄农地流转总面积 / 承包总面积	0.076	0.131	
资本类型		城市工商资本（公顷）	农业企业流转面积取对数	1.276	1.855	0.540**
		乡村内生资本（公顷）	专业大户、家庭农场流转面积取对数	0.498	1.218	0.292**
		城乡混合资本（公顷）	专业合作社流转面积取对数	0.566	1.459	0.494**
	农地用途	传统农业（公顷）	粮食种植流转面积取对数	0.678	1.493	0.434**
		现代农业（公顷）	水产养殖等流转面积取对数	1.371	1.944	0.591**
		休闲农业（公顷）	休闲旅游流转面积取对数	0.197	0.785	0.138*
资本循环	循环模式	城市工商资本—传统农业（公顷）	农业企业从事传统农业面积	4.431	26.885	0.082
		城市工商资本—现代农业（公顷）	农业企业从事现代农业面积	18.103	67.101	0.378**
		城市工商资本—休闲农业（公顷）	农业企业从事休闲农业面积	1.610	9.079	0.085
		乡村内生资本—传统农业（公顷）	专业大户、家庭农场从事传统农业面积	2.371	14.247	0.158**
		乡村内生资本—现代农业（公顷）	专业大户、家庭农场从事现代农业面积	4.570	23.755	0.192**
		乡村内生资本—休闲农业（公顷）	专业大户、家庭农场从事休闲农业面积	0.288	2.890	0.031
		城乡混合资本—传统农业（公顷）	专业合作社从事传统农业面积	5.452	23.747	0.413**
		城乡混合资本—现代农业（公顷）	专业合作社从事现代农业面积	6.235	26.418	0.301**
		城乡混合资本—休闲农业（公顷）	专业合作社从事休闲农业面积	0.000	0.000	
自然因素		平均高程（米）	村庄平均海拔高度	25.309	6.993	-0.152*
		平均坡度（度）	村庄平均坡度	1.422	0.876	-0.173**
区位因素		距乡镇中心距离（千米）	距所在乡镇中心的距离	3.876	2.284	0.035
		距主干道距离（千米）	距离最近主干道的距离	1.533	1.742	-0.064

变量类型	变量	变量含义	均值	标准差	Pearson 相关
社会因素	外出务工人口占比	外出务工人口 / 户籍总人口	0.110	0.066	0.028
	农业劳动力占比	从事家庭经营劳动力 / 总劳动力	0.535	0.242	0.080
	人均承包耕地面积（公顷）	承包耕地总面积 / 户籍总人口	0.102	0.072	0.298**
经济因素	家庭平均收入（元）	农民经营所得总收入 / 农户数	63584.380	15336.588	0.082
	非农收入占比	务工总收入 / 农民经营所得总收入	0.339	0.196	0.213**

注：*、** 代表 $P<0.05$、$P<0.01$；空白为无此项。

OLS 模型参数估计及检验结果　　　　　　　　　　　　　　表 5-3

变量	B	t 值	P 值	VIF
城市工商资本	0.336**	5.638	0.000	2.524
城乡混合资本	0.281**	5.066	0.000	2.191
现代农业	0.236**	3.685	0.000	2.929
城市工商资本—现代农业	0.123**	2.765	0.006	1.411
乡村内生资本—传统农业	0.087*	2.130	0.034	1.179
城乡混合资本—传统农业	0.249**	4.897	0.000	1.844
人均承包耕地面积	−0.111*	−2.509	0.013	1.391
非农收入占比	0.083*	2.129	0.034	1.072
Adjusted R²	0.596			
Durbin–Watson	1.985			
样本量	288			

注：B 代表标准化系数；t 代表 t 检验结果；P 代表显著性；*、** 代表 $P<0.05$、$P<0.01$；VIF 代表多重共线性检验结果；空白为无此项。

5.1.4.2　资本循环因子作用的空间差异

OLS 模型仅揭示各影响因子全局平均影响程度，忽略了回归系数的空间异质性。为此，在 OLS 模型显著影响因子识别的基础上，构建 GWR 模型，并着重解释资本循环中 6 个显著因子对农地流转影响的程度及空间异质性。借助 ArcGIS10.2 软件在 GWR 工具中计算回归系数，模型的调整 R^2 为 0.686，相比 OLS 的 0.596 有较大提高，说明 GWR 模型的拟合结果要优于 OLS 模型（表 5-4）。

GWR 模型参数估计及检验结果 表 5-4

模型参数	数值
带宽	0.083
残差平方和	75.280
赤池信息准则（AICc）	518.118
Sigma	0.560
R^2	0.737
Adjusted R^2	0.686

（1）城市工商资本对农地流转的影响：城市工商资本凭借强大的资金实力，流转能力明显大于其他资本类型，对农地流转产生显著的正向影响，且影响程度在临近城区高城镇化街镇大于其他偏远乡镇。从回归系数的空间分布来看，整体呈以北部张湾街和蔡甸街为圆心，从东北至西南方向呈圈层式递减，形成城区周边高值区、南部偏远乡镇低值区。这主要是因为北部街道靠近中心城区，政策支持力度大、招商引资能力强，城市工商资本进入性以及投资收益高于偏远乡镇，故而城市工商资本对该类地区农地流转的影响程度较大。

（2）城乡混合资本对农地流转的影响：城乡混合资本与农地流转也呈正相关，影响程度呈中部的山区大于南部的平原和北部中心城区周边的丘陵地区。从回归系数空间分布来看，整体呈现以侏儒山街为中心，向南北两端依次递减，形成"中部高、南北低"的格局。这可能是因为在农地总量一定的前提下，不同资本类型存在竞争，资金实力强的资本往往占领"优势区域"。平原地区具备良好的农业发展条件、北部中心城区周边的丘陵地带具备良好的区位条件，成为资本竞争的主要区域，城市工商资本率先进入，导致城乡混合资本只能退居中部的山区，因而造成山区的农地流转受城乡混合资本的影响较大。

（3）现代农业对农地流转的影响：现代农业具有最为显著的正向影响，影响程度呈南部平原大于中部山区和北部丘陵。资本投入现代农业比投入传统农业和休闲农业对农地流转的影响程度大，这是在现代农业的"高收益"和"大规模"影响下形成的。同时，回归系数由南部平原向北部山区、丘陵递减。这主要是因为南部平原地区，能够满足现代农业大规模经营的需求，更容易形成规模效应、提高收益，因而该地区现代农业的发展能够显著促进农地流转。

（4）城市工商资本—现代农业对农地流转的影响：城市工商资本—现代农业具有显著正向影响，且影响程度在现代农业已具有良好发展基础的地区大于基础薄弱地区，存在边际递增效应。城市工商资本实力雄厚，平均每宗流转规模均较高，而投入现代农业可以实现单位农地收益最大化，"高投资"和"高收益"共同作用下，能显著提高农地流转率。此外，回归系数呈"中部高、南北低"，形成东北—西南条带形高值带，这与蔡甸区目前318国道沿线已形成的花卉苗木、水产养殖现代农业种植带具有高度契合性，表明城市工商资本—现代农业在已具备良好发展基础的现代农业地域对农地流转的影响程度更大。

（5）乡村内生资本—传统农业对农地流转的影响：乡村内生资本—传统农业回归系数整体相对较低（最大为0.134），呈"低水平均衡"格局，即回归系数整体较低且空间分异较小。理论上，资本流向附加值高的现代农业有利于提高农地流转率，但乡村内生资本具有特殊性，经营主体主要为传统农户，缺乏足够资金和现代农业经营经验，加上政府实行种粮补贴的政策倾斜，故而乡村内生资本经营传统农业反而具备更高潜在收益。此外，回归系数呈"低水平均衡"格局，这主要是因为乡村内生资本的资金规模相对较小，农地流转能力有限，也表明在"资本下乡"冲击下，乡村内生资本匹配合适的农地用途仍然对农地流转产生一定程度的影响。

（6）城乡混合资本—传统农业对农地流转的影响：城乡混合资本—传统农业具有显著正向影响，回归系数呈"高水平均衡"格局，即回归系数整体较高且空间分异较小。这与乡村内生资本—传统农业具有相似性，城乡混合资本也并非发展现代农业对农地流转影响更显著。这可能的解释是城乡混合资本在城市工商资本的挤压下，流向山区，而山区往往不适合发展大规模的现代农业，造成投入传统农业比现代农业预期收益可能更高。此外，回归系数与乡村内生资本—传统农业"低水平均衡"不同，城乡混合资本—传统农业呈"高水平均衡"状态，背后逻辑反应了在同一资本循环领域，城市工商资本的介入对农地流转率的提升具有显著的促进作用。

5.1.5 研究结论

通过建构资本循环作用于农地流转的理论框架和对武汉市蔡甸区的案例研究，

本节探究了农地流转的微观空间格局与空间自相关特征，并基于地理加权回归探寻了资本循环对农地流转的作用机理，得到以下结论：

（1）理论层面，本节解构了农地流转中资本循环的内涵：即资本类型（城市工商资本、乡村内生资本和城乡混合资本）、农地用途（传统农业、现代农业与休闲农业）、两者相互匹配的多种资本循环模式。不同的资本循环模式，因资本的"资金实力"和农地用途"经济附加值"的差异，对农地流转率产生正向的差异化影响。

（2）时空特征上，农地流转经历快速增长和短时期减速增长两个阶段，增长速度受到农地政策的高度影响，而市场的作用有待进一步加强。从演变趋势看，随着流转政策进一步放宽和乡村市场化改革深入推进，农地流转会再次走上"快车道"。此外，空间上由随机分布转向集聚分布，高高集聚区主要分布在南部城镇化水平较低的平原街镇，而低低集聚区分布在东部城镇化水平较高的街镇，说明流转向更广大地域延伸且受到城镇扩张的制约。

（3）资本循环对农地流转的影响上，在控制自然条件、区位、社会经济等因素后，资本循环对农地流转的影响显著且存在空间分异：从资本类型来看，城市工商资本与城乡混合资本具有显著正向影响，前者对城边村的影响大于远郊村，后者反之，乡村内生资本的影响不显著。从农地用途来看，现代农业有显著的正向影响，影响程度呈平原地区大于山地和丘陵地区，传统农业、休闲农业影响不显著。从资本循环模式来看，城市工商资本—现代农业、乡村内生资本—传统农业、城乡混合资本—传统农业具有显著的正向影响，其他模式影响不显著。前者的影响程度在现代农业原有基础好的地区更高，具有边际递增效应，后两者的影响程度分异较小。

5.1.6　规划治理政策建议

在城乡融合发展与乡村市场化的时代背景下，农地的市场化流转是实现农地适度规模经营、提升农地利用效率的有效途径，是解决"谁来种地"和"如何种地"的重要手段，是助力乡村生产要素协同配置、乡村有序转型的关键。为了充分协同市场与政府这两只农地资源配置之"手"，在确保国家农业、耕地、粮食发展战略的基础上，提升农地流转效益和效率，结合本节的研究发现，笔者提出如下两点政策建议：

（1）农地流转必须符合当地耕地利用的国家战略导向和农业区划要求，避免盲目市场化，政策干预应依据农地流转的空间分异格局，针对城边村和远郊村采取差异化的发展策略。一方面，合理、精准、弹性地应对城边村的农地市场化配置需求。当前，由于城市规划管控，本案例地的城边村成为农地流转的"洼地"，未来政府应避免一刀切，弹性考虑征地前的农地利用问题，在农地流转用途精准管制的基础上，合理干预市场投机行为；另一方面，加强远郊村农地流转的用途管制，引导远郊村流转市场的健康发展。本节揭示的远郊平原地区村庄，适宜粮食作物种植，而流转多将用途转变为水产养殖、经济作物的高收益用途，虽然提升了农地的"经济价值"，但一定能程度上影响了农地的"安全价值"。

（2）正确把握资本循环对农地流转的影响机制，建议因资本循环类型分区、分类施策。一是平原地区，在坚守粮食生产底线的基础上，可以强化以城市工商资本—现代农业循环模式推动农地流转，继续加大该类地区城市工商资本的招商引资力度，但也要同步培植乡村内生资本力量的作用，健全多层次资本市场体系；二是山区和丘陵等非平原地带，当前以城乡混合资本—传统农业、乡村内生资本—传统农业的循环模式为主，未来应在严守传统农业"安全价值"的基础上，进一步畅通资本循环渠道，大力引导城市工商资本促进传统农业由低效向高效转型，有序推进资本在特色资源丰富、发展基础良好的区域培育现代农业和休闲农业。

5.2　湖南省岳阳市村庄的人口转型特征和微观成因

乡村人口转型，是新时代新型城镇化战略的重要命题。我国以往粗放的城镇化注重人口向城市集聚，忽略了流入地移民的城镇化和对流出地乡村的影响（陆大道和姚士谋，2007）。以人为本的新型城镇化旨在从流入地、流出地予以双向化解：一是强调流动人口彻底城镇化；二是深入推进乡村人口城镇化。因此，流出地乡村人口转型（即人口在城乡的空间位移和就业结构转变）（李婷婷和龙花楼，2015）的格局与机制如何，是新型城镇化的重要实践命题。既有相关研究偏向探讨人口流动的宏观、中观格局及相应的城镇化策略，偏向探讨流入地流动人口的空间格局与机制，缺乏从微观尺度、从全人口类型（外出、常住与外来）的视野透视流出地村庄的人口转型特征和机制。为此，本节以湖南省岳阳市这一中部地区三（四）线城市为例，剖析其人口转型的总体特征；并聚焦三个典型村庄，通过部门资料收集、问卷调查、半结构性访谈等方法获取数据，揭示其人口转型特征；通过对比交叉分析，从自然本底、经济发展、社会服务三个维度揭示成因，据此提出城镇化对策。

5.2.1　理论基础

"城镇化视角下的人口转型"是我国人口转型研究中的一个分支，沿着城乡人口流动的宏观格局、区域差异以及城镇化策略这一脉络展开：首先，是对刘易斯拐点（即乡村劳动力向城市流动，由过剩到短缺的转折点）的宏观探讨。蔡昉分析了劳动力市场的供求关系，认为劳动力已由过剩转向短缺（蔡昉，2008）；但郭磊磊和郭剑（2018）发现农村劳动力的实际收益低于农业边际产出，劳动力仍有剩余；南亮进和马欣欣（2010）推算了东、中、西三大地区的剩余劳动力数量，认为绝大部分地区未到达拐点，且中部剩余劳动力最多，是人口析出的主源地（刘涛等，2015）。可见，宏观格局下，拐点到达与否，尚无定论。这显示出人口转型的地域差异和针对典型地域深度研究的必要。

一些学者分尺度研究了我国人口转型的地域特征。在全国尺度，中西部地区崛起使流动人口总规模下降，近域流动增强（李晓江和郑德高，2017；李晓江等，2014）。在地区尺度，中西部流动人口跨省回流增多，呈内陆化态势，中部比西部县内流动更为显著（刘涛等，2015；李晓江和郑德高，2017）；就流向而言，流动人口除跨省流向东部沿海大城市外，省内则主要流向省会等大城市（王新贤和高向东，2019）。因此，城市尺度的研究多聚焦沿海和中部大城市，探讨流动人口的时空演化和影响因素（车冰清等，2017；周婕等，2015）。少数学者也在乡镇尺度探究了常住人口特征，揭示了地形、社会经济等因素的影响（张海霞等，2016；岳晓鹏等，2019）。总体而言，这些宏、中观尺度的研究，多聚焦人口流入地，以流动或常住某类人群为研究对象，探究其时空特征与影响因素。但随着人口回流、县内流动的增强，对人口吸纳能力较弱的中部人口流出地、该地区村庄人口转型的全貌特征、驱动因素的研究显得格外不足。

此外，学者们对城镇化的主导层级提出了策略。辜胜阻（2014）认为，推进大中小城市均衡发展能破解半城镇化难题；李晓江等（2014）发现县级单元较市辖区而言，人口增量更多，因此应重点推进县级城镇化；刘盛和等（2019）将城镇化细分为"镇化"和"城化"，发现镇化更为显著，认为应形成村镇化与城镇化的双轮驱动。这些研究丰富了城镇化策略的分尺度探讨，但忽略了分地域应对：不对中部流出地等典型地域开展深度研究，将难以提出针对性的城镇化措施。

综上，既有研究有三点不足：第一，主要关注流入地的流动人口特征，对中部等流出地的乡村人口转型鲜少涉及；第二，未深入到村庄这一微观尺度，多以县（市）为单元，最多到乡镇尺度，忽略了村庄是劳动力的供给源，难以反映村庄人口转型的真实面貌；第三，多偏向研究某类人群，以流动人口居多，缺乏对村庄各类人群转型特征和成因的全面揭示。为此，本节探讨三个研究问题以作弥补：中部流出地乡村人口转型特征如何？是否因村庄与人群类型而异？有哪些主要成因？

5.2.2　研究设计

5.2.2.1　研究区域

岳阳市位于湖南省东北角，市域面积 15019.20 平方千米，辖六县市、四区；2019 年的 GDP 为 3780.41 亿元，是湖南仅次于长沙的第二经济强市；市域人口 577.13 万人，城镇人口 341.66 万人，城镇化率 59.20%，是我国三（四）线城市的典型代表。此外，岳阳涵盖平原、丘陵、山地等多样自然条件，囊括不同自然本底的村庄。

2010—2018 年全国农民工监测调查数据分析显示，中部地区农民工的时空分布与东、西部不同（表 5–5）：① 2010 年，中、西部农民工主要流向省外，为 50.90%、44.94%，而东部以镇内为主。②中、西部地区人口回流显著，区别于相对稳定的东部。省外比例大幅下降，达 10.13%、10.50%；镇内大幅上升，为

6.38%、9.48%；镇外省内小幅增长。③ 2018 年，中部省外占比仍在三大地区中最高（40.77%），镇外省内最低（26.51%），镇内介于东、西部之间；东部镇内、镇外省内比例都最高，达 54.68% 和 37.52%；西部则呈镇外省内、省外相当，镇内稍低的均衡格局。

我国东、中、西部不同就业地的农民工占比（%）　　　　　　表 5-5

年份	东部			中部			西部		
	省外	镇外省内	镇内	省外	镇外省内	镇内	省外	镇外省内	镇内
2010	9.18	37.41	53.41	50.90	22.76	26.33	44.94	34.04	21.03
2011	7.71	38.75	53.54	49.13	23.98	26.90	43.92	33.14	22.94
2012	7.50	38.49	54.02	48.07	24.54	27.38	43.15	33.09	23.76
2013	8.44	38.78	52.78	43.03	25.78	31.18	39.97	33.92	26.11
2014	8.59	38.31	53.10	43.02	25.44	31.54	39.63	33.85	26.52
2015	7.97	37.97	54.05	41.88	26.72	31.40	38.80	33.68	27.51
2016	8.05	37.06	54.89	42.00	25.79	32.21	36.94	33.80	29.26
2017	7.92	37.28	54.80	41.46	26.18	32.36	35.67	34.34	30.00
2018	7.80	37.52	54.68	40.77	26.51	32.71	34.44	35.05	30.51

　　岳阳市与中部地区总体特征相似。2012—2016 年岳阳市农经统计年报数据显示（表 5-6）：① 2014 前、后三年相比，省外农民工比例下降 0.85%，镇内和镇外省内分别增加 0.75% 和 0.10%，与中部人口回流趋势吻合。细分镇外省内发现，农民工转战到省内地级市明显，而县城仍有外流。②全市省外农民工比重比中部地区约低 10%，而镇内、镇外省内约高 7%、4%，形成了镇内为主，省外为辅，县外省内、镇外县内递减的格局。

岳阳市不同就业地的农民工数量比例（%）　　　　　　表 5-6

	2012—2014 年均值	2014—2016 年均值	占比变化
省外	31.32	30.47	−0.85
县外省内	16.18	16.33	0.15
镇外县内	13.66	13.61	−0.05
镇内	38.84	39.59	0.75

5.2.2.2　研究方法

为进一步揭示村庄尺度人口转型特征，笔者深入典型村庄开展调研。地形等自然条件、城镇类型、耕地等资源禀赋、产业发展等是影响人口转型的基本因素（张海霞等，2016；岳晓鹏等，2019；郑小玉和刘彦随，2018；郭炎等，2018），本节基于上述因素并结合调研可行性，分层抽样选定村庄样本：①选定自然条件多样的临湘市和岳阳县。②按城镇类型选择三个镇街，收集相关部门资料，作基础分析。综合上述影响因素，每镇选定一个典型村。其中，A、B、C 村分别位于临湘市的城关镇、重点镇和岳阳县一般镇，为平原城关型、偏远山区型和丘陵农业型村庄。③村庄调研：与村书记进行半结构性访谈，了解村庄基本情况；每村选定 6 个小组，进行家庭问卷调查，了解每户家庭成员的性别、年龄、就业地等信息。三村分别回收有效问卷 246 份、221 份、190 份，有效率均超过 90.00%。

5.2.3　典型村庄人口转型的"全景"特征

本节从村庄尺度，分别在流向分布、规模趋势、流动稳定性和年龄结构、家庭成员构成及就业方式等方面，探究三个典型村外出、常住人口[①]转型特征的全貌。

5.2.3.1　城关型村庄（A 村）

A 村位于临湘市城关长安街北郊。临湘市具有农业县市典型的社会、经济特征：2017 年户籍人口 54.09 万人，城镇化率 27.73%。市外务工 12.00 万人，占总人口 22.19%。三次产业结构为 12.80∶52.70∶34.50，工业化初期特征显著。城区面积 15.80 平方千米，外来人口 0.40 万人，是市域增长极。

A 村辖区 8.50 平方千米，被征地 0.25 平方千米以建化肥厂；另有环保砖厂、文创园等多家企业。征地和非农经营，为改善村庄条件提供了经济支撑，为村民提

---

① 外出人口：全年离开村庄居住 6 个月及以上的户籍人口；常住人口：全年居住村庄 6 个月及以上，包括离开村庄居住但仍与户籍家庭经济、生活紧密一体的人口和诸如嫁入的媳妇等非户籍但常住的人口。

供了较多非农岗位。此外，耕地较多，人均达 1.37 亩，高于全市平均水平 1.18 亩，且因处平原，鲜有抛荒。总之，A 村产业发展、就地就业与生活条件均较好，是城关型村庄的典型代表。

其人口转型表现为"人口稳定的就近就地非农化"。2017 年户籍总人口 4530 人，外出 938 人，占比 20.71%，户籍常住状况较稳定。人口转型有三点特征：

（1）54.32% 的外出人口流向省外，省内依次是临湘城区、长沙等地级市和岳阳市区，分别为 19.14%、16.67%、9.88%，但每年新增流向省外的人数逐年递减，省内稍增后趋稳（图 5-3、图 5-4）。流动稳定性较强，家庭式、成员结伴外出共达 78.89%（表 5-7）。

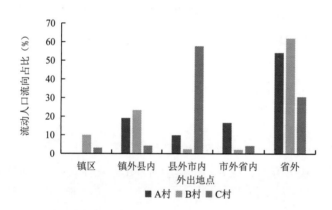

图 5-3　分流向的外出人口比例

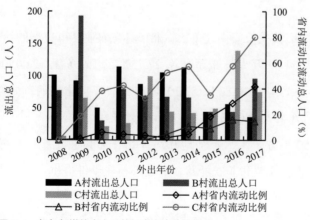

图 5-4　每年新增外出人口数与省内流动比例

（2）人口外出对村庄的年龄和家庭结构产生了一定影响（表 5-8、表 5-9）：外出人口以 21 ~ 40 岁青壮年为主，为 57.16%；65.85% 的家庭无成员外出，26.42% 部分外出，7.73% 全部外出，家庭空心化程度远低于 2014 年全国的 64.60%（张安驰和樊士德，2018）；面临抚养问题的家庭（老人和 / 或小孩同住）占比 29.67%，低于 2015 年全国的 34.32%（王跃生，2019），家庭完整性尚好。

（3）常住人群趋向就近就地非农化（表 5-10）。其中，25.10% 已脱离农业；因就近非农岗位多，人均耕地面积较大，兼业达 43.62%；务农为 31.28%，低于临湘全市农业人口 48.30%。兼业与非农就业地，以城区为主（39.44%），村庄次之（29.28%）。综上，A 村外出与常住人口均较稳定，但面临一定抚养问题，留村人口趋向就近就地非农化。

不同流动方式的样本占比（%）　　　　表 5-7

家庭成员流动方式	A 村	B 村	C 村
独自流动	21.12	15.62	21.71
结伴流动	36.65	38.39	25.58
整体流动	42.24	45.99	52.71

注：以共同流入地来区分结伴与否。

常住相对户籍的人口年龄结构的变化（%）　　　　表 5-8

年龄段（岁）	A 村	B 村	C 村
1 ~ 20	1.79	−4.05	−0.20
20 ~ 40	−6.12	−23.50	−17.47
40 ~ 60	1.99	7.99	5.51
60 ~ 80	2.07	18.35	9.99
≥ 80	0.28	1.23	2.16

基于常住人口的家庭类型及占比（%）　　　　表 5-9

家庭成员类型	A 村		B 村		C 村	
	总占比	无外出家庭占比	总占比	无外出家庭占比	总占比	无外出家庭占比
父母与未婚子女	26.83	23.98	8.14	6.79	12.63	8.42
父母与已婚子女	28.05	27.64	4.07	1.81	8.95	6.32

续表

家庭成员类型	A 村		B 村		C 村	
	总占比	无外出家庭占比	总占比	无外出家庭占比	总占比	无外出家庭占比
父母与已婚及未婚子女	0.41	0.41	0.00	0.00	0.53	0.53
父母与多对已婚子女	3.66	3.66	0.45	0.45	1.05	0.00
四代同堂	2.03	2.03	0.00	0.00	0.00	0.00
已婚兄弟姐妹	0.00	0.00	0.00	0.00	0.00	0.00
单亲及未（已）婚子女	0.81	0.00	1.81	0.00	3.16	0.00
祖孙及儿媳	0.81	0.00	2.71	0.00	1.58	0.00
祖孙	7.32	0.00	15.84	0.00	10.53	0.00
年长父（祖）辈	21.54	8.13	39.37	3.62	44.74	18.42
未成年子女	0.81	0.00	1.36	0.00	0.53	0.00
全家外出	7.73	0.00	25.35	0.00	15.77	0.00
其他	0.00	0.00	0.90	0.45	0.53	0.53
合计	100.00	65.85	100.00	13.12	100.00	34.22

不同就业方式与就业地常住劳动力的比例（%）　　　表 5-10

村名	务农	兼业				非农			
	本村	本村	镇区	县城	合计	本村	镇区	县城	合计
A 村	31.28	19.32	0.00	24.30	43.62	9.96	0.00	15.14	25.10
B 村	30.18	12.50	10.67	7.62	30.79	5.49	7.93	25.61	39.03
C 村	76.75	6.58	0.44	0.00	7.02	5.70	9.65	0.88	16.23

注：A 村将镇区兼业和非农就业人口归入县城。

5.2.3.2　偏远山区型村庄（B 村）

B 村隶属于临湘市羊楼司镇。镇区位于城区以东 14.00 千米，辖区面积 281.11 平方千米；户籍人口 5.62 万人，人口密度低，全镇外出达 20.87%。该镇因处山区，耕地极少，但得以广泛种植楠竹，并兴办了多家加工企业，享有"中国竹器之乡"的美誉，另有旅游休闲等特色产业，是全国重点镇。但目前发展有限，提供就业岗位不足。2017 年，该镇财政收入 7800.00 万元，低于全市镇街平均水平（10150.00 万元）。

B 村距镇区 10.00 千米，但因山路，车程约 40 分钟。该村辖区面积大（38.00 平方千米），户籍人口少（2600 人），耕地破碎，人均仅 0.65 亩，荒废严重。近几年村里虽建成楠竹合作社、果蔬采摘园、旅游农庄，但尚处积累阶段，效益欠佳。"山上竹木出不来，地上洪水满田盖，娃子读书到村外"是该村的真实写照。概括而言，B 村是发展有限、就近就地就业不足和生活条件差的偏远山区型村庄。

其人口转型可概括为"人口外流下的异地城镇化、县城就近城镇（非农）化与村庄老龄化"。2017 年，外出人口占总人口 62.38%，户籍与常住严重失衡。人口转型特征为：

（1）外出人口主要流向省外（62.04%），其次是县城（23.43%），都高于 A 村。人口外出省外、就近两极化（图 5-3）。每年新增外出人数小幅下降后上升，总体稳定在 60 多人（图 5-4）。群体外出明显，家庭式、成员结伴外出共计 84.48%，高于 A 村（表 5-7），人口流动稳定性强。

（2）人口外出使村庄的年龄和家庭结构变化巨大（表 5-8、表 5-9）。20 ~ 40 岁人群常住比户籍下降 23.50%，1 ~ 20 岁下降 4.05%，这与前述外出求学有关。反之，40 岁以上占比增加，尤其是 60 ~ 80 岁增加 18.35%，老龄化严重。此外，86.88% 的家庭有人员外出，其中 25.35% 为全家外出，家庭空心化严重；56.57% 的家庭面临抚养难题。留村年轻人多是村委干部，但大多晚上回城镇、早晨归村里。

（3）常住人口非农化显著（表 5-10）。务农仅 30.18%，非农和兼业达 69.82%，且后两者地域分化明显，非农以县城为主，镇上次之；兼业以村里为主，镇上次之，这与交通不便有关。综上，作为偏远山区代表，B 村人口大量流失，老龄化严重，除了省外，县城是其就近城镇（非农）化的主战场。

5.2.3.3 传统农业型村庄（C 村）

C 村位于岳阳县柏祥镇。与临湘相似，该县是典型的农业县：2017 年，三次产业结构为 17.30 ∶ 46.10 ∶ 36.60，农业仍占比较高。户籍人口 72.56 万人，城镇化率 26.72%，人口外流 20.75%。柏祥镇位于县城以东 15.00 千米，主打粮食和生猪生产，兼有花卉苗木和大米加工等产业，是典型的农业镇。该镇辖区面积 100.01 平方千米，以丘陵为主；户籍人口 3.53 万人，人口密度介于前述两镇街之间；由于发展有限，约 19.00% 的人口外出。

C 村距县城较远（19.60 千米）、距镇区较近（5.00 千米）。辖区面积 10.07 平方千米，丘陵为主，人均耕地 1.63 亩，三村最高。近几年，除传统水稻和生猪生产，村庄开始发展花卉苗木产业。总之，C 村属于距县城较远、弱镇下的农业型村庄。

其人口转型特征是"人口外流的就近城镇化与低水平非农化"。2017 年户籍人口 4224 人，外出 1850 人，占比 43.79%，介于前两村之间。人口转型特征如下：

（1）与前两村不同，57.75% 的外出人口流向岳阳市区，省外仅占 30.62%，其余流向很低（图 5-3）。每年新增外出人口以 3 ~ 4 年为周期波动增加（图 5-4）。由于是就近外流，家庭式外出占比最高（52.71%），结伴外出最低（25.58%）（表 5-7），就近外出稳定性较强，远距离外出的群体性特征不突出，稳定性差。

（2）外出人口以 20 ~ 40 岁为主，常住相对户籍占比下降 17.47%，介于前两村之间（表 5-8）。1 ~ 20 岁因外出上学等也有所下降。40 岁以上占比增加，60 ~ 80 岁增加最高，40 ~ 60 岁次之，均介于前两村之间。全家外出占比 15.77%，面临抚养问题的家庭高达 55.80%，老龄化形势严峻（表 5-9）。总体来看，C 村家庭空心化高，老龄化也较严重。

（3）常住人口仍以务农为主，高达 76.75%。县城对人口非农化作用很弱，镇区有一定作用。少量村民在本村从事非农和兼业工作（表 5-10）。综上所述，作为传统农业村庄，C 村务农人口仍很多，但外出趋势在增强，主要是就近城镇化，稳定性较高。

5.2.4 人口转型的微观影响因素

人口转型特征是对村庄自然、经济和社会条件的综合反映，本节将比较三村上述条件（表 5-11），揭示其成因。其中，自然条件指地形、资源禀赋及其利用程度、对外联系便捷程度等；经济条件指村庄经济状况、周边城镇经济水平及其辐射带动等；社会条件指基本生活服务配套等（表 5-12）。

三村人口转型特征汇总 表 5-11

轻型特征		A 村	B 村	C 村	比 较
外出人口	规模	小	大	中	B＞C＞A
	主要流向	省外＞县城＞市外省内	省外＞镇外县内＞镇区	县外市内＞省外	A、B 省外为主，C 市区为主
	每年新增外出人数	少	中	多	C＞B＞A
	外出稳定程度	中	中	高	C＞B＞A
常住人口	家庭空心化程度	低	高	中	B＞C＞A
	抚养问题程度	低	高	高	B＞C＞A
	务农比例	低	低	高	C＞A＞B
	兼业比例	高	中	低	A＞B＞C
		县城＞本村	本村＞镇区＞县城	本村为主	A 县城为主，B、C 本村为主
	非农比例	中	高	低	B＞A＞C
		县城＞本村	县城＞镇区＞本村	镇区＞本村	A、B 县城为主，C 镇区为主

人口转型的影响维度与因素 表 5-12

村名		A 村	B 村	C 村
村庄类型		城关型	偏远山区型	传统农业型
人口转型特点		就近就地非农化	异地城镇化与就近非农化	就近城镇化与村内低水平非农化
自然本底	地形	平原	山地	丘陵
	人均耕地面积（亩/人）	1.37	0.65	1.63
	对外联系便捷度	高	低	中
地域经济	村庄非农与农业发展	均较好	均较差	非农差＋农业好
	周边城镇辐射	好	差	中
社会服务	生活服务可获得性	高	低	低

5.2.4.1 自然本底对流出程度与距离的影响

自然禀赋决定了村庄的发展基础与村民改善生存的能力，是人口转型的首要影响因素，规律如下：

（1）禀赋及其开发利用越差，村民外出谋生程度越高。B 村山地多，农业生产低下，旅游资源开发程度低，经济发展差，故 62.38% 的人口外出，69.82% 的常住人口在就近城镇就业，三村最高；C 村人均耕地最多，农业发展好，已初步实现产业化，资源开发利用好，故 43.79% 的人口外出，常住人口仍占多数，且 76.75% 仍务农；A 村农地资源尚可，非农经济发展好，外出比例最低，常住人口非农与兼业合计最高。

（2）禀赋及其开发利用越差，村民外出距离越远，体现在 B、C 村间。除上述条件外，B 村对外道路崎岖，到县城 90 分钟，岳阳市区近 2 小时，村支书反映"村民普遍认为在镇里和县城打工收入不高，回村也不方便，还不如到外面去赚更多的钱"，因此高比例的外出人群中，62.04% 流向省外；C 村距岳阳市区在 1 小时车程内，交通成本低，故 57.75% 就近前往市区，但访谈显示这些村民并未退出农业，而是转变了生产方式，如改变劳力投入和土地使用强度。

5.2.4.2 地域经济对择居（业）与结构的影响

日常通勤范围的就业机会和薪资水平，左右着村民就业（地）选择、家庭与工作平衡，乃至村庄兴衰，具体如下：

（1）地域经济发展越好，辐射力度越大，村民越倾向就近非农化。如 A、C、B 村距"县城"渐远，接受县城的辐射则渐弱。因此，A 村外出人口比例最低，常住人口就近非农化显著；C 村外出人口比例相对增加，但受市区强大辐射，外出人口大多就近就业；B 村外出人口比例最高，但就常住人口而言，县城和镇区尚有一定辐射作用，就近非农化程度最高。

（2）地域经济发展越好，辐射力度越大，村庄家庭空心化和抚养问题程度越低，主动消亡速度越慢。如上，A、C、B 村接受"县城"辐射渐弱，20 ～ 40 岁常住相对户籍占比分别下降 6.12%、17.47%、23.50%，60 岁以上升高 2.35%、12.15%、19.58%，为了生计，就近非农就业越难，年轻劳动力越倾向外出，留下老人和小孩概率越大，家庭抚养问题越严重。另外，A 村每年新增外出人数逐渐在低水平稳定下来，常住仍是主体；但 C 村呈稳定的周期性递增态势；B 村新增人数稳定。人口空心化、老龄化进一步析出，将加速 B、C 村消亡。

5.2.4.3 生活服务对择居的影响

社会服务影响人口转型，按人的需求层次将社会服务分为必需型基本生活服务，如教育、医疗等，及改善型生活服务，如均衡化教育资源、优化医疗卫生资源配置等，具体如下：

（1）基本生活服务影响人们的就业和居住选择。A 村有幼儿园和小学，中学在就近县城，且学龄段常住相对户籍占比增加，说明该村无明显因教育而外出的现象。C 村村主任知该村因教育造成一定人口外出。C 村有幼儿园，但小学、初中在镇上，高中在县城，因此 1 ~ 20 岁常住相对户籍下降 0.20%，同时常住人口在镇区就业比重达 10.09%，比县城高。B 村仅有幼儿园，小学及以上教育资源都要到城镇获取，由于镇区较远，学龄教育成为家庭居住和就业选择的关键因素，故 1 ~ 20 岁常住人口相对户籍下降 4.05%，这也与该村大量人口在镇区和县城就业有关。

（2）集聚城镇的改善型生活服务助推村庄人口析出，相反，村庄生活服务水平的改善有助于缓解村庄人口析出。B 村体现得尤为明显：作为全国重点镇，政府扶持力度大，该镇在镇区集中建房，鼓励山区人口外迁，B 村多户便迁居于此。同时，政府也对 B 村产业加大了支持力度，当问及发展前景，村委干部表现出极大信心。

5.2.5 研究结论

针对学界缺乏对中部流出地村庄人口转型全貌特征和微观机制的探讨，本节以岳阳市为例，选择三个典型村进行深度实证。研究发现：

（1）中部地区乡村人口仍主要流向东部，但回流省内明显，省内流动增强，印证了新型城镇化下人口近域流动的既有观点（李晓江和郑德高，2017；李晓江等，2014），且本节发现人口以回流到镇街为主。

（2）各类村庄人口转型差异显著。城关型村庄，外出人口比例低，主要流向省外；常住人口就近就地非农化程度高。偏远山区型村庄，人口永久性流失程度高，主要流向省外，县城次之；常住人口少，且多就近非农化。传统农业型村庄，外出人口比例较高，但主要流向市区；常住人口仍为多数，以务农为主。

（3）村庄资源禀赋及其开发利用、地域经济发展和辐射带动、基本生活服务配套等条件越好，越抑制人口长距离外出，促进其就近就地就业，故家庭空心化和抚养问题程度越低，主动消亡速度越慢。

5.2.6　规划治理政策建议

上述发现启示新型城镇化应因况施策：对于大中城市周边村庄，应继续提高人口就近就地非农化水平，完善服务配套，实现彻底城镇化。此外，县城和镇区对就近城镇（非农）化作用显著，应加大扶持力度，强化其人口极化作用。对于经济欠佳村庄，其人口析出程度高，务农人口少，且老龄化严重，正面临消亡，应深度挖掘村庄禀赋资源，提升经济，改善生活条件。我国农村人口主要分布在农业型村庄，就中部地区而言，这类村庄仍有 3 ~ 4 成纯务农人群，其中不乏年轻劳动力，他们是推进城镇化的主力军，应加大支农力度，促进其就近非农发展。但综合来看，在近期，村庄尚有潜在剩余劳动力，可提高农业生产效率，使其析出；但在中远期，因乡村常住人口已然不多，且老龄化严重，大规模的人口流动将无法持续，未来城镇化水平的提高主要取决于人口结构性变化。这显然是认为城镇化将持续快速增长的相关文献所忽略的（孟向京和姜凯迪，2018）。

5.3　湖北省孝感市云梦县乡村发展模式识别

云梦县地处湖北省中东部，县境北接安陆市、西界应城市、南望汉川市、东邻孝南区，区位优越，处于武汉城市圈"一小时通勤圈"。国土面积 604 平方千米，全境地势北高南低，地貌形态简单，地形以平原为主，是中部大省湖北主体功能区划的重点发展地区，是湖北省人口密度最大和占地面积最小的县。"十三五"规划期间，引进项目 279 个，实施技改项目 63 个，新增高新技术企业 27 家，税收过亿元企业 2 家；积极开展农民工返乡创业国家级试点，城镇累计新增就业 4.2 万人。获批全省首批返乡创业示范县，是华中地区创新型城市的典型代表。

5.3.1　三产现状分析

2021 年云梦县经济和社会发展公报显示，全县生产总值 231.16 亿元，农业总产值 83.16 亿元，三产结构比例为 20.92∶34.35∶44.73，财政总收入 19.63 亿元。年末常住人口 42.61 万人，城镇化率 57.12%。户籍总人口 55.78 万人，其中城镇人口 15.79 万人，农业人口 39.99 万人。全年城镇居民人均可支配收入 39689 元，农村居民人均可支配收入 22589 元。

2013—2019 年云梦县经济持续增长，2018 年以前地区生产总值呈上升趋势，按当年价格计算年均涨幅 15 个百分点，受新冠肺炎疫情影响，2018—2020 地区生产总值有明显下降，按当年价格计算下降 22 个百分点，2021 年经济呈现恢复势头。2019 年年末常住人口数比 2010 年年末常住人口增长 1.26 万人，年均增幅不足 3‰，2019—2021 年年末常住人口开始下降，但城镇化率总体一直呈现上升趋势（图 5-5）。

从三产结构总体情况来看，第二产业生产总值高于第一产业和第三产业生产总值，2018 年以前第二产业生产总值涨幅明显优于第三产业与第一产业，产业结构重心以第二产业为主；2018—2021 年第三产业生产总值涨幅更占优势，产业结构重心逐渐向第三产业转移（图 5-6）。

图 5-5　云梦县 2013—2021 年经济、人口、城镇化率变化情况

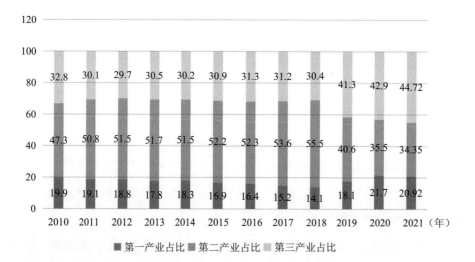

图 5-6　云梦县 2013—2021 年三产结构变化情况

5.3.2　评价指标细化及权重确定

　　遵循不同地区乡村发展的客观规律，把握乡村要素的地域分异特征，是实施乡村振兴战略，实现乡村可持续发展的客观要求。自党的十八大以来，生产、生活、生态三大维度的发展已成为中央推动生态文明建设、优化国土空间开发格局和推动城乡发展转型等重大政策的抓手。从考虑数据的易获取性和可采集性选择识别指标，

从生产、生活、生态三方面入手，构建完善的"三生空间"综合评价指标体系，把无序开发的"三生空间"打造成有机整体，旨在整合区域性生产、生活和生态空间（朱媛媛等，2015）。

推动乡村振兴需要抓住农村本身优势与特色，充分运用好优势功能，因地制宜发展产业，探索产业发展的新路径，这不仅是应对传统落后乡村地区实现经济发展的迫切需求，更是在城乡转型趋势下乡村自身调整以主动适应市场环境的关键选择。因此，在已有的"三生空间"综合评价指标体系的引领下，本节基于乡村转型发展的差异化动力机制，综合考量村镇拥有的资源禀赋，再进一步从三产角度对指标进一步细化，研判村镇产业发展趋势，归纳总结影响村镇发展模式的指标，助力乡村全面振兴，实现农业高质高效、乡村宜居宜业、农民富裕富足。

本节主要基于新时代乡村振兴与城乡融合的内涵和已有相关研究（陈希冀等，2019；武前波等，2022），构建了农业条件、工业条件、服务业条件三大评价指数。其中，农业是我国的第一产业，是三产融合的基础与依托，科学分析村镇农业发展现状，能够更好地实现产业联动与产业集聚；工业可以在技术与业态上实现农业的改造提升，也能使旅游发展更加科技化，分析工业现状可以更好了解村庄现有的技术形式，以技术渗透的方式推动乡村娱乐康养；旅游业拉伸农业链条，拉动工业加工，创造性融合当地的生态优势与风土人情，分析旅游业现状，有助于打造旅游观光景点，发展美丽乡村。考虑数据的可获得性，遴选 13 个评价指标（表 5-13）。其中，对所有指标都预处理为正向指标，即值越大，反映的产业条件就越好。

云梦县村镇发展模式识别指标体系 表 5-13

准则层	指标层	描述与参考	计算方法	权重
农业 X	X1 地表破碎度	存在明显的地域分异规律，反映地区地表破碎分布状况，为规划提供依据（贾兴利等，2012）	高程栅格图数据以表格显示分区统计每个村的高程标准差	0.0920
	X2 人均耕地面积（平方米/人）	反映耕地面积的变化趋势，解释区域人地关系的演化过程（戈大专等，2018）	村镇耕地总面积/人口数（平方米/人）	0.0460

续表

准则层	指标层	描述与参考	计算方法	权重
农业 X	X3 各村潜在可利用地面积	指导城市化进程中土地资源合理利用以及重点开发区土地利用定位和发展方向的重要基础（王丽丽，2014）	村面积—基本农田—生态红线内面积	0.0651
	X4 特色农业	特色农业的效益优势会促进闲置用地的使用，其产业发展对于乡村振兴具有重要的理论意义实践价值	调研分析村镇特色条件，包括种植特色和养殖特色	0.1302
工业 Y	Y1 各村 GDP	县域村庄用地转型主要驱动力为经济因素（边振兴，2010）	各村 GDP 水平	0.0458
	Y2 人口密度	人口集聚与经济发展表现为互利共生、互为因果的关系（王胜今和王智初，2017）	人口数／土地面积（人／平方千米）	0.0289
	Y3 人口活动强度	表征人类活动对地球表层影响和作用程度的综合指标（徐勇等，2015）	各村夜间灯光平均亮度	0.0364
	Y4 到最近镇距离	标志着村庄对外经济联系的范围以及与相邻地区经济联系的密切程度（杨忍等，2016）	各村中心点到最近镇中心距离，用 GIS 的点距离计算	0.0728
	Y5 路网密度	城市路网发展规模是表征城市路网发展水平的重要指标（陈静云，2009）	各村道路网总长度／村面积	0.0917
	Y6 到县城距离	县城是一定区域内社会经济较为发达的地区，对周围农村与人口的分布有很强的吸引力（贾宁凤等，2020）	各村中心点到县城中心距离，用 GIS 的点距离计算	0.0578
服务业 Z	Z1 水资源评分	旅游产业快速发展的环境下，要充分发挥我国丰富水资源优势，开拓水利旅游市场，提升其旅游开发价值（张有山和李韵，2020）	距离水系 100 米范围内为 5分；100～500 米范围内为 4分；500～1000 米范围内为 3分；1000～2000 米范围内为 2分；2000 米范围内为 1分	0.0653
	Z2 植被覆盖强度	植被覆盖度对两侧有干扰水蚀经济损失相应较为敏感（朱明勇等，2014）	遥感图像亮度平均值	0.1036
	Z3 特色文化旅游资源	文化旅游业的发展，有助于巩固民族团结友爱、和谐发展的稳定局面，助力乡村振兴（赵美川等，2021）	村镇内具有特色的文化旅游资源	0.1645

5.3.3　三产指数指标单图层特征分析

从云梦县三产指数的各评价因子分布特征来看，农业指数中其地表破碎度介于 0.9515 ～ 6.9811，在云梦的北部地表破碎较为严重，县域中部以及南部地区的破碎程度较小；人均耕地面积县域中部较多，人均耕地面积比较少的乡村在县域内部零散分布；县域东北部乡村潜在可利用地面积明显高于其西南部的乡村，吴铺镇内的各乡村潜在可利用地面积明显高于其他乡村；县域内各个村镇都有自己的特色农业，特色农业数量为 5 的乡镇主要有下辛店镇、伍洛镇和义堂镇，特色农业数量为 "1" 的乡镇主要有下辛店镇、义堂镇和曾店镇，特色农业数量为 "2" 的乡镇主要为隔蒲潭镇（图 5-7）。

由三产结构占比以及近几年的变化趋势可知，云梦地区生产总值的主要贡献来源于工业产值，所以可以将各村 GDP 值作为计算工业指数的指标之一，GDP 值总体上呈现西高东低；人口密度总体呈现中间高、两头低，人口密度最高的乡村主要

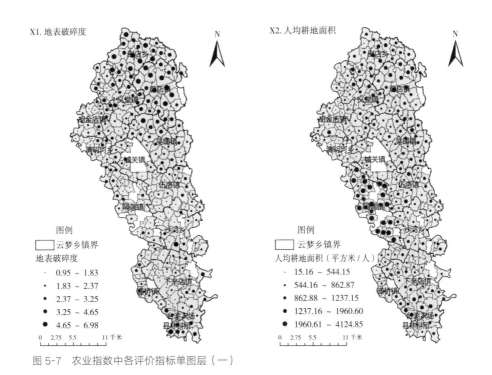

图 5-7　农业指数中各评价指标单图层（一）

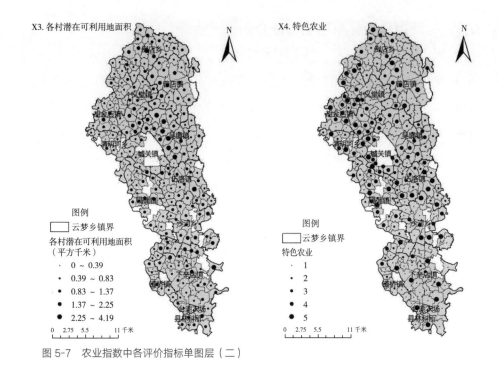

图 5-7　农业指数中各评价指标单图层（二）

位于城关镇内，以全县 5.42% 的土地面积占据全县 19.21% 的人口；人口活动强度总体上呈现南高北低，活动强度最高的区域仍然是在城关镇内；人均宅基地面积最多的乡村分布在隔蒲潭镇，总体上北部人均宅基地面积高于南部地区；交通较为不便利的乡村主要在下辛店镇、沙河乡等南部区域，到最近镇的最长距离可以达到 7.47 千米；路网密度较为均衡的乡镇为吴铺镇，路网密度位于 2.05 ~ 3.19 千米 / 平方千米；到县城最远的乡镇为下辛店镇，最远距离接近 30 千米，总体上县域南部地区离县城较远（图 5-8）。

衡量服务业指数的评价指标有水资源、植被覆盖强度以及特色文化旅游资源，对云梦县的水资源进行评分，水资源评分较高的为中部区域，主要分布在清明河乡、胡金店镇以及伍洛镇；云梦整体的植被覆盖强度较为均衡，植被覆盖强度最大的乡村主要分布在清明河乡与胡金店镇；截至 2020 年，云梦县共有各类非物质文化遗产 32 项，文化底蕴深厚，但是活化利用不足，其特色文化旅游资源分布最多的乡村位于伍洛镇，最少的乡村位于下辛店镇（图 5-9）。

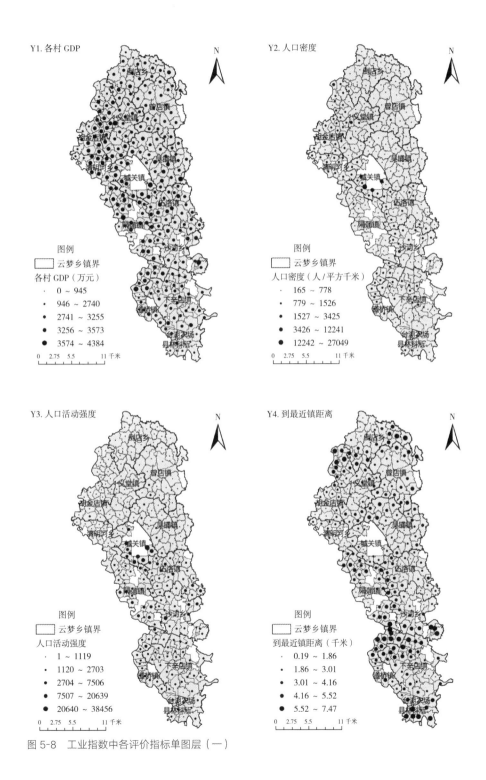

图 5-8 工业指数中各评价指标单图层（一）

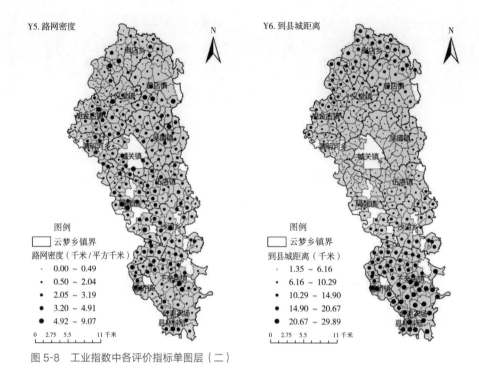

图 5-8 工业指数中各评价指标单图层（二）

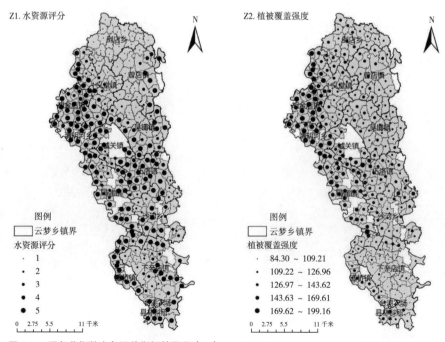

图 5-9 服务业指数中各评价指标单图层（一）

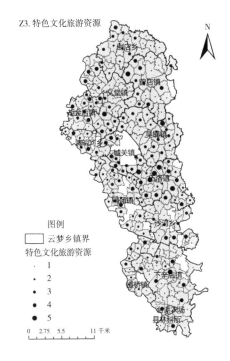

Z3. 特色文化旅游资源

图例
云梦乡镇界
特色文化旅游资源
● 1
● 2
● 3
● 4
● 5

0 2.75 5.5   11 千米

图 5-9　服务业指数中各评价指标单图层（二）

5.3.4　三产指数计算

基于县域尺度村镇发展模式识别体系，对于指标进行标准化处理，再进行加权叠加运算后，云梦县 13 个乡镇单元、295 个村级单元的三产指数测度结果如下：农业指数介于 0.4635 ~ 1.4903，农业指数最高的村庄主要位于县域南部，以下辛店镇、道桥镇为主（图 5-10）；工业指数介于 0.4490 ~ 1.4058，工业指数最高的村庄主要分布在县域中部，以城关镇和周边几个乡镇为主（图 5-11）；服务业指数介于 0.3334 ~ 1.6670，服务业指数最高的村庄主要也是集中于城关镇和周边几个乡镇，包括清明河乡、胡金店镇、伍洛镇、隔蒲潭镇（图 5-12）。表明云梦县乡村在集中建设区域周围的村庄发展会比其他村庄更好，南部地区的村庄发展较弱。

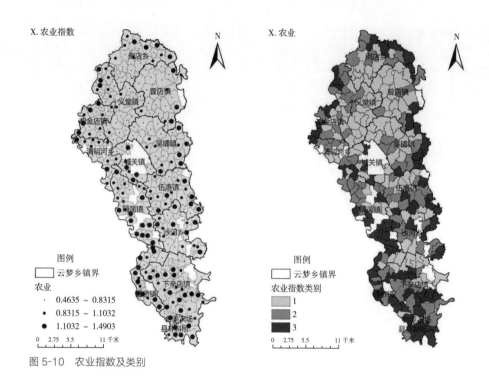

图 5-10　农业指数及类别

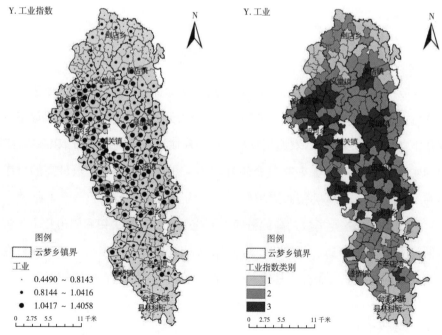

图 5-11　工业指数及类别

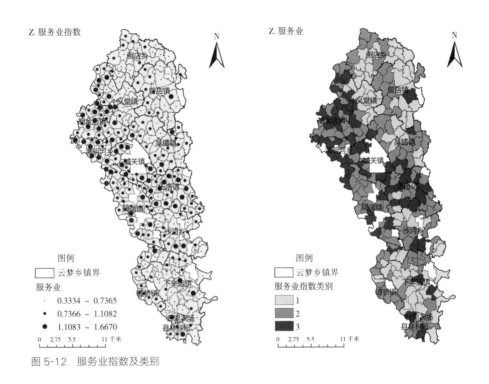

图 5-12 服务业指数及类别

5.3.5 三维特征空间发展模式识别

将农业指数、工业指数和服务业指数的空间分布特征按照 GIS 自然断点法分别分成 3 个类别，分别为高农业指数地区、中农业指数地区、低农业指数地区、高工业指数地区、中工业指数地区、低工业指数地区、高服务业指数地区、中服务业指数地区、低服务业指数地区（表 5-14）。数值越高，产业发展越好。可以发现，高农业指数地区、高工业指数地区、高服务业指数地区分别占比 26.44%、28.81%、20.34%；中工业指数地区和中服务业指数地区占比较大，村庄数量占比分别为 39.66% 和 41.36%；低农业指数地区的村庄数量大于低工业指数地区和低服务业指数地区的村庄数量。总体来看，县域内农业生产保持良好势头，工业服务业辅助农业产业链，为云梦县全方位高质量发展提供了重要支撑。

云梦县三产发展状况分类　　　　　　　　　　表 5-14

产业发展状况	类别	村庄数量（个）	占比（%）
0.4635＜X＜0.8315 低农业指数地区	1	105	35.59
0.8315＜X＜1.1032 中农业指数地区	2	80	27.12
1.1032＜X＜1.4903 高农业指数地区	31	78	26.44
0.4490＜Y＜0.8173 低工业指数地区	1	61	20.68
0.8173＜Y＜1.0416 中工业指数地区	2	117	39.66
1.0416＜Y＜1.4058 高工业指数地区	3	85	28.81
0.3334＜Z＜0.7365 低服务业指数地区	1	81	27.46
0.7365＜Z＜1.1082 中服务业指数地区	2	122	41.36
1.1082＜Z＜1.6670 高服务业指数地区	3	60	20.34

服务业指数类别为 3，农业指数和工业指数类别为 1、2 的村庄识别为文化休闲旅游型；农业指数类别为 3，工业指数类别为 1、2，服务业指数类别为 1、2、3 的村庄识别为特色农业主导型；工业指数类别为 3，农业指数类别为 2，服务业指数类别为 1、2、3 的村庄识别为工业主导型；工业指数类别为 3，农业指数类别为 1，服务业指数类别为 1、2、3 的村庄识别为工业发展型；工业指数类别为 3，农业指数类别为 3，服务业指数类别为 1、2 的村庄识别为农工融合带动型；农业指数类别、工业指数类别、服务业指数类别都为 3 的村庄识别为综合提升型；农业指数类别、工业指数类别、服务业指数类别都为 1、2 的村庄识别为一般农耕型（表 5-15、图 5-13）。其中，一般农耕型乡村最多，其现状的产业发展都一般，以普通农业生产为主，生活服务配套尚不完善；农工融合带动型主要靠近城镇开发边界，其第一产业和第二产业都发展较好。

乡村类型划分及特征说明　　　　　　　　　　表 5-15

乡村类型	乡村基本特征说明	乡村数量（个）
城乡融合型	该乡村发展模式是指和邻近城镇具有较密切交流，处于周边城镇的辐射带动范围内的一类村镇，其发展依赖于与周边城市的产业、交通、信息等的联系	33
文化休闲旅游型	该乡村发展模式是指旅游资源丰富，住宿、餐饮、休闲娱乐设施完善齐备，交通便捷，距离城市较近，适合休闲度假，发展乡村旅游潜力大的村镇	9

续表

乡村类型	乡村基本特征说明	乡村数量（个）
特色农业主导型	该乡村发展模式是指某类农业发展较为突出，已具备一定规模和发展特色。可根据具体村镇发展特色进行命名，例如养殖业主导型、草原牧场型、种植业主导型、渔业主导型等	35
工业主导型	该乡村发展模式是指具有良好的工业发展基础，距离县城很近，多位于主要干道上，第二产业在村镇生产总值中占有较大比重的村镇	28
工业发展型	该乡村发展模式是指村镇目前的工业产值相对不高，但拥有丰富的矿产资源、土地资源、植被资源等自然资源，未来具备较大工业发展潜力	25
农工融合带动型	该乡村发展模式是指农业产业基础较好，农产品产出有进行深加工的条件和产业基础，可以实现农、工融合发展的村庄	16
综合提升型	该乡村发展模式是指位于镇区中心或副中心，地理位置相对较好，但是公共服务设施配套水平有待提高的村庄	16
一般农耕型	该乡村发展模式是指以传统的农业种植、养殖为主要产业构成的村庄	133

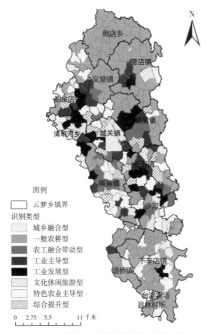

图 5-13 云梦县乡村发展模式识别结果

在"三生空间"评价指标体系的引领下，基于农业、工业、服务业的产业维度构建评价指标体系，测度了云梦县 13 个乡镇单元、295 个村级单元的三产指数，开展了乡村发展模式识别以及空间分布特征分析。首先，云梦县乡村在集中建设区域周围的乡村发展会比其他乡村更好，南部地区的乡村发展较弱。农业指数最高的乡村主要位于县域南部，工业指数和服务业指数最高的乡村主要分布在县域中部，以城关镇和周边几个乡镇为主。其次，对农业指数、工业指数、服务业指数进行类别划分，低农业指数地区、中工业指数地区、中服务业指数地区的乡村数量占比最大，分别占乡村总量的

35.59%、39.66%、41.36%。最后，从三产融合的角度划分出城乡融合型、文化休闲旅游型、特色农业主导型、工业主导型、工业发展型、农工融合带动型、综合提升型、一般农耕型八大类乡村，进而提出不同类型乡村的发展路径，以期推动华中地区乡村地区的高质量发展。

5.4 江苏省常州市薛埠镇乡村发展模式识别

薛埠镇，隶属于江苏省常州市金坛区，为全国重点镇、江苏省重点中心镇，也是苏锡常都市圈与南京都市圈交界处的节点区域，山林资源丰富、历史文化积淀深厚，属山地、丘陵地形，55% 用地为茅山旅游度假区（江苏省省级）；行政区域面积 234.7 平方千米。截至 2021 年末，薛埠镇户籍人口为 66116 人，人口密度为每平方千米 282 人；截至 2021 年末，薛埠镇辖 21 个行政村、3 个社区、2 个场圃、272 个村民小组；薛埠镇有工业企业 486 个，全镇规模以上企业 73 个，为江苏省乡村振兴先进集体。第一产业以优质粮油、茶叶、规模畜禽、高效园艺、应时鲜果五大优势主导产业为重点；第二产业主要包括建材、机械、电子、化工、纺织服装、食品等产业；第三产业重点发展旅游业、物流业以及部分生活性服务业。2018 年，薛埠镇被认定为"江苏省农村一二三产业融合发展先导区"。

5.4.1 三产现状分析

薛埠镇紧抓国家乡村振兴战略大机遇，以农业供给侧结构性改革为主线，不断调整优化产业结构，大力发展林、果、茶主导产业，现有林地面积 0.72 万公顷、果品种植面积 0.07 万公顷、茶叶种植面积 0.27 万公顷，是江苏省最大的茶叶生产镇，也是全国唯一一家以乡镇为单位申报成功的"中国名茶之乡"。2017 年"茶香小镇"入选江苏省首批农业特色小镇名单。

近年来，围绕发展林、果、茶主导产业，薛埠镇不断引导农民种植茶叶、果树、苗木、中草药等经济作物，尤其近两年大面积种植猕猴桃、杨梅、蓝莓、黄桃等时令水果，为薛埠农业产业注入了新活力，带动果品采摘发展。薛埠镇持续改良茶叶品种，引进种植白茶、黄金茶新品种，确保全镇茶园良种覆盖率达 100%。改良苗木品种结构，引导企业与科研院所合作，变单一生产型苗圃基地为集试验、示范、科普于一体的综合性苗木示范基地。

整合"金坛雀舌""茅山青锋""茅山竹海"等区域品牌优势，培育"金鹿""鑫品""百园春"等一批著名商标，以品牌培育助推产业延伸。依托"南农大专家工作站""常州市茶业工程技术研究中心""江苏省超微茶粉及茶食品工程技术研究中心""常州市现代农业科学院茶业研究所""国家茶叶产业技术体系常州综合试验站"等科研力量，激发龙头企业创新活力。大力推动工厂化清洁化生产，研发了茶微粉、葛根粉、绿茶粉丝等新产品，提升农业科技含量。

加快农产品电子商务发展，不断探索农业与旅游、文化、健康、养老等产业的有效融合。重点围绕上阮美丽乡村示范区、仙姑美丽乡村示范点、星级乡村旅游示范点建设，相继推出一号农场、花谷奇缘、京东农业等一批相对成熟的农业旅游景点，培育了玫瑰风情园、千亩樱花园、悦莲农庄等一批具备潜力的农业旅游景点。通过举办"乡村过大年""乡村旅游节""水果采摘节"等节庆活动，全面推动休闲农业提档升级。

5.4.2 评价指标细化及权重确定

同样在"三生空间"的指标体系引领下，基于三产视角利用 yaahp 元决策软件进行指标权重的计算，构造判断矩阵时应根据华东地区的区域特征进行有针对性的选取，考虑到指标的可获得性、可量化性，本次实验的权重结果只是针对薛埠镇的，如果想要获得整个华东地区的指标权重，还需要更多的数据和指标，并不断进行修正才能获得对于华东地区具有普适性的权重结果（表 5-16）。

薛埠镇发展模式识别的指标体系   表 5-16

准则层	指标层	计算方法	权重
农业 X	X1 地表破碎度	高程栅格图数据以表格显示分区统计每个村的高程标准差	0.0653
	X2 人均耕地面积	村镇耕地总面积 / 人口数（平方米 / 人）	0.1645
	X3 特色农业	调研分析村镇特色条件，包括种植特色和养殖特色	0.1036
工业 Y	Y1 各村 GDP	各村 GDP 水平	0.0458
	Y2 人口密度	人口数 / 土地面积（人 / 平方千米）	0.0289
	Y3 各村工业用地面积	距离村点五公里内工业用地总面积（平方米）	0.0364
	Y4 到中心镇距离	各村中心点到镇中心距离，用 GIS 的点距离计算	0.0728
	Y5 路网密度	各村道路网总长度 / 村面积	0.0917
	Y6 到县城距离	各村中心点到县城中心距离，用 GIS 的点距离计算	0.0578
服务业 Z	Z1 水资源评分	距离水系 100 米范围内为 5 分；100 ~ 500 米范围内为 4 分；500 ~ 1000 米范围内为 3 分；1000 ~ 2000 米范围内为 2 分；2000 米范围内为 1 分	0.1111
	Z2 特色文化旅游资源	村镇内具有特色的文化旅游资源	0.2222

5.4.3 三产指数单指标图层特征分析

从薛埠镇三产指数的各评价因子分布特征来看，农业指数中地表破碎度最小的乡村在薛埠镇镇域范围的东部地区；人均耕地面积最大的村庄在山蓬村；薛埠镇镇域内各个乡村都有自己的特色农业，特色农业数量为 5 的乡镇主要有石马村、花山村、方麓村和上阮村（图 5-14）。工业指数中 GDP 值最高的村庄在薛埠镇的中部区域；人口密度最大的乡村是石马村、倪巷村以及罗村村；路网密度最大的区域也分布在薛埠镇的中部；乡村到中心镇距离最短仅有 2 公里，到县城最近距离仅 15 公里（图 5-15）。衡量服务业指数的评价指标有水资源和特色文化旅游资源，对薛埠镇的水资源进行评分，水资源评分较高的为中部区域，主要有东窑村、花山村、薛埠村和连山村；植被覆盖强度最大的乡村在仙姑村、东进村、花山村、东窑村和上阮村（图 5-16）。

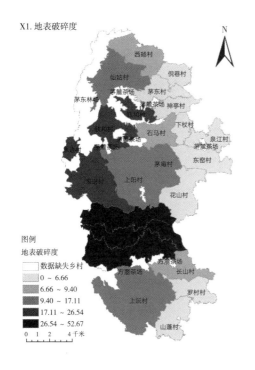

X1. 地表破碎度

图例

地表破碎度

数据缺失乡村
0 ~ 6.66
6.66 ~ 9.40
9.40 ~ 17.11
17.11 ~ 26.54
26.54 ~ 52.67

0 1 2　4 千米

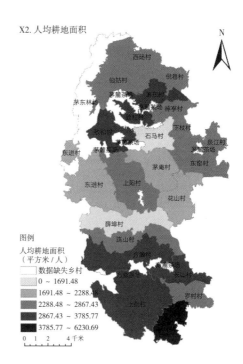

X2. 人均耕地面积

图例

人均耕地面积
（平方米／人）

数据缺失乡村
0 ~ 1691.48
1691.48 ~ 2288.48
2288.48 ~ 2867.43
2867.43 ~ 3785.77
3785.77 ~ 6230.69

0 1 2　4 千米

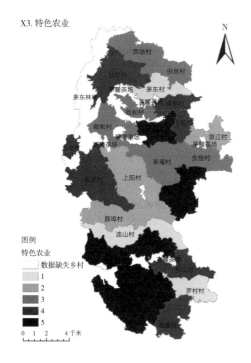

X3. 特色农业

图例

特色农业

数据缺失乡村
1
2
3
4
5

0 1 2　4 千米

图 5-14　农业指数中各评价指标单图层

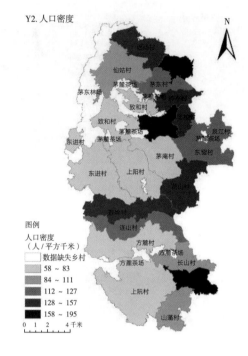

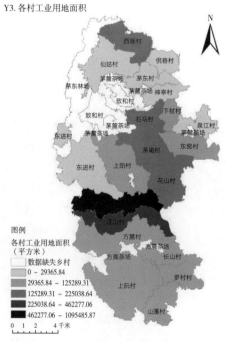

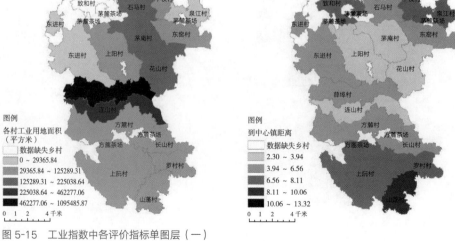

图 5-15　工业指数中各评价指标单图层（一）

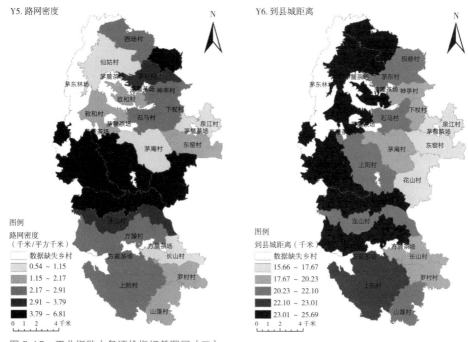

图 5-15 工业指数中各评价指标单图层（二）

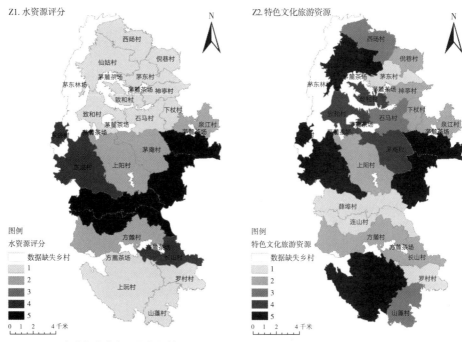

图 5-16 服务业指数中各评价指标单图层

5.4.4 三维特征空间发展模式识别

参考 5.3 节的研究方法以及实验路径，识别薛埠镇内各乡村的发展类型（图 5-17）。结果表明，识别出的类型只有一般农耕型、工业主导型、文化休闲旅游型以及特色农业主导型 4 个类别。因为研究范围中的村镇数量太少，只针对薛埠镇内的乡村进行了研究，但由此可知，乡村发展具有差别化的产业优势，基于微观视角对研究区域的乡村发展模式识别是切实可行的。本节的研究方法与指标都比较容易进行推广与应用，评价体系也是根据地方特色制定，具有较强的实践性，能为村镇发展模式识别提供技术支撑。

薛埠镇应以乡村振兴为核心抓手，做优茶业优势产业，做大时令果蔬、优质稻米、绿化苗木、特色养殖等全产业链，按照"基础设施现代化、生产方式生态化、管理模式规范化、生产手段科技化、田园风光艺术化、居民生活便捷化"的标准，进一步规范壮大产业生产经营主体，形成一产奠基、二产立区、三产带动的以产业链延

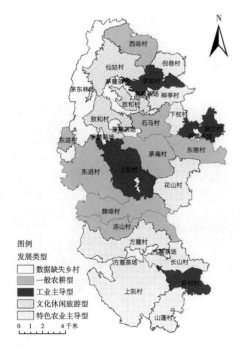

图 5-17　薛埠镇乡村发展模式识别结果

伸为主、功能拓展为辅的多种模式结合的融合发展新格局，着力构建农业与二、三产业交叉融合的产业体系，建成"产业集聚发展、利益联结紧密、配套服务完善、组织管理高效、示范作用显著、融合特色鲜明"的产业融合发展区。

本章聚焦村庄尺度，重点分析武汉市蔡甸区、岳阳市三个典型村庄，孝感市云梦县和常州市薛埠镇的乡村发展模式，从资本循环、村庄治理、指标体系构建三点出发，为中国县域村镇发展模式与规划治理提供参考借鉴。

第一，本章总结了资本循环三个维度，即资本类型（城市工商资本、乡村内生资本、城乡混合资本）、农地用途（传统农业、现代农业、休闲农业）和资本循环模式（城市工商资本—传统农业等 9 种）。为后文构建县域村镇发展模式识别指标体系提供重要参考。

第二，对于不同发展水平和发展特征的村庄，应因地制宜地采取适应其发展规律的治理策略。对于大中城市周边村庄，应提高人口就近就地非农化水平，完善服务配套，实现彻底城镇化。对于经济欠佳村庄，应深度挖掘村庄禀赋资源，提升经济，改善生活条件。

第三，本章验证了服务于乡村振兴国家战略实施的村镇发展模式识别与分类技术体系，结果表明该技术体系可以较好遵循村镇产业发展趋势，为目前村镇存在的产业落后、人的需求被忽视的现状局面提供借鉴，以实现村镇综合实力提升、产业发展良好、生态环境优美、城乡一体化发展、乡村全面振兴的目标。

第
6
章

县域村镇发展模式
识别技术导则

县域村镇发展模式识别处于县域村镇空间发展智能化管控与功能提升规划技术体系中的基层，是实施村镇发展潜力评价的基本依据。对县域村镇的发展模式进行识别，是各村镇单元深入认识自身的发展优势与短板，剖析整体发展机制的基础，能为各级政府的县域村镇发展战略决策提供科学依据及参考；推动各村镇单元在全面了解自身发展驱动要素和制约因子的基础上，研判发展路径，准确突破瓶颈，转变发展思路，实现高质量发展，为乡村振兴国家战略的落实和落地提供科学基础与决策支持。

据县域村镇的生产、生活、生态三个子系统中多要素指标的测度和评价，构建县域村镇的发展模式识别指标体系，制定相应的县域村镇发展模式的识别方法，实现对县域村镇发展模式及其驱动因子的定量、定强度的测度和研究，较为详细地探索村镇的发展驱动因子及其发展路径，为挖掘村镇潜力、保证村镇的可持续发展提供科学依据。

6.1 县域村镇发展模式识别的基本原则

6.1.1 科学性原则

在编制过程中，参考了国务院关于村镇发展战略、发展模式等相关政策文件，并考虑了现今发展状况以及未来发展潜力的关系，结合各地区不同时段的村镇发展动力因子分析，进行系统深入的研究，保证县域村镇发展模式在分类、标准及技术方法上的科学性和客观性。

6.1.2 综合性原则

村镇发展模式识别应对影响村镇发展水平的各种经济、社会、自然因素进行综合分析，根据不同发展模式制定平衡经济、社会、生态等多方面效益目标的综合发展策略。

6.1.3 因地制宜原则

县域村镇发展模式识别工作应因地制宜，从实际出发，进行村镇发展模式分析，研判不同村镇的独特优势，提供个性化、差异化的村镇发展建议。

6.1.4 可操作性原则

在村镇发展模式识别过程中，要确保识别指标体系构建、标准确定、模型选用及方案编制等各个环节切实可行，能够对现实的村镇发展研究工作起到实际有效的指导作用。

6.2 中国县域村镇发展模式识别指标体系

6.2.1 评价体系内涵与构建原则

遵循不同地区乡村发展的客观规律，把握乡村要素的地域分异特征，是实施乡村振兴战略，实现乡村可持续发展的客观要求。指标体系虽是研究现象的数量特征和数量关系，但却是从确定现象的性质开始的。

作为反映乡村发展类型的统计指标，必须符合其内涵。乡村发展类型是对自然、经济、社会、空间等多方面乡村发展现状特征在地域空间上的差异进行的客观描述，因此指标体系应从不同方面、不同层次反映乡村发展类型的地域差异，并且对于每一个主要方面的特征都能够进行测量；另外反映每一方面的可选指标有很多，不可能都把它们放入指标体系中，因此需要在众多的变量中选择尽可能少也尽可能具有代表性与相对独立性的指标。此外，由于行政村一级在数据统计方面具有一定的特殊性，大量的数据统计并非如县、市层级的完善，因此还需考虑乡村统计的实际情况，从可操作性的角度选择可以进行测量与获取的指标。

（1）综合性与层次性相结合

为了使村镇发展模式识别结果切实可靠，指标要素的确立需要具有综合性，基本能够涵盖影响村镇发展的各种层面。同时，选取的指标也要具备一定的层次结构，尽可能使准则层的影响要素所占权重相对均衡，在横向指标呈现上具有并列的逻辑关系。在准则层下的单因子影响要素需要紧扣主体，并且相互具有独立性。各类指标要素应当在横向与纵向上都具有相对严密的逻辑构成，做到横向上层层推进，纵向上综合全面，并基本反映出村镇特征。

（2）普遍性与典型性相结合

在选取评价指标体系的要素时，除了选取具有普遍性的要素，例如经济发展水平、土地使用情况以及人口数量等，还需要选取具有地域代表性的典型影响要素。比如医疗卫生条件等应该纳入评价指标内。因此，评价体系的构建需要结合普遍性与典型性。

（3）科学与实用兼得

评价体系的构建具备一定的科学性，因为它是以详实的村庄基础资料与相关数据为基础构建的，保证基础数据的真实可靠是前提。然后基于大量数据采用量化的方法进行综合分析，采用层次分析法、熵权法等计算得到评价指标要素权重赋值。在评价方法与评价要素选择过程中要考虑数据收集的可操作性以及评价的相对公平性。确保单因子之间的独立特性与可获得性，使评价体系构建具有科学性的同时保证其可操作性。

（4）结合特性，突出重点

应当注意评价系统中的参考指标数量，一级参考指标应当具有全面性，其下设参考指标数量要控制在一定范围内，避免二级参考指标过多现象出现。二级参考指标应当紧密围绕研究的重点与特点，能够清晰、直接地反映出发展水平的影响因素。

6.2.2 评价指标因子选取

自党的十八大以来，生产、生活、生态三大维度的发展已成为中央推动生态文明建设、优化国土空间开发和推动城乡发展转型等重大政策的抓手。

目前国内关于村镇发展模式识别指标体系的理论成果颇丰，通过对相关研究成果的综合分析，发现评价因子的选取具有显著的学科特点，不同学科所选取的评价因子也随着切入的视角呈现多样性的特征。借鉴不同学科的研究成果，从考虑数据的易获取性和可采集性选择识别指标，从生产、生活、生态三方面入手，构建村镇发展模式识别的评价指标体系。

（1）生产

结合评价因子的选取原则与各类研究成果，生产维度最终选取粮食生产水平、地区生产总值指数、第一产业发展潜力、第二产业劳动生产率、第二产业发展潜力、第二产业劳动力就业程度、第三产业劳动生产率、第三产业发展潜力、第三产业劳动力就业程度 9 个指标。

1）粮食生产水平

农业生产是一个国家和地区经济和社会稳定发展的基础，而粮食产量则是衡量农业生产的最为重要指标。影响粮食生产水平的因素众多，结合相关研究，选用地区粮食总产量这一综合性指标衡量村庄的粮食生产水平（刘杰等，2021；闫宇航等，2020）。

2）地区生产总值

地区生产总值（地区 GDP）是指一个地区所有常驻单位在一定时期内生产活动的最终成果。地区生产总值是国民经济核算的核心指标，也是衡量一个地区经济状况和发展水平的重要指标。由于经济数据之间存在相关关系，不少学者利用经济总量与相关数据之间的相关关系推算经济总量及其增长率。因此本研究选取年度 GDP 总值与上一年度的比值这一方法衡量地区生产总值水平（朱婉宁，2022；田卫民，2022）。

3）第一产业发展潜力

第一产业是指以利用自然力为主，生产不必经过深度加工就可消费的产品或工业原料的部门。国家统计局对三次产业的划分规定，第一产业指农业（包括林业、牧业、渔业等）。第一产业为第二、第三产业的发展提供原材料、食物、能源等必不可少的支持，是国民经济的基础产业，其发展状况直接促进或制约着一个地区经济和社会发展。科学分析村镇农业发展现状，能够更好地实现产业联动与产业集聚。为了更好衡量地区第一产业的发展，因此选用第一产业发展潜力即第一产业增速与地区生产总值增速的比值这一指标（王丰效，2018）。

4）第二产业劳动生产率

第二产业是经济增长的重要支柱，研究第二产业的发展状况有助于把握地区的发展情况（卢思南，2019）。高质量发展的一个重要体现就是高劳动生产率，提高劳动力质量是实现高劳动生产率的重要途径。劳动生产率作为单位劳动力的经济产出，是测量劳动力经济产出效率的重要指标（王远洋等，2019；吴昊和赵阳，2020）。因此选用第二产业劳动生产率这一指标，即第二产业总产值与第二产业从业人数的比率从一个角度衡量地区的第二产业发展情况。

5）第二产业发展潜力

第二产业的发展对于地区的经济增长至关重要，其未来发展的潜力在一定程度上将影响与第一产业、第三产业的协同，评价其潜力至关重要。因此还选用了第二产业产值增速与地区 GDP 增速的比值来评价第二产业的发展潜力（曹思奇等，2020）。

6）第二产业劳动力就业程度

农村劳动力就业是乡村振兴战略实施的关键，农村劳动力高质量就业，是保证当前产业结构优化、经济高质量发展的基础，是实现乡村振兴的重要途径。随着我国工业化、城镇化进程快速推进，中国经济进入新的发展阶段，产业结构急剧变动，同时，农业产业结构调整、农村就业岗位需求变化，对农村劳动力就业结构影响显著。因此评价第二产业的劳动就业程度对了解地区劳动力就业结构，调整未来产业结构转型，提高未来农民的就业质量影响深远（杨先明等，2022；李玲等，2022）。

7）第三产业劳动生产率

近年来，生产性服务业的迅速发展带动了第三产业劳动生产率的提升，2011 年第三产业就业比例首次超过第一产业和第二产业之后，2015 年第三产业创造的国内生产总值跃居三次产业首位。当第三产业成为一国经济增长的主导产业时，其劳动生产率的提升就成为经济增长的关键（王远洋等，2019）。

8）第三产业发展潜力

第三产业在整个国民经济中比重越来越高，对经济的贡献也越来越大，我国的产业发展基本符合这一规律。第三产业的高质量发展可以更有效率地提高地区经济增长的质量，进而促进未来地区产业向高级化发展。因此评价第三产业的发展潜力对于地区在政府制定发展第三产业的宏观经济政策和其他政策时具有十分重要的现实意义和理论意义（马庆，2020；孟石，2018）。

9）第三产业就业程度

第三产业的发展水平与层次以及其吸纳劳动者的能力，逐步成为世界评判一国产业结构发展状况是否符合时代潮流的关键性指标。一个国家或地区的经济增长与投入要素的增长存在正面互动关系，即经济增长带动劳动力需求的增加，反过来劳动力投入会推动经济发展，这一规律在我国第三产业发展及其吸纳就业能力方面的反映尤其明显。我国第三产业是吸纳劳动力就业的主要产业，因此评价第三产业的就业程度对地区未来的产业协同发展意义重大（朱相宇，2014；杨维，2016）。

（2）生活

生活维度最终选取人口迁移率、居民生活水平、商业服务水平、教育服务条件、医疗卫生条件、社会福利水平、道路密度、人均居民生活用电量 8 个指标。

1）人口迁移率

20 世纪 80 年代以后，随着社会经济的迅速发展，我国流动人口迅猛增长，规模不断扩大，占全国人口比重快速上升，其中，乡镇人口中离开户口登记地半年以上的人口占据重要部分。受到中国特有的户籍制度影响，农民的差异化流动构成了当前城镇化的整体趋势与景象，农村人口迁移对于识别我国村庄发展模式与方向具有重要意义（丁蔚和韩欣宇，2021；张金荣等，2020）。

人口迁移率反映的是村庄常住人口数与户籍人口数关系。如果常住人口数大于户籍人口数说明村庄常年居住人口中有外来人口，而常住人口数小于户籍人口数则说明村中人口有流失的趋向，所以人口保有率以数量 0 为临界点，反映了村庄对外来人口的吸引能力（耿艺伟等，2022）。

2）居民生活水平

收入是与居民切身利益最相关的话题之一，农民居民人均年可支配收入是衡量农村地区发展水平最主要的指标。一个区域的人均年可支配收入决定了该地区人民生活水平，人均年可支配收入越高，村庄的经济潜力就越大（荣玥芳等，2021；计忠飙等，2022）。

3）商业服务水平

商业设施是村庄地区与居民生活息息相关的重要设施类型，一个地区的商业设施服务质量显著影响着居民的生活质量。在村庄地区，综合商超是具有代表性的商业设施，评价其服务水平可以为村庄的发展现状与未来发展模式提供一定依据（段琳琼和陈亚南，2022）。

4）教育服务条件

乡村基础教育设施作为乡村地区基础保障性公共服务设施，其评价与布局优化对于实现乡村基础教育服务的共享性与公平性具有重要研究意义。在校学生人数可以衡量村庄基础教育水平，而均衡的教师配置也很重要，因此选取中小学专任教师与在校学生人数的比率来衡量村庄的教育服务均衡发展水平（段琳琼和陈亚南，2022）。

5）医疗卫生条件

虽然如今村庄基本做到了卫生院（室）全覆盖，但是随着农村发展水平的不断上升，人民群众对卫生医疗水平的需求增加，卫生健康意识的不断觉醒，卫生院（室）建设对于村庄发展愈发重要。规模越大的卫生院（室），床位数越多；不同等级的卫生院（室）对床位数有着不同的要求，所以可根据卫生院（室）床位数衡量卫生院（室）设施水平（朱泽等，2021；赵勇和王嘉成，2021）。

6）社会福利水平

我国是一个农业大国，农业、农村、农民问题是贯穿中国现代化进程的基本问题。高度重视三农问题是我国党和政府一贯的战略思想，改善农民的生活质量、提升农民的社会福利水平是社会主义新农村建设始终的目标，农村社会福利水平也已逐步成为政府投资决策和绩效评价的标准。

同时《中国人口老龄化发展趋势预测研究报告》中指出，目前我国还未达到人口老龄化的巅峰，真正的巅峰将于 2050 年到来。在巅峰到来之前，老年人口的数量将以每年超过 600 万人的速度增长，老年人口的数量将在 2020 年的规模上再翻一番。严峻的老龄化形势对我国社会保障体系，尤其是对养老体系提出了更高的要求。村镇地区的老龄化现象更加明显，是衡量村镇地区社会福利水平的关键性指标（周义等，2014；张子替等，2020）。

7）道路密度

交通便利程度是影响村庄发展的重要指标。交通越便利，村庄对外交流越频繁，未来的产业发展、文化交流等越方便，可以获得更多的发展机会，也意味着村庄的未来发展潜力就越好。村庄地区的交通条件是未来村庄发展的重要影响因素，路网密度是衡量陆路交通网络的一项重要指标，因此根据村庄内道路长度与村庄建成区面积的比率，来判断村庄交通的便捷度（荣玥芳等，2021；赵梦龙，2021）。

8）人均居民生活用电量

居民生活用电问题是中国城镇化进程中的重要问题，随着中国城镇化率以及居民电气化水平逐步提高，居民家庭用电量也在稳步增加。分析评价与经济社会发展水平相近的居民生活电力消费情况，对保障地区电力供应安全、推动节能减排、完善电网建设有着十分重要的意义（李琳等，2018）。

（3）生态

生态维度最终选取地区坡度指数、地表破碎度、水资源、年降水量 4 个指标。

1）地区坡度指数

坡度属于自然地形范畴概念，地表面任一点的坡度是指过该点的切平面与水平地面的夹角，表示地表面在该点的倾斜程度。坡度值的高低反映了地面的地势起伏情况，坡度值低表示地势较平坦，坡度值高则表示地势较陡峭。在村庄地区，坡度可以反映村庄地表的陡峭程度，村庄居民点坡度越小，越有利于村庄建设；反之，则越不利于建设（朱泽等，2021；苗杰，2020）。

2）地表破碎度

地表破碎度是地表平顺性、完整性的示量，反映了地区内斑块空间形态的破碎程度，是揭示地区的生态状况、空间变异特征等非常有效的指标特征之一，对于公路区划、土地规划及城乡建设等多个领域有着重大的影响。科学、准确地计算地表破碎程度指数，不但有利于全面地揭示区域内的地表破碎程度，还对于村庄未来的良好发展有着重要的理论和现实意义（贾兴利等，2012；李阳等，2019；段琳琼等，2019）。

3）水资源

水资源是人类赖以生存和发展的重要资源之一，对维护生态系统和生物多样性、促进经济社会可持续发展有重要意义。我国存在农村水资源管理不规范、排水设施不完善等问题，农村水资源的利用与保护问题形势严峻。而且，水资源与村民生活息息相关，许多传统村落都是依水而建，并且村庄的水域景观可以提升村庄旅游资源丰富度。因此，地区内部的水资源对地区的发展有着显著影响，本研究选用水域面积与常住人口的比率这一指标衡量地区的水资源覆盖情况（郑娇萌等，2021；姜萌等，2022）。

4）年降水量

中国地处北半球，其经向、纬向跨度广，复杂多样的气候、地理环境导致降水量时空差异显著，水资源短缺和干旱灾害频发等问题日益凸显。在村镇地区，降水量不仅影响着生态环境，对农作物生长与灌溉也有着显著影响，评价降水量是当前乡村地区水文研究的重要课题（路畅等，2022；石育中等，2017）。

最终形成全国县域村镇发展模式识别指标体系，见表6-1。

全国县域村镇发展模式识别指标体系　　　　　　　　　　　　表6-1

维度	指标	计算方法	数据来源
生产	粮食生产水平	地区粮食总产量（万吨）	省市统计年鉴
	地区生产总值指数	上年 GDP=100	省市统计年鉴
	第一产业发展潜力	第一产业增速/地区生产总值增速	省市统计年鉴
	第二产业劳动生产率	第二产业总产值/第二产业从业人数（万元/人）	省市统计年鉴
	第二产业发展潜力	第二产业产值增速/地区 GDP 增速	省市统计年鉴
	第二产业劳动力就业程度	第二产业从业人数/总从业人数（%）	省市统计年鉴
	第三产业劳动生产率	第三产业总产值/第二产业从业人数（万元/人）	省市统计年鉴
	第三产业发展潜力	第三产业增速/地区 GDP 增速	省市统计年鉴
	第三产业劳动力就业程度	第三产业从业人数/总从业人数（%）	省市统计年鉴

续表

维度	指标	计算方法	数据来源
生活	人口迁移率	（常住人口—户籍人口）/ 户籍人口（%）	省市统计年鉴
	居民生活水平	农村居民人均可支配收入（元 / 人）	省市统计年鉴
	商业服务水平	营业面积 51 平方米以上的综合商超数 / 常住人口 ×100（个 / 百人）	中国县域统计年鉴
	教育服务条件	中小学专任教师数 / 在校学生数（%）	市统计年鉴
	医疗卫生条件	医疗卫生机构床位数 / 常住人口（床 / 千人）	中国县域统计年鉴
	社会福利水平	养老机构年末床位数 / 常住人口（床 / 千人）	中国民政统计年鉴
	道路密度	道路长度 / 建成区面积（千米 / 平方千米）	市统计年鉴、中国县域统计年鉴
	人均居民生活用电量	居民生活用电量 / 常住人口（千瓦·时 / 人）	市统计年鉴
生态	地区坡度指数	坡度大于 15° 面积 / 地区总面积（%）	DEM 数据
	地表破碎度	栅格单元的标准差	DEM 数据
	水资源	水域面积 / 常住人口（平方千米 / 人）	遥感数据、土地利用数据
	年降水量	近五年的平均降水量（毫升）	省市统计年鉴

6.3 不同地理分区县域村镇发展模式识别指标体系

我国乡村地域辽阔、类型差异万千。乡村振兴发展策略的制定必须充分考虑区域的差异化特征，进而在乡村分区、分类的基础上开展乡村振兴模式的探索。我国诸多学者开展了多区划研究。

从地形地貌角度，20 世纪 60 年代以前，我国地理区划一般以地形为主要依据，所涉及的基本是地貌区划。1939 年，李四光在其所著《中国地质学》（英文版）

一书中，将全国划分为 19 个自然区，在 1953 年出版的中文版中删去蒙古草原区变为 18 区（李四光，1953）；周廷儒等（1956）所提出的中国地形区划草案，将全国划分为 3 个一级区、29 个二级区；这一地貌区划比以往有较大的进展，提出了划区的原则和标志，对各区的叙述也比较详细，但仍未阐明地貌上的具体依据（沈玉昌等，1982）。沈玉昌等人的《中国地貌区划（初稿）》是在编制"1：400万中国地貌类型图"的基础上进行的，并完成了"1：1500 万中国地貌区划图"；该地貌区划把全国分为 18 个一级地貌区、44 个二级地貌区和 114 个三级地貌区（沈玉昌，1961）。这是我国首个系统的地貌区划，不仅提出了地貌区划的原则和依据，而且划分的地貌区比较详细。尽管在此基础上对中国地貌区划有所探讨，但在地貌区划原则和标准等方面仍存在一些争论。20 世纪末，陈志明在中国农业自然资源和农业区划中编制了 1：1800 万中国地貌区划图，共分了 4 个一级地貌区、8 个二级地貌区和 36 个三级地貌区（陈志明，1991），但他对区划方案未作详细说明，不是以地貌类型图为基础进行的地貌区域，实质上仍属示意图性质。总之，直至 20 世纪末，全国性的地貌区划仍未见重要突破，中国地貌区划实质上还不是地貌类型的区划，而只是"区域区划"（陈述彭，2006）。李炳元等（2013）分析总结了国内外地貌区划的相关研究成果，系统探讨了地貌区划的具体步骤与方法、地貌区划的原则、各级地貌区划的依据和标准，提出将中国地貌区划分为东部低山平原大区、东南低中山地大区、中北中山高原大区、西北高中山盆地大区、西南亚高山地大区和青藏高原大区 6 个地貌大区。基于 2013年提出的中国地貌二级区划的新方案，归纳了全国多级地貌区划分的原则，将全国 1：25 万尺度五级地貌区的划分为 6 个一级大区。

从自然气候角度，侯学煜（1988）从微观生态系统（生物地理群落）观点，考虑大气热量和大气湿度资源，同时结合宏观生态系统观点，考虑生态区内同一流域的山、水、田、路、村或农、林、牧、副、渔业的相互联系，将中国划分为 20 个自然生态区。郑景云等（2010）遵循地带性与非地带性相结合原则，参照中国科学院《中国自然地理》编辑委员会制定的气候区划三级指标体系，对我国气候进行重新区划，将我国划分为 12 个温度带。赵松乔（1983）根据我国自然地理环境中最主要的地域差异，即纬度和海陆分布等地理位置的差异、地势轮廓及新构造运动的差异、气候主要特征的差异、自然历史演变的主要差异、分人类活动及自然界的影响以及开发利用和改造自然的方向差异，将全国分为东部季风区、西北干旱区和青藏高寒区等三大自然区。

从农业发展的角度，刘彦随（2018）建立了农业自然要素与农业地域功能耦合测度指标体系，提出了新时期中国现代农业区划原则和方法，制定了全国现代农业区划方案，划分出 15 个农业一级区。而后，刘彦随等（2019）立足于人地关系地域系统和乡村地域系统理论，选取了资源禀赋、地理环境、人文社会、经济水平等维度构建评价指标体系，将中国乡村地域系统划分为 12 个一级区、43 个二级区。周扬等（2019）从资源、环境、人文、经济等维度构建了度量乡村综合发展水平的指标体系，将我国乡村地域类型划分为 11 个一级区，分别为新疆区、青藏高原区、内蒙古高原区、东北区、黄土高原区、黄淮海平原区、东南沿海区、长江中下游区、华南区、四川盆地区、云贵高原区，综合反映了区域气候、地形、主体功能等特征。

此外，方创琳等（2017）以自然、经济、人口、文化、民族、农业、交通、城镇化、聚落景观和行政区划 10 大要素为基础划分依据，构建中国人文地理综合区划指标体系，将中国人文地理划分为东北人文地理大区、华北人文地理大区、华东人文地理大区、华中人文地理大区、华南人文地理大区、西北人文地理大区、西南人文地理大区和青藏人文地理大区共 8 个人文地理大区。

中国地貌区划已有诸多划分方案，比较而言，各种方案存在遴选指标不一、确定等级较少、反映特征各异、划分结果不同、成图尺度较小等不足。中国自然地区分区，多是从气候维度出发，各大分区之间的自然气候差异较小，但仍存在一定的经济社会发展异质性，较不适宜作为涉及社会经济发展因素评价的区划。而多个基于农业发展的区划的指标体系构建具有较强的主观意愿，且指标体系较为复杂，可实施性较低。为此，需要寻找更为综合，且具有普遍认可度、更具可操作性的区划作为村镇发展模式的分区基础。根据全国高校地理专业师生普遍使用的《中国自然地理》教材，以及长期以来中学地理教材《中国地理》编写中形成的共识，将我国国土空间按照中国七大地理分区划分为华东、华北、华南、华中、东北、西北、西南七个大区（表 6-2）。根据各大地区的差异特征，对指标体系进行修正。

地理区划	省份
华东	上海市、江苏省、浙江省、安徽省、江西省、山东省、福建省、台湾省
华北	北京市、天津市、河北省、山西省、内蒙古自治区
华南	广东省、广西壮族自治区、海南省、香港特别行政区、澳门特别行政区
华中	河南省、湖北省、湖南省
东北	黑龙江省、吉林省、辽宁省
西北	陕西省、甘肃省、青海省、宁夏回族自治区、新疆维吾尔自治区
西南	重庆市、四川省、贵州省、云南省、西藏自治区

地理区划表　　　　　　　　　　　　　　　　表 6-2

6.3.1 华东地区

华东地区，是我国近代工业兴起最早的地区之一，其工业生产活动中的乡镇工业成分突出。本导则在全国县域村镇发展模式识别指标体系的基础上，增加工业产业活动单位、工业用地资源 2 个生产指标表征村镇发展特征。

（1）工业产业活动单位

工业产业活动单位，是指每万人拥有的工业企业数量。该指标属于生产维度，通过工业企业数量与常住人口的比值进行表征。其数据源为《中国县域统计年鉴》。

（2）工业用地资源

工业用地资源，是指工矿企业的生产车间、库房及其附属设施等用地，包括专用铁路、码头和附属道路、停车场等用地，不包括露天矿用地。该指标属于生产维度，通过工业用地面积与乡村建设用地面积的比值进行表征。其数据源为《中国县城建设统计年鉴》。

6.3.2 华北地区

华北地区，地处中国第二大平原华北平原，是我国北方地区的代表农业区，农业生产规模大、机械化水平高，区内农业以旱作为主。本导则在全国县域村镇发展模式识别指标体系的基础上，增加耕地资源、农业机械化水平 2 个生产指标表征村镇发展特征。

（1）耕地资源

耕地资源，是指农业从业人员拥有的人均耕地面积。该指标属于生产维度，通过耕地面积与农业从业人员数的比值进行表征。其数据源为各市的统计年鉴。

（2）农业机械化水平

农业机械化水平，是指用机械完成的农业生产工作量与全部工作量之比。该指标属于生产维度，通过农业机收面积与耕地面积的比值进行表征。其数据源为《中国县域统计年鉴》。

6.3.3 华南地区

华南地区，毗邻香港、澳门，面向东南亚，依托港澳同胞、海外华侨优势积极引进外资和先进技术装备，其工业生产活动中的乡镇工业成分突出。本导则在全国县域村镇发展模式识别指标体系的基础上，增加工业产业活动单位、工业用地资源 2 个生产指标表征村镇发展特征。

（1）工业产业活动单位

工业产业活动单位，是指每万人拥有的工业企业数量。该指标属于生产维度，通过工业企业数量与常住人口的比值进行表征。其数据源为《中国县域统计年鉴》。

（2）工业用地资源

工业用地资源，是指工矿企业的生产车间、库房及其附属设施等用地，包括专用铁路、码头和附属道路、停车场等用地，不包括露天矿用地。该指标属于生产维度，通过工业用地面积与乡村建设用地面积的比值进行表征。其数据源为《中国县城建设统计年鉴》。

6.3.4　华中地区

华中地区，位于中国中部、黄河中下游和长江中游地区，地形以平原、丘陵、盆地为主，农业经济发达，以种植业为主。本导则在全国县域村镇发展模式识别指标体系的基础上，增加耕地资源 1 个生产指标表征村镇发展特征。

耕地资源，是指农业从业人员拥有的人均耕地面积。该指标属于生产维度，通过耕地面积与农业从业人员数的比值进行表征。其数据源为各市的统计年鉴。

6.3.5　东北地区

东北地区，地处中国三大平原之一的东北平原，是我国重要的商品粮基地、林业生产基地、畜牧业生产基地，农业生产规模大、机械化水平高。本导则在全国县域村镇发展模式识别指标体系的基础上，增加耕地资源、农业机械化水平、林地资源、草地资源 4 个生产指标表征村镇发展特征。

（1）耕地资源

耕地资源，是指农业从业人员拥有的人均耕地面积。该指标属于生产维度，通过耕地面积与农业从业人员数的比值进行表征。其数据源为各市的统计年鉴。

（2）农业机械化水平

农业机械化水平，是指用机械完成的农业生产工作量与全部工作量之比。该指标属于生产维度，通过农业机收面积与耕地面积的比值进行表征。其数据源为《中国县域统计年鉴》。

（3）林地资源

林地资源，是指农业从业人员拥有的人均林业用地面积。该指标属于生产维度，通过林业用地面积与农业从业人员数的比值进行表征。其数据源为各市的统计年鉴。

（4）草地资源

草地资源，是指农业从业人员拥有的人均草地面积。该指标属于生产维度，通过草地面积与农业从业人员数的比值进行表征。其数据源为各市的统计年鉴。

6.3.6　西北地区

西北地区，位于内陆地区，气候干旱，农业以畜牧业和绿洲农业为主，区内的河套平原、宁夏平原、河西走廊是我国的三大灌溉农业区。本导则在全国县域村镇发展模式识别指标体系的基础上，增加草地资源、灌溉保障水平 2 个生产指标表征村镇发展特征。

（1）草地资源

草地资源，是指农业从业人员拥有的人均草地面积。该指标属于生产维度，通过草地面积与农业从业人员数的比值进行表征。其数据源为各市的统计年鉴。

（2）灌溉保障水平

灌溉保障水平，是指灌溉工程或设备已经配套，在一般年景下当年能够进行正常灌溉的耕地面积。该指标属于生产维度，通过有效灌溉面积与耕地面积的比值进行表征。其数据源为各省的统计年鉴。

6.3.7　西南地理

西南地区，主要包括四川盆地、云贵高原、青藏高原南部、两广丘陵西部等地形单元，是我国的主要林区之一。本导则在全国县域村镇发展模式识别指标体系的基础上，增加林地资源 1 个生产指标表征村镇发展特征。

林地资源，是指农业从业人员拥有的人均林业用地面积。该指标属于生产维度，通过林业用地面积与农业从业人员数的比值进行表征。其数据源为各市的统计年鉴。

6.4　县域村镇发展模式类型

村镇发展类型的识别是指按照一定原则和标准对具有统一功能特征和相似振兴策略的村镇进行归类和划分。作为城市以外的空间地域系统，乡村的时空分异是一种常态，决定了其发展状态的复杂多样性（刘彦随，2018）。遵循乡村分异规律，激发乡村内在动力（乔陆印，2019），建立科学、可测度、可推广的村镇发展模式技术标准是推进我国村镇建设相关战略决策的重要内容。随着乡村振兴政策的出台实施，不少学者对县域村镇发展模式的划分进行了广泛探索，取得了不少经验。但对于村镇发展动力机制的认识仍然不足，成为深入落实乡村振兴、推进新型城镇化的制约。因此，在前文对乡村驱动机制理论以及驱动因素的实证分析基础上，本章节科学剖析差异化的村镇发展模式及其动力机制，结合村镇发展实际进行类型命名，建议村镇发展模式类型划分为城乡融合型、文化休闲旅游型、特色农业主导型、工业主导型、工业发展型、农工融合带动型、综合提升型、一般农耕型八大类型。但不同县域村镇发展差异较大，具体类型可结合定量分析和定性认知对其进行划分。

（1）城乡融合型：该村镇发展模式是指和邻近城镇具有较密切交流，处于周边城镇辐射带动范围内的一类村镇，其发展依赖于与周边城市的产业、交通、信息等的联系。

（2）文化休闲旅游型：该村镇发展模式是指旅游资源丰富，住宿、餐饮、休闲娱乐设施完善齐备，交通便捷，距离城市较近，适合休闲度假，发展乡村旅游潜力大的村镇。

（3）特色农业主导型：该村镇发展模式是指某类农业发展较为突出，已具备一定规模和发展特色的村镇。可根据具体村镇发展特色进行命名，例如养殖业主导型、草原牧场型、种植业主导型、渔业主导型等。

（4）工业主导型：该村镇发展模式是指具有良好的工业发展基础，距离县城很近，多位于主要干道上，第二产业在村镇生产总值中占有较大比重的村镇。

（5）工业发展型：该村镇发展模式是指目前的工业产值相对不高，但拥有丰富的矿产资源、土地资源、植被资源等自然资源，未来具备较大工业发展潜力的村镇。

（6）农工融合带动型：该村镇发展模式是指农业产业基础较好，农产品产出有进行深加工的条件和产业基础，可以实现农、工融合发展的村镇。

（7）综合提升型：该村镇发展模式是指位于镇区中心或副中心，地理位置相对较好，但是公共服务设施配套水平有待提高的村镇。

（8）一般农耕型：该村镇发展模式是指以传统的农业种植、养殖为主要产业构成的村镇。

6.5 县域村镇发展模式识别方法

6.5.1 模糊综合评价法

模糊综合评价（FCE）是以模糊数学为基础的评价方法（S. W. Hsiao 等，2013），通过隶属度理论将一些定性问题转换为定量问题加以解决。它的基本原理是（张丽娜，2006；吴健峰，2008；陈海素，2008）：首先确定被评价对象的指标集和评判等级，再分别利用各个因素的权重及它们的隶属度得到模糊评价矩阵，最后把模糊评价矩阵与因素的权重进行模糊运算并进行归一化，构成一个综合评价模型。

传统的模糊评价方法的具体步骤如下：

（1）确定评价对象的评价指标 C

该评价对象共有 n 个评价指标，$C=\{c_1, c_2, \cdots, c_n\}$。

（2）确定评判集 V

$V=\{v_1, v_2, \cdots, v_m\}$，每一个等级可对应一个模糊子集。

（3）建立模糊关系矩阵 $\boldsymbol{R}$（隶属度矩阵）

在构造了等级模糊子集后，要逐个对被评事物从每个因素上进行量化，即确定从单因素来看被评事物对等级模糊子集的隶属度，从而得到模糊关系矩阵：

$$\boldsymbol{R}=\begin{bmatrix} r_{11} & r_{12} & \cdots & r_{1m} \\ r_{21} & r_{22} & \cdots & r_{2m} \\ \vdots & \vdots & & \vdots \\ r_{n1} & r_{n2} & \cdots & r_{nm} \end{bmatrix}$$

矩阵 $\boldsymbol{R}$ 中第 i 行第 j 列元素 r_{ij}，表示某个被评事物从因素 c_i 来看对 v_j 等级模糊子集的隶属度，所以 $\boldsymbol{R}$ 也成为隶属度矩阵。一个被评事物在某个因素 c_i 方面的表现，

是通过模糊矩阵 **R** 来体现的，而在其他评价方法中多是由一个指标实际值来体现，因此，模糊综合评价要求更多的信息。

（4）确定评价因素的权重向量 **W**

在模糊综合评价法中，通常使用层次分析法确定评价因素的权重向量：$W=(w_1, w_1, \cdots, w_n)$。层次分析法确定因素之间相对重要性，从而确定权重系数。

（5）合成模糊综合评价结果矩阵 **S**

利用合适的算子将 **W** 与各被评事物的 **R** 进行合成，得到各被评事物的模糊综合评价结果向量 **S**。即：

$$S=W\times R=\{w_1, w_2, \cdots, w_n\} \times \begin{bmatrix} r_{11} & r_{12} & \cdots & r_{1m} \\ r_{21} & r_{22} & \cdots & r_{2m} \\ \vdots & \vdots & & \vdots \\ r_{n1} & r_{n2} & \cdots & r_{nm} \end{bmatrix} = (S_1, \Lambda, S_n)$$

其中 S_i 表示被评事物从整体上看对 V_j 等级模糊子集的隶属程度。

模糊综合评价的数学模型由（**C**，**V**，**R**，**W**）四个方面构成，其中 **C** 是评价因素集，**V** 是评判集，**R** 是模糊矩阵或评判矩阵，**W** 是权重集。模糊矩阵 $R=(R_1, R_2, \cdots, R_n)^T$，$R_i$ 是评价因素 C_i 的单因素评判结果，$R_i=(r_{i1}, r_{i2}, \cdots, r_{im})$。模糊矩阵 **R** 实际上是从 C 到 V 的一个模糊关系矩阵，它表示从评判因素到评判等级的一种模糊转化关系。

根据模糊变换原理，将权重向量 **W** 与模糊关系矩阵 **R** 进行复合运算，便得到综合评判结果 **S**。

$$S=W\times R=\{w_1, w_2, \cdots, w_n\} \times \begin{bmatrix} r_{11} & r_{12} & \cdots & r_{1m} \\ r_{21} & r_{22} & \cdots & r_{2m} \\ \vdots & \vdots & & \vdots \\ r_{n1} & r_{n2} & \cdots & r_{nm} \end{bmatrix}$$

模糊综合评价法的主要特点如下：评价过程可以是循环的多层次评价，评价结果是一个模糊向量而不是一个点值，评价权重是人为的估价权而不是评判过程中产生的，评判等级的含义是预先明确的（张丽娜，2006；韩文学，2007）。

6.5.2 遗传算法

遗传算法（GA）是一种模拟自然生态进化本质的搜索方法，应用研究按模式可分为三大部分，即基于遗传的优化计算（Park D，1994）、基于遗传的优化编程（Koza J R，1989）和基于遗传的机器学习（Schaffer J D，1985）。

其操作的一般流程如下：

（1）编码方法的确定。采取二进制编码方法，对每一类的发展模式识别类型都要重复此操作。当乡村 i 为村庄发展模式类型 k 时，X_{ik}=1，当其发展模式不为 k 时，X_{ik}=0。随机产生一定数目的初始种群，每个个体表示为染色体的基因编码。

（2）种群初始化。以相等的概率随机产生满足模型约束条件的父代个体。

（3）个体评价。计算每个个体的适应度，并判断是否符合优化准则，若符合，输出最佳个体及其代表的最优解并结束计算，否则转向第 4 步。

（4）选择运算。依据适应度选择再生个体，适应度高的个体被选中的概率高，适应度低的个体可能被淘汰。

（5）交叉运算。从种群中随机选择个体，两两组合，并在随机产生的二进制位上进行基因即一个二进制位的交叉运算，以产生新的个体。

（6）变异运算。从种群中随机选择个体，并在随机产生的二进制位上改变其基因取值，以保证解空间内的完全搜索。

（7）得到新一代的种群，返回到第三步。

遗传算法不能保证找到一种优化方案，但按照一系列近优化方案进行比较非常有效，其缺点就是不能充分论证最优解是否正确。

6.5.3 随机森林

随机森林算法（Random Forest，简称 RF）是一种典型的机器学习方法，是由多棵分类树（Classification and Regression Tree，简称 CART）组合形成的非线性建模学习机制，该机制运算效率、分类精度均较高，模型优化涉及参数少，具有极强的泛化性、稳健性（Leo Breiman，2001）。其基本原理为：

（1）通过 bootstrap 抽样法从训练数据集 $D=\{(x_1, y_1), \cdots, (x_n, y_n)\}$ 抽取 k 个子训练集。

（2）分别建立 k 个分类树组成的森林 $h=\{h_1(x), \cdots, h_k(x)\}$，定义 CART 树的参数为 $\theta_k=\{\theta_{k1}, \theta_{k2}, \cdots, \theta_{kp}\}$，则有每个分类树分别对应 $h_k(x)=h(x \mid \theta_k)$，树的参数能决定其建立时随机选取的子数据集 D_Q。

（3）从训练集数据的 m 个特征中抽取 d 个构成特征向量的子集合 $X=\{x_1, \cdots, x_d\}$，并根据 Gini 标准（Gini Criterion）最优原则构建内部节点数结构。

下面以二分类为例进行说明，首先假设有两个类 C_1 和 C_2，S 是参与在当前树节点设置的数据集合，将 S 划分为 $S=S_1 \cap S_2$，S_1 和 S_2 表示被分配到 C_1 和 C_2 类中的样本数据，则有 $\hat{P}(S_1)=\dfrac{S_1}{S}$，表示 S_1 在 S 中的占比，而 $P(C_i \mid S_j)=\dfrac{|C_j \cap S_i|}{|S_j|}$ 表示 C_i 中 S_j 的占比，定义数据集 S_j 里的变异函数 $g(S_j)$，如下式所示：

$$g(S_j)= \sum_{i=1}^{2} \hat{P}(C_i \mid S_j)\left(1-\hat{P}(C_i \mid S_j)\right)$$

则有 Gini 指数 G 为变异函数 $g(S_1)$ 和 $g(S_2)$ 的加权和：

$$G=\hat{P}(S_1)g(S_1)+\hat{P}(S_2)g(S_2)$$

在 k 个分类树构建出完整森林后，可用于对新的已知或未知数据进行验证或预测，它综合 k 个树各自的预测结果并采用投票方式决定该数据所属的类别，其数学表达式为（康有等，2014）：

$$C_X=\mathrm{argmax}_c\left[\frac{1}{k}\sum_{i=1}^{k}I\left[\frac{C_{hi,c}}{n_{hi}}\right]\right]$$

式中，C_X 为特征集合 X 对应的分类结果；k 为分类树的数量；I 为示性函数；$C_{hi,c}$ 为树 h_i 对类 C 的分类结果；n_{hi} 为树 h_i 的叶子节点数。则最终分类结果为：

$$H(x)=\mathrm{argmax}_y\sum_{i=1}^{k}I\ (h_i(x)=y)$$

式中 $H(x)$ 为森林分类模型；h_i 为第 i 棵分类树。另外，每次抽样会有部分数据未被选中，利用这些剩余的袋外数据（out-of-bag, 简称 OOB）可进行内部误差估计，即每棵分类树可以得到一个 OOB 误差估计，取其平均值为模型的泛化误差，当树的数量达到一定程度时则认为模型的 OOB 误差近似于优化后模型的误差。

随机森林能够度量特征变量的重要性程度，变量重要性分析函数里的"平均下降精度"指数表示将随机选择的某一特征变量移出模型后造成模型精度下降的程度，其值越大，意味着该特征对分类结果的影响程度越高，能间接反映其对模型训练的重要性程度。基于此，依次移出该指数为最低的特征变量并重新构建特征组合，重复此过程直到保留的特征变量即将出现因素值缺失时为止，以确保理论和分析两方面都具有显著意义。

6.5.4 神经网络

BP 神经网络通常是指基于误差反向传播算法的多层前向网络，由输入层、输出层和 1 个或若干个隐含层构成，同层间无关联，上下层间通过权重及阈值互联（张彦，2014）。信息从输入层经隐含层传向输出层，通过不断自主学习来修改各神经元的权值，使误差信号最小，从而在期望范围内输出结果（倪深海和白玉慧，2000）。模拟过程图如图 6-1 所示。

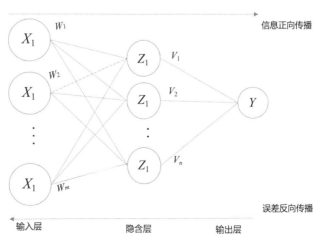

图 6-1 BP 神经网络结构图

以乡村性综合评价指标为输入层，乡村性等级作为输出层，确定隐含层节点数及学习参数，通过训练获得网络权重，进行相关性计算，最终得到权重以评价乡村性大小，再以乡村性综合评价等级确定乡村发展类型。

（1）训练样本选取。由于目前对于乡村发展模式识别没有统一的评价标准，可采用极值标准化法对输入层数据进行标准化处理以消除不同量纲之间的影响，利用 GIS 的自然断点法将数据样本分为 5 个等级，以构建 BP 神经网络训练样本数据，输出层数据中用 1 表示高乡村性水平，0.8 表示较高乡村性水平，0.6 表示中等乡村性水平，0.4 表示较低乡村性水平，0.2 表示低乡村性水平。

（2）结构设计与训练函数选择。将选用的乡村性评价指标作为输入神经元，乡村性综合评价值作为输出神经元，隐含层个数根据公式 $m=\sqrt{(m+n)+a}$ 求得，其中 m 为隐含层神经元数，a 为 [1,10] 的常数。

（3）训练结束后，得到的是输入层到隐含层及隐含层到输出层的权重，要得到输入层对输出层的决策权重，需对各神经元之间的权重加以分析处理，分析相关显著性系数（r_{ij}）与权重（s_{ij}），公式如下：

$$r_{ij}=\sum_{k=1}^{n}\frac{w_{ki}(1-e^{-v_{jk}})}{1-e^{-v_{jk}}}$$

$$s_{ij}=\frac{\left|\frac{(1-e^{-r_{ij}})}{(1+e^{-r_{ij}})}\right|}{\sum_{i=1}^{m}\left|\frac{(1-e^{-r_{ij}})}{(1+e^{-r_{ij}})}\right|}$$

式中，i 为输入单元，$i=1，2，\cdots，m$；j 为输出单元，$j=1$；k 为隐含单元，$k=1，2，\cdots，n$；w_{ki} 为隐含层神经元 k 和输入层神经元 i 之间的权重系数；V_{jk} 为输入层神经元 j 和隐含层神经元 k 之间的权重系数。

根据权重，计算乡村性指数，公式如下：

$$R_{ij}=\sum_{i=1}^{n}s_i\times x_{ij}$$

式中，s_i 为各指标权重；x_{ij} 为第 j 个县域乡村发展水平指标中第 i 项指标的标准化值；R_{ij} 为县域 j 的乡村性指数，数值越大表明其乡村性越强；n 为县域 j 的评价指标个数。

运用 BP 神经网络确定合理权重，既能弥补客观赋权法计算过程相对复杂的缺陷，又能避免主观赋权法中人为因素和模糊随机性的影响，为乡村性指标权重赋值等相关研究提供参考。

6.5.5　三维特征空间坐标法

上述县域村镇发展模式的多种识别方法为研究积累了丰富经验，为更好地突出村镇发展差异化的动态现实与驱动力，为今后的村镇发展制定转型策略提供依据，本节提出"摸清村镇家底—评价指标细化—三产指数计算—三维特征空间发展模式识别"的技术路线，综合已有研究的定量分析基础，提出"三维特征空间坐标法"量化指标计算结果，使县域村镇发展模式的识别结果具体化。在识别模式思路的引领下，使用了 GIS 空间分析、多因素综合分析评价法、线性加权和法等多种定量分析方法，科学评估村镇发展动力源与差异化发展水平，利用"三维特征空间坐标法"将不同方法的运算结果整合在一起，形成一套标准化的县域村镇发展模式识别技术路线，由此可以高效准确识别县域村镇发展模式类型，为村镇发展潜力分类型评价提供技术支持（图 6-2）。

（1）摸清村镇家底。对村镇现状进行分析，从生产、生活、生态三个维度 21 个指标，对村镇现有资源、发展状况等进行评估，综合考量村镇拥有的资源禀赋，再进一步从三产角度对指标进一步细化，研判村镇产业发展趋势，归纳总结影响村镇发展模式的指标，助力乡村全面振兴，实现农业高质高效、乡村宜居宜业、农民富裕富足的目标（王万茂，2022）。

（2）评价指标细化。从农业、工业、服务业三个维度构建县域村镇发展模式识别指标体系。在 3 个一级指标下设置 13 个二级指标，通过现场调研、资料收集、数据整理等建立 GIS 数据库。利用 GIS 空间分析方法对研究区域内乡村的指标数据进行矢量化并添加属性数据，主要运用叠加分析、缓冲区分析以及信息的可视化表达等技术手段。

（3）三产指数计算。采用线性加权和法，通过 13 个评价指标分别计算农业、工业、服务业三个准则层的指数，反映县域内各村镇的产业发展状况。将数据进

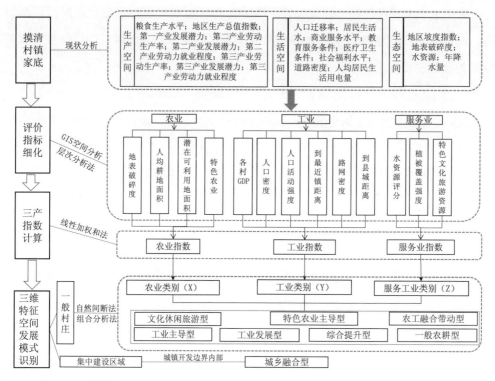

图 6-2 研究技术路线

行标准化处理以消除不同种类指标的量纲影响（荣玥芳等，2021）。评价因子可分为正指标和负指标，正向指标的值越大表示乡村发展水平越高，负向指标的值越小表示乡村发展水平越高。为了使指标数据具有可比性，对正、负向指标进行无量纲标准化处理，处理后的指标值处于 [0,1] 之间。标准化计算见下式：

正向指标：$x'_{ij}=(x_{ij}-\min x_{ij})/(\max x_{ij}-\min x_{ij})$

负向指标：$x'_{ij}=(\max x_{ij}-x_{ij})/(\max x_{ij}-\min x_{ij})$

式中，x_{ij} 表示评价指标的原始值；x'_{ij} 为标准值；$\max x_{ij}$ 和 $\min x_{ij}$ 分别表示 i 个地区第 j 个指标的最大值和最小值。

然后，应用层次分析法计算出 13 个评价因子的权重值，根据各村镇的地域特征构建针对性的判断矩阵，以更好地保证三产指数计算结果的合理性和准确性。层次分析法可以为其提供定量的参考依据，其原理为将问题进行条理化分析，自上而下划分不同层析，一般来说，分为目标层、准则层、指标层。该方法同时兼顾了定性研究和定量研究，研究结果较为客观，具有一定参考价值。

通过加权求和得到村镇产业指数得分 S：

$$S_i = \sum_{i=1}^{n} (x_{ij} w_{ij})$$

式中，x_{ij} 为 i 乡村 j 项指标标准化值；w_{ij} 为 i 乡村 j 项指标权重；S_i 为 i 评价单元产业指数；n 为指标总数。

（4）三维特征空间发展模式识别。利用 GIS 自然断点法，对产业指数进行划分，将农业产业指数（X）、工业产业指数（Y）、服务业产业指数（Z）分别划分为 3 类，分别规定值为 1、2、3，数值越高，产业发展越好。自然断点法是根据数值统计分布规律分级和分类的方法，对分类间隔加以识别，把研究对象分成性质相似的群组，使类与类之间的差异最大化。各产业指数类别通过组合分析构建一套标准化乡村发展模式，结合公民深度参与提供的参考意见，识别村镇发展模式类型（图 6-3、表 6-3）。

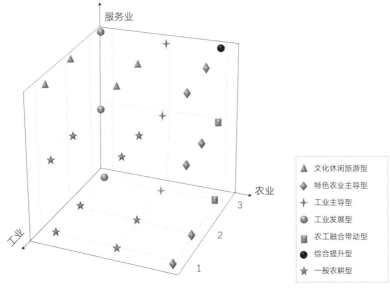

图 6-3　县域村镇三维特征发展模式识别类型

县域村镇三维特征发展模式识别类型			表 6-3
x, y ＼ z	1	2	3
1, 1	一般农耕型	一般农耕型	文化休闲旅游型
1, 2	一般农耕型	一般农耕型	文化休闲旅游型
1, 3	工业发展型	工业发展型	工业发展型
2, 1	一般农耕型	一般农耕型	文化休闲旅游型
2, 2	一般农耕型	一般农耕型	文化休闲旅游型
2, 3	工业主导型	工业主导型	工业主导型
3, 1	特色农业主导型	特色农业主导型	特色农业主导型
3, 2	特色农业主导型	特色农业主导型	特色农业主导型
3, 3	农工融合带动型	农工融合带动型	综合提升型

6.6 县域村镇规划治理政策建议

6.6.1 城乡融合型

城乡融合型的村镇在城镇开发边界范围内，属于集中建设区。该类乡村区位优势明显，外部动力充足，其发展依赖于与周边城市的产业、交通、信息等，能够为城镇中心提供特色化服务或附加值较高的农副产品。根据划定的城镇开发边界和预期发展模式，对中心城区周边的建设用地进行适当管控，在治理上应体现"城市水平"逐步强化服务城市发展，允许乡村进行公共服务设施、基础设施、村庄风貌以及村民住房等方面的必要性活动，打造一批高质量的城乡融合型乡村，形成"产业兴旺、生态宜居"的乡村新风貌。

6.6.2 综合提升型

综合提升型的乡村靠近乡镇中心，发展基础较好，其农业、工业、服务业都为高指数。该类型的乡村产业支撑较强，集体经济实力较为雄厚，是未来重点发展的乡村。对该类型的乡村，应发展规模化农业、乡村旅游、民宿经济等产业，支持农业、工贸、休闲服务等专业化乡村发展，做强集体经济，以集中用地、节约用地、提高重点建设乡村的规模效应，促进乡村的人口集聚和用地集约建设，尽可能为村民生活创造最佳环境，形成人口吸引集聚和公共服务辐射兼具的宜居宜业乡村。

6.6.3 特色农业主导型、工业主导型与文化休闲旅游型

特色农业主导型村镇具有高农业指数，其特色农业发展较好；工业主导型乡村具有高工业指数，其区位条件、人口活动强度以及 GDP 都较高；文化休闲旅游型乡村具有高服务业指数，其水资源、植被覆盖强度、特色文化旅游资源都具有明显优势。这三类乡村宜深入挖潜当地自然景观、特色产业和历史文化资源，培育发展休闲农业、乡村旅游、生态旅游等产业新业态，推动农村一二三产业融合。加快改善乡村基础设施、公共服务设施、旅游设施和公共环境，开展乡村特色风貌整治，提升乡风文明，建设特色鲜明、环境优美、宜居宜游的美丽乡村。

6.6.4 农工融合带动型和工业发展型

农工融合带动型和工业发展型都具有高工业指数，具有良好的工业基础和发展潜力。这两类乡村应以特色产业为突出特色，发挥工业潜力优势，培育农产品加工、商贸物流等专业特色小镇，充分利用其现有的矿产资源、土地资源和植被资源，加强农、工融合发展，为农业的持续发展提供战略性、基础性、预期性的知识储备和技术支撑，积极推广应用新技术、新品种、新装备，加强农业"科技型"转变，稳定吸纳农业转移人口。

6.6.5　一般农耕型

一般农耕型乡村主要分布在距离城镇中心较远的乡村。此类乡村数量大，农业、工业、服务业的发展都缺乏独特优势，缺乏优势产业或特色产业的支撑，既不具备发展有机、绿色农产品的先天环境条件，也没有发展特色产业的物种资源与文化资源，未来发展存在的不确定因素较多，应以村容整治、生活便利的美丽宜居乡村为振兴导向，延伸传统农业的产业链，提高乡村的生活价值，将乡村内现状消散企业逐步淘汰或向园区转移，实现乡村的节约集约发展。

参考文献

[1] Bosworth G, Somerville P. Interpreting rurality: multi-disciplinary approaches[M]. London: Routledge, 2014.

[2] Brenner N. Globalization as reterritorialisation: the re-scaling of urban governance in the European Union[J]. Urban Studies, 1999(3): 431–451.

[3] Castells M. The informational city economic restructuring and urban development[M]. Oxford: Wiley-Blackwell, 1992.

[4] Cloke P J, Edwards G. Rurality in England and Wales 1981: A replication of the 1971 index[J]. Regional Studies, 1986, 20(4): 289–306.

[5] Cloke P J. An index of rurality for England and Wales[J]. Regional Studies, 1977, 11(1): 31–46.

[6] De Jong D A. An Analysis of the Behavior of a Class of Genetic Adaptive Systems[J]. Doctoral dissertation, 1975.

[7] Edensor T. Performing rurality[C]// Cloke P, Marsden T, Mooney P (eds). Handbook of Rural Studies. London: Sage, 2006: 484–495.

[8] Friedmann J, Wolff G. World city formation: An agenda for research and action[J]. International Journal of Urban and Regional Research, 1982, 6(3): 309–344.

[9] Halfacree K H. Locality and social representation: Space, discourse and alternative definitions of the rural[J]. Journal of Rural Studies, 1993, 9(1): 23–37.

[10] Halfacree K H. Rural space: constructing a three-fold architecture[C]// Cloke P, Mardsen T, Mooney P (eds). Handbook of Rural Studies. London: Sage, 2006: 125–141.

[11] Halfacree K H. The importance of spatial representations in residential migration to rural England in the 1980s[D]. England: Lancaster University, 1993.

[12] Harrington V, Donoghue D. Rurality in England and Wales 1991: A replication and extension of the 1981 rurality index[J]. Sociologic Ruralis, 1998, 38(2): 178–203.

[13] Hart K. Income opportunities and urban employment in Ghana[J]. The Journal of Modern African Studies, 1973, 11(1): 61–89.

[14] Harvey D. The urban process under capitalism: a framework for analysis[J]. International Journal of Urban and Regional Research, 1978(1): 101–131.

[15] Holloway L. Showing and telling farming: agricultural shows and re-imaging British agriculture[J]. Journal of Rural Studies, 2004, 20(3): 319–330.

[16] Koza J R. Hierarchical genetic algorithms operating on populations of computer programs[C]// International Joint Conference on Artificial Intelligence. Morgan Kaufmann Publishers Inc., 1989.

[17] Lefebvre H. The Production of Space[M]. Oxford: Blackwell Publishing, 1991: 68–168.

[18] Leo B. Random Forests[J]. Machine Learning, 2001, 45(1): 5–32.

[19] Liu Y, Li Y. Revitalize the world's countryside[J]. Nature, 2017, 548(7667): 275–277.

[20] Liu Y, Li ZG, Liu YQ, Chen HS. Growth of rural migrant enclaves in Guangzhou, China: Agency, everyday practice and social mobility[J]. Urban Studies, 2014, 52(16): 3086–3105.

[21] Martin C, Stewart F, Chris B. Geographically weighted regression[J]. Journal of the Royal Statistical Society, 2009, 47(3): 431–443.

[22] Nerlich B, Döring M. Poetic justice? Rural policy clashes with rural poetry in the 2001 outbreak of foot and mouth disease in the UK[J]. Journal of Rural Studies, 2005, 21(2): 165–180.

[23] Park D , Kandel A , Langholz G . Genetic-based new fuzzy reasoning models with application to fuzzy control[J]. IEEE Transactions on Systems, Man, and Cybernetics, 1994, 24(1):39–47.

[24] Riepley B D. Spatial statistics[M]. New York: Wiley, 1981.

[25] Roy A. Urban informality–Toward an epistemology of planning[J]. Journal of the American Planning Association, 2005, 71(2): 147–158.

[26] Hsiao S W, Ko Y C. A Study on Bicycle Appearance Preference by Using FCE and FAHP[J]. International Journal of Industrial Ergonomics, 2013, 43(4): 264.

[27] Schaffer J D. Some Experiments in Machine Learning Using Vector Evaluated Genetic Algorithms. 1985.

[28] Terluin I J. Differences in economic development in rural regions of advanced countries: An overview and critical analysis of theories[J]. Journal of Rural Studies, 2003, 19(3): 327–344.

[29] Woods M. Rural geography: blurring boundaries and making connections[J]. Progress in Human Geography, 2009, 33(6): 849–858.

[30] Woods M. Rural geography: Processes, responses and experiences in rural restructuring[J]. Rural Geography Processes Responses, 2005: 279–290.

[31] Woods M. Rural Geography[M]. London: Sage, 2005.

[32] Xu H Z, Zhao Y H, Tan R H, et al. Does the policy of rural land rights confirmation promote the transfer of farmland in China?[J] Acta Oeconomica, 2017, 67(4): 643–672.

[33] Yarwood R, Charlton C. 'Country life'? Rurality, folk music and 'Show of Hands'[J]. Journal of Rural Studies, 2009, 25(2): 194–206.

[34] 白素霞, 蒋同明. 苏南模式、珠江模式与温州模式的比较分析 [J]. 中国经贸导刊, 2017(34):44–46.

[35] 白雪莲, 季树新, 王理想, 等. 鄂尔多斯十大孔兑区植被生产力变化趋势对土地利用转移的响应 [J]. 自然资源学报, 2019,34(6):1186–1195.

[36] 包宗顺, 徐志明, 高珊, 等. 农村农地流转的区域差异与影响因素——以江苏省为例 [J]. 中国农村经济, 2009(04):23–47.

[37] 边振兴. 沈阳经济区核心地带村庄用地转型与调控研究 [D]. 沈阳: 沈阳农业大学, 2010.

[38] 蔡昉. 刘易斯转折点: 中国经济发展新阶段 [M]. 北京: 社会科学文献出版社, 2008:3–27.

[39] 曹广忠, 陈思创, 刘涛. 中国五大城市群人口流入的空间模式及变动趋势[J]. 地理学报, 2021,76(06):1334–1349.

[40] 曹思奇, 吴丹, 许贺艳, 等. 京津冀第二产业发展与能源消耗脱钩态势评价 [J]. 科技和产业, 2020, 20(01):86–89.

[41] 曾学华. 乡镇治理: 发达国家的经验及启示 [J]. 农村经济与科技, 2016,27(23):227–231.

[42] 车冰清, 沈正平, 陆玉麒, 等. 江苏省流动人口分布的格局演变及其驱动因素——基于城乡建设用地的探讨 [J]. 人文地理, 2017,32(6):80–86.

[43] 陈春. 县域经济增长中的金融支持研究 [D]. 福州: 福建农林大学, 2009.

[44] 陈婧, 史培军. 土地利用功能分类探讨 [J]. 北京师范大学学报（自然科学版）, 2005(05):536–540.

[45] 陈海素. 基于 AHP 和模糊评判法的土地利用总体规划实施评价研究 [D]. 福州: 福建师范大学, 2008.

[46] 陈宏胜, 李志刚, 王兴平. 中央—地方视角下中国城乡二元结构的建构:"一五计划"到"十二五规划"中国城乡演变分析 [J]. 国际城市规划, 2016,31(6):62–67,88.

[47] 陈静云. 区域综合交通网络通达性研究 [D]. 北京: 北京交通大学, 2009.

[48] 陈美球, 肖鹤亮, 何维佳, 等. 耕地流转农户行为影响因素的实证分析——基于江西省 1396 户农户耕地流转行为现状的调研 [J]. 自然资源学报, 2008,23(3):369–374.

[49] 陈前虎, 寿建伟, 潘聪林. 浙江省小城镇发展历程、态势及转型策略研究 [J]. 规划师, 2012,28(12):86–90.

[50] 陈群民, 吴也白, 刘学华. 上海新城建设回顾、分析与展望 [J]. 城市规划学刊, 2010(5):79–86.

[51] 陈述彭. 地貌学辞典序 [M]// 周成虎. 地貌学辞典. 北京: 中国水利水电出版社, 2006.

[52] 陈文胜, 汪义力. 乡村振兴背景下乡镇治理现代转型研究 [J]. 农村经济, 2022(04):73–81.

[53] 陈希冀, 郭青海, 肖黎姗. 福建省沿海村镇发展分异特征与模式识别——以东山县为例 [J]. 中国科学院大学学报, 2019,36(03):338–346.

[54] 陈秋分, 刘玉, 李裕瑞. 中国乡村振兴背景下的农业发展状态与产业兴旺途径 [J]. 地理研究, 2019,38(3):632–642.

[55] 陈秋分, 刘玉, 王国刚. 大都市区乡村发展比较及其对乡村振兴战略的启示 [J]. 地理科学进展, 2019,38(09):1403–1411.

[56] 陈阳, 李伟芳, 马仁锋, 等. 浙江省乡村性空间分异及其影响因素分析 [J]. 经济地理, 2014,34(12):133–139.

[57] 陈志明. 中国地貌区划图 [M]// 全国农业区划委员会. 中国农业自然资源和农业区划. 北京: 农业出版

社 ,1991:10–13.

[58] 程明洋 , 李琳娜 , 刘彦随 , 等 . 黄淮海平原县域城镇化对乡村人—地—业的影响 [J]. 经济地理 ,2019,39(5):181–190.

[59] 程明洋 . 地理学视角下中国新型城镇化研究进展 [J]. 地域研究与开发 ,2022,41(02):46–51.

[60] 储金龙 , 滕璐 , 李久林 , 等 . 多元主体在乡村治理中的作用过程与驱动要素研究 [J]. 小城镇建设 ,2022,40(02):5–12+20.

[61] 崔功豪 , 马润潮 . 中国自下而上城市化的发展及其机制 [J]. 地理学报 ,1999(02):12–21.

[62] 丁迪 . 广西县域新型城镇化的路径模式与空间组织研究 [D]. 南宁 : 广西大学 ,2021.

[63] 丁敬磊 , 刘光远 , 赵美平 . 农地流转、劳动力转移及城镇化耦合协调度研究 : 基于城乡统筹发展的视角 [J]. 中国农业资源与区划 ,2016,37(2):37–44.

[64] 丁若茜 . 秦岭河谷型乡镇空间拓展与用地布局策略研究 [D]. 西安 : 长安大学 ,2017.

[65] 丁蔚 , 韩欣宇 . 基于群体差异的农村人口迁移意愿研究综述 [C]// 面向高质量发展的空间治理——2021 中国城市规划年会论文集 ,2021:639–647.

[66] 段琳琼 , 陈亚南 . 国土空间规划背景下的村庄分类研究 [J]. 农村经济与科技 ,2022,33(05):45–48.

[67] 段龙龙 . 新型城镇化与乡村振兴协同发展路径 : 逆城镇化视角 [J]. 现代经济探讨 ,2021(05):10–16.

[68] 段学军 , 王磊 , 康珈瑜 , 等 . 村镇建设类型划分的理论与方法研究——以江苏省为例 [J]. 地理科学 ,2022,42(02):323–332.

[69] 樊立惠 , 王鹏飞 , 王成 , 等 . 中国农村空间商品化与乡村重构及其研究展望 [J]. 地理科学 ,2019,39(2):316–324.

[70] 樊杰 . 中国主体功能区划方案 [J]. 地理学报 ,2015,70(02):186–201.

[71] 范学刚 , 朱竑 . 西方乡村性研究进展 [J]. 热带地理 ,2016,36(3):503–512.

[72] 方创琳 , 刘海猛 , 罗奎 , 等 . 中国人文地理综合区划 [J]. 地理学报 ,2017,72(02):179–196.

[73] 方创琳 . 中国城市发展格局优化的科学基础与框架体系 [J]. 经济地理 ,2013,33(12):1–9.

[74] 方方 , 李裕瑞 , 何仁伟 . 基于等级合理性和居业协调度的村庄类型识别与振兴路径研究 [J]. 地理科学进展 ,2020,39(06):1060–1072.

[75] 房艳刚 . 乡村规划 : 管理乡村变化的挑战 [J]. 城市规划 ,2017,41(02):85–93.

[76] 房振龙 , 舒蓓 , 赵宏波 . 美丽乡村同质化问题的分析与建议 [J]. 现代园艺 ,2020,43(22):132–134.

[77] 费孝通 . 苏南乡村发展的新趋势 [J]. 中国乡镇企业 ,1999(11):4–6.

[78] 盖美 , 王宇飞 , 马国栋 , 等 . 辽宁沿海地区用水效率与经济的耦合协调发展评价 [J]. 自然资源学报 ,2013,28(12):2081–2094.

[79] 高军龙 , 寇荷超 , 张海洋 . 协同治理 : "悬浮"化乡镇基层政权 "软着陆" 的实现理路 [J]. 理论导刊 ,2015(08):74–76.

[80] 戈大专 , 龙花楼 . 论乡村空间治理与城乡融合发展 [J]. 地理学报 ,2020,75(06):1272–1286.

[81] 戈大专 , 龙花楼 , 杨忍 . 中国耕地利用转型格局及驱动因素研究——基于人均耕地面积视角 [J]. 资源科学 ,2018,40(02):273–283.

[82] 耿慧志 , 贾晓韡 . 村镇体系等级规模结构的规划技术路线探析 [J]. 小城镇建设 ,2010(08):66–72.

[83] 耿艺伟 , 陈伟强 , 张金鑫 , 等 . 目标差异化的双层级村庄分类与布局优化 [J]. 农业工程学报 ,2022,38(04):278–286.

[84] 辜胜阻 , 郑超 , 曹誉波 . 大力发展中小城市推进均衡城镇化的战略思考 [J]. 人口研究 ,2014,38(4):19–26.

[85] 古恒宇 , 沈体雁 .1995—2015 年中国省际人口迁移网络的演化特征——基于异质性劳动力视角 [J]. 地理研究 ,2021,40(06):1823–1839.

[86] 古倩华 , 郭璞若 , 赵渺希 . 乡镇治理的正式制度—非正式制度耦合分析——以广东省河源市林寨古村为例 [J]. 小城镇建设 ,2019,37(04):60–66.

[87] 桂华 . 东中西部乡村振兴的重点有何不同 [J]. 人民论坛 ,2018,(12):76–77.

[88] 郭豪杰 , 龙蔚 , 张德亮 . 基于投影寻踪模型对乡村振兴的评价 [J]. 世界农业 ,2019(12):44–52.

[89] 郭焕成 , 冯万德 . 我国乡村地理学研究的回顾与展望 [J]. 人文地理 ,1991,(01):44–50.

[90] 郭磊磊 , 郭剑雄 . 基于农业要素收益率视角的 "刘易斯拐点" 判断 [J]. 经济纵横 ,2018,35(3):44–49.

[91] 郭炎 , 唐鑫磊 , 陈昆仑 , 等 . 武汉市乡村聚落空间重构的特征与影响因素 [J]. 经济地理 ,2018,38(10):180–189.

[92] 郭炎 , 许红梅 , 李志刚 , 等 . 多尺度多维度融合视角下县域国土空间规划编制体系探讨 [J]. 上海城市规

划 ,2019(04):70–77.

[93] 国家统计局 . 中国统计年鉴 [M]. 北京 : 中国统计出版社 ,2011.

[94] 国家统计局 . 中国统计年鉴 [M]. 北京 : 中国统计出版社 ,2018.

[95] 国务院发展研究中心农村部课题组 . 从城乡二元到城乡一体 : 我国城乡二元体制的突出矛盾与未来走向 [J]. 管理世界 , 2014(9):1–12.

[96] 韩冬 ,乔家君 ,马玉玲 . 基于空间界面视角的新时期乡村性空间分异机理 : 以河南省巩义市为例 [J]. 地理科学进展 ,2018,37(5):655–666.

[97] 韩家彬 ,张书凤 ,刘淑云 ,等 . 土地确权、土地投资与农户土地规模经营——基于不完全契约视角的研究 [J]. 资源科学 ,2018,40(10):2015–2028.

[98] 韩文学 . 基于 AHP 的模糊综合评价在混凝土桥梁评估中的应用 [D]. 南宁 : 广西大学 ,2007.

[99] 何景明 ,李立华 . 关于 "乡村旅游" 概念的探讨 [J]. 西南师范大学学报 ,2002,28(5):125–128.

[100] 何军 ,朱成飞 . 新结构经济学视角下新型农业经营主体发育与农村土地流转方式选择 : 以江苏省为例 [J]. 东北师大学报（哲学社会科学版）,2020,70(2):45–53.

[101] 何仁伟 . 城乡融合与乡村振兴 : 理论探讨、机理阐释与实现路径 [J]. 地理研究 ,2018,37(11):2127–2140.

[102] 何焱洲 ,王成 . 乡村生产空间系统功能评价与格局优化——以重庆市巴南区为例 [J]. 经济地理 ,2019,39(03):162–171.

[103] 贺雪峰 ,印子 . 小农经济与农业现代化的路径选择——兼评农业现代化激进主义 [J]. 政治经济学评论 ,2015,6(2): 45–65.

[104] 贺艳华 ,曾山山 ,唐承丽 ,等 .中国中部地区农村聚居分异特征及形成机制 [J].地理学报 ,2013,68(12):637–650.

[105] 贺艳华 ,范曙光 ,周国华 ,等 .基于主体功能区划的湖南省乡村转型发展评价 [J].地理科学进展 ,2018,37(05):667–676.

[106] 贺艳华 ,唐承丽 ,周国华 ,等 .我国中部地区农村聚居现状及调控模式研究 [J].人文地理 ,2014,29(03):95–102.

[107] 洪银兴 ,王荣 .农地 "三权分置" 背景下的土地流转研究 [J]. 管理世界 ,2019,35(10):113–119,220.

[108] 侯保疆 . 乡镇概念 : 内涵与特征 [J]. 社会主义研究 ,2005(04):83–85.

[109] 侯学煜 . 论我国自然生态区划及其大农业的发展 Ⅱ [J]. 中国科学院院刊 ,1988(02):137–152.

[110] 胡德盛 . 天门人移居南洋史考 [J]. 参花 : 上 , 2019(12):14–18.

[111] 扈万泰 ,王力国 ,舒沐晖 . 城乡规划编制中的 "三生空间" 划定思考 [J]. 城市规划 ,2016,40(05):21–26+53.

[112] 胡书玲 ,余斌 ,王明杰 . 乡村重构与转型 : 西方经验及启示 [J]. 地理研究 ,2019,38(12):2833–2845.

[113] 胡晓亮 ,李红波 ,张小林 ,等 . 乡村概念再认知 [J]. 地理学报 ,2020,75(02):398–409.

[114] 胡怡 . 苏州市被撤并乡镇发展存在问题及优化策略研究 [J]. 城乡建设 ,2020(03):55–58.

[115] 胡智清 . 从 "温州模式" 到多中心城市群发展模式—— 以浙中城市群为例 [J]. 城市规划 ,2010,34(S1):31–34+43.

[116] 黄晓勇 ,刘伟 ,李忠云 ,等 .农民工回乡创业 :定义与边界、发生机制及概念模型 [J].经济体制改革 ,2012(04):71–75.

[117] 黄耀福 ,李郇 . 广东省乡村建设问题探究——基于三个县乡村建设评价的实践 [J]. 建设科技 ,2021(07):14–18+24.

[118] 黄颖敏 ,薛德升 ,黄耿志 . 改革开放以来珠江三角洲基层非正规土地利用实践与制度创新——以东莞市长安镇为例 [J]. 地理科学 ,2017,37(12):1831–1840.

[119] 黄宗智 . 中国新时代小农经济的实际与理论 [J]. 开放时代 ,2018(03):62–75.

[120] 计忠飙 ,毕庆生 ,裴贝贝 ,等 . 基于灰色聚类和耕作半径的自然村村庄分类研究——以商丘市宋集镇为例 [J]. 小城镇建设 ,2022,40(05):40–47.

[121] 贾宁凤 ,白怡鸽 ,乔陆印 ,等 . 农村闲置宅基地空间分异及其驱动因素——以山西省长子县为例 [J]. 经济地理 ,2020,40(12):166–173+190.

[122] 贾兴利 ,许金良 ,杨宏志 ,等 . 基于 GIS 的地表破碎指数计算 [J]. 重庆大学学报 ,2012,35(11):126–130.

[123] 姜德波 ,彭程 . 城市化进程中的乡村衰落现象 : 成因及治理—— "乡村振兴战略" 实施视角的分析 [J]. 南京审计大学学报 ,2018,15(01):16–24.

[124] 姜萌 ,谢臻 ,张凤荣 ,等 . 黄土丘陵区乡村 "人、境、地" 演变特征及迁并村庄诊断分类——以陕西省米

脂县为例 [J]. 中国农业大学学报 ,2022,27(02):214-229.

[125] 金声甜 , 肖文海 , 杨胜苏 , 等 . 长江经济带土地利用变化及其生态系统响应 [J]. 经济地理 ,2020,40(7):166-173.

[126] 康有 , 陈元芳 , 顾圣华 , 等 . 基于随机森林的区域水资源可持续利用评价 [J]. 水电能源科学 ,2014,32(03):34-38.

[127] 李炳元 , 潘保田 , 程维明 , 等 . 中国地貌区划新论 [J]. 地理学报 ,2013,68(03):291-306.

[128] 李伯华 , 刘沛林 , 窦银娣 , 等 . 中国传统村落人居环境转型发展及其研究进展 [J]. 地理研究 ,2017,36(10):1886-1900.

[129] 李东轩 , 刘平养 . 三权分置改革中新型农业经营主体的政策认知及其行为响应 : 以上海市青浦区为例 [J]. 自然资源学报 ,2020,35(4):950-962.

[130] 李广东 , 方创琳 . 城市生态—生产—生活空间功能定量识别与分析 [J]. 地理学报 ,2016,71(01):49-65.

[131] 李红波 , 刘美豆 , 胡晓亮 , 等 . 精明收缩视角下乡村人居空间变化特征及类型划分——以江苏省常熟市为例 [J]. 地理研究 ,2020,39(04):939-955.

[132] 李红波 , 张小林 , 吴启焰 , 等 . 发达地区乡村聚落空间重构的特征与机理研究 : 以苏南为例 [J]. 自然资源学报 ,2015,30(4):591-603.

[133] 李红波 , 张小林 . 乡村性研究综述与展望 [J]. 人文地理 ,2015,30(1):16-20,142.

[134] 李晶晶 , 苗长虹 . 长江经济带人口流动对区域经济差异的影响 [J]. 地理学报 ,2017,72(2):197-212.

[135] 李琳 , 成金华 , 孙涵 . 基于 STIRPAT 模型的中国典型城市群居民生活用电比较 [J]. 中国石油大学学报 : 社会科学版 ,2018,34(06):29-35.

[136] 李琳娜 , 璩路路 , 刘彦随 . 乡村地域多体系统识别方法及应用研究 [J]. 地理研究 ,2019,38(03):563-577.

[137] 李玲 , 文琦 , 张亮 . 乡村振兴背景下农村劳动力就业影响因素研究——以宁夏典型村域为例 [J]. 宁夏大学学报 : 自然科学版 ,2021,42(3):1-7.

[138] 李娜 , 刘建平 . 乡村空间治理的现实逻辑、困境及路径探索 [J]. 规划师 ,2021,37(24):46-53.

[139] 李平星 , 陈雯 , 孙伟 . 经济发达地区乡村地域多功能空间分异及影响因素——以江苏省为例 [J]. 地理学报 ,2014,69(06):797-807.

[140] 李四光 . 中国地质学 [M]. 张文佑 , 编译 . 上海 : 正风出版社 ,1953:2-13.

[141] 李婷婷 , 龙花楼 . 基于"人口—土地—产业"视角的乡村转型发展研究——以山东省为例 [J]. 经济地理 ,2015,35(10):149-55+38.

[142] 李晓江 , 尹强 , 张娟 , 等 .《中国城镇化道路、模式与政策》研究报告综述 [J]. 城市规划学刊 ,2014,58(2):1-14.

[143] 李晓江 , 郑德高 . 人口城镇化特征与国家城镇体系构建 [J]. 城市规划学刊 ,2017,61(1):19-29.

[144] 李鑫 , 马晓东 , 胡嫚莉 . 乡村地域系统人 - 地 - 业要素互馈机制研究 [J]. 地理研究 , 2022, 41(7):1981-1994.

[145] 李兴山 . "温州模式"和"苏南模式"的转型升级 [J]. 理论学习 ,2012,7:42-43.

[146] 李郇 , 黄耀福 , 陈伟 , 等 . 乡村建设评价体系的探讨与实证——基于 4 省 12 县的调研分析 [J]. 城市规划 ,2021,45(10):9-18.

[147] 李郇 , 罗赤 , 张立 , 等 . 探讨 : 村镇规划理论与方法 [J]. 小城镇建设 ,2014(11):22-27.

[148] 李郇 , 许伟攀 , 黄耀福 , 等 . 基于遥感解译的中国农房空间分布特征分析 [J]. 地理学报 ,2022,77(04):835-851.

[149] 李郇 , 郑佳芬 . 文化创意植入下的村庄空间改造——以东莞下坝坊为例 [J]. 规划师 ,2016,32(08):76-80.

[150] 李亚婷 , 潘少奇 , 苗长虹 . 中国县域人均粮食占有量的时空格局——基于户籍人口和常住人口的对比分析 [J]. 地理学报 ,2014,69(12):1753-1766.

[151] 李阳 , 周毅 , 雷雪 , 等 . 基于流域单元的黄土地貌正负地形因子量化关系模拟 [J]. 干旱区资源与环境 ,2019,33(07):78-84.

[152] 李永萍 . 土地抛荒的发生逻辑与破解之道 [J]. 经济学家 ,2018,30(10):90-96.

[153] 李玉恒 , 陈聪 , 刘彦随 . 中国城乡发展转型衡量及其类型——以环渤海地区为例 [J]. 地理研究 ,2014,33(09):1595-1602.

[154] 李玉恒 , 阎佳玉 , 刘彦随 . 基于乡村弹性的乡村振兴理论认知与路径研究 [J]. 地理学报 ,2019,74(10):2001-2010.

[155] 李裕瑞 , 刘彦随 , 龙花楼 . 黄淮海地区乡村发展格局与类型 [J]. 地理研究 ,2011,30(9):1637-1647.

[156] 廖柳文 , 高晓路 . 人口老龄化对乡村发展影响研究进展与展望 [J]. 地理科学进展 ,2018,37(05):617-626.

[157] 刘达 , 林赛南 , 李志刚 , 等 . "人口回流"视角下的中部地区乡村振兴——对湖北"毛嘴模式"的实证 [J]. 地理科学 ,2020,40(01):112-118.

[158] 刘慧 . 我国农村发展地域差异及类型划分 [J]. 地理学与国土研究 ,2002,18(4):71–75.

[159] 刘吉超 . 中国县域经济发展模式研究评述及其反思 [J]. 企业经济 ,2013,32(02):154–158.

[160] 刘杰 , 杨青山 , 江孝君 , 等 . 东北地区粮食生产与经济发展的关系类型与地域格局 [J]. 经济地理 ,2021,41(03):39–48+57.

[161] 刘景琦 . 论"有为集体"与"经营村庄":乡村振兴下的村治主体角色及其实践机制 [J]. 农业经济问题 ,2019,40(2):24–32.

[162] 刘鹏飞 , 孙斌栋 . 中国城市生产、生活、生态空间质量水平格局与相关因素分析 [J]. 地理研究 ,2020,39(01):13–24.

[163] 刘盛和 , 王雪芹 , 戚伟 . 中国城镇人口"镇化"发展的时空分异 [J]. 地理研究 ,2019,38(1):85–101.

[164] 刘守英 . 中国城乡二元农地制度的特征、问题与改革 [J]. 国际经济评论 ,2014(3):9–25.

[165] 刘涛 , 齐元静 , 曹广忠 . 中国流动人口空间格局演变机制及城镇化效应——基于 2000 和 2010 年人口普查分县数据的分析 [J]. 地理学报 ,2015,70(04):567–581.

[166] 刘燕 . 论"三生空间"的逻辑结构、制衡机制和发展原则 [J]. 湖北社会科学 ,2016(03):5–9.

[167] 刘彦随 , 刘玉 . 中国农村空心化问题研究的进展与展望 [J]. 地理研究 ,2010,29(1):35–42.

[168] 刘彦随 , 周扬 , 李玉恒 . 中国乡村地域系统与乡村振兴战略 [J]. 地理学报 ,2019,74(12):2511–2528.

[169] 刘彦随 , 龙花楼 , 李裕瑞 . 全球乡城关系新认知与人文地理学研究 [J]. 地理学报 ,2021,76(12):2869–2884.

[170] 刘彦随 . 新时代乡村振兴地理学研究 [J]. 地理研究 ,2019,38(03):461–466.

[171] 刘彦随 . 中国乡村振兴规划的基础理论与方法论 [J]. 地理学报 ,2020,75(6):1120–1133.

[172] 刘彦随 . 中国新时代城乡融合与乡村振兴 [J]. 地理学报 ,2018,73(04):637–650.

[173] 刘宇红 , 梅耀林 , 陈翀 . 新农村建设背景下的村庄规划方法研究——以江苏省城市规划设计研究院规划实践为例 [J]. 城市规划 ,2008,(10):75–79.

[174] 刘云刚 , 燕婷婷 . 地方城市的人口回流与移民战略——基于深圳—驻马店的调查研究 [J]. 地理研究 ,2013,32(07):1280–1290.

[175] 刘祖云 , 刘传俊 . 后生产主义乡村:乡村振兴的一个理论视角 [J]. 中国农村观察 ,2018,39(5):2–13.

[176] 刘尊雷 , 张寒野 , 袁兴伟 , 等 . 基于遥感影像的江西省水体资源和水产养殖结构空间异质性分析 [J]. 自然资源学报 ,2018,33(10):1833–1846.

[177] 龙花楼 , 戈大专 , 王介勇 . 土地利用转型与乡村转型发展耦合研究进展及展望 [J]. 地理学报 ,2019,74(12):2547–2559.

[178] 龙花楼 , 李婷婷 , 邹健 . 我国乡村转型发展动力机制与优化对策的典型分析 [J]. 经济地理 ,2011,31(12):2080–2085.

[179] 龙花楼 , 刘彦随 , 邹建 . 中国东部沿海地区乡村发展类型及其乡村性评价 [J]. 地理学报 ,2009,64(4):426–434.

[180] 龙花楼 , 屠爽爽 . 论乡村重构 [J]. 地理学报 ,2017,72(4):563–576.

[181] 龙花楼 , 邹健 , 李婷婷 , 等 . 乡村转型发展特征评价及地域类型划分——以"苏南—陕北"样带为例 [J]. 地理研究 ,2012,31(3):495–506.

[182] 龙花楼 . 论土地利用转型与土地资源管理 [J]. 地理研究 ,2015,34(9):1607–1618.

[183] 卢荻 . "珠江模式"的形成、特色、作用 [J]. 中共党史资料 ,2009(03):167–176.

[184] 卢思南 . 甘肃省第二产业全要素生产率空间收敛性研究 [D]. 兰州 : 兰州财经大学 ,2019.

[185] 陆大道 , 姚士谋 . 中国城镇化进程的科学思辨 [J]. 人文地理 ,2007,22(4):1–5+26.

[186] 陆继霞 . 农村土地流转研究评述 [J]. 中国农业大学学报 : 社会科学版 ,2017,34(01):29–37.

[187] 陆洲 , 许妙苗 , 朱喜钢 . 乡村转型的国际经验及其启示 [J]. 国际城市规划 ,2010,25(2):80–84.

[188] 逯百慧 , 王红扬 , 冯建喜 . 哈维"资本三级循环"理论视角下的大都市近郊区乡村转型——以南京市江宁区为例 [J]. 城市发展研究 ,2015,22(12):43–50.

[189] 路畅 , 马龙 , 刘廷玺 , 等 .1951—2018 年中国年降水量及气象干旱的时空变异 [J]. 应用生态学报 ,2022,33(06):1572–1580.

[190] 罗小龙 , 曹姝君 , 顾宗倪 . 回流城镇化 : 中部地区城镇化开启新路径 [J]. 地理科学 ,2020,40(05):685–690.

[191] 罗震东 , 何鹤鸣 . 新自下而上进程——电子商务作用下的乡村城镇化 [J]. 城市规划 ,2017,41(03):31–40.

[192] 吕军书 , 张鹏 . 关于工商企业进入农业领域需要探求的几个问题 [J]. 农业经济 ,2014(03):65–67.

[193] 马力阳, 李同昇, 李婷, 等. 我国北方农牧交错带县域乡村性空间分异及其发展类型 [J]. 经济地理, 2015,35(9):126-133.

[194] 马历, 龙花楼, 戈大专, 等. 中国农区城乡协同发展与乡村振兴途径 [J]. 经济地理, 2018,38(04):37-44.

[195] 马铭波, 王维慈. 知识深度视角下文化产品制造业的相似问题及根源探究——基于国内钢琴制造业的例证 [J]. 中国软科学, 2012(03):100-106.

[196] 马庆. 行业视角下的第三产业发展与就业协调性研究——基于改进的结构偏离度分析 [J]. 技术经济与管理研究, 2020(10):94-98.

[197] 马世发, 黄宏源, 蔡玉梅等. 基于三生功能优化的国土空间综合分区理化框架 [J]. 中国国土资源经济, 2014,27(11):31-34.

[198] 毛帅, 聂锐, 程平平. 基于政府机制的创业模式发展研究——苏南、温州、珠江模式再析 [J]. 科技进步与对策, 2012,29(04):36-39.

[199] 孟欢欢, 李同昇, 于正松, 等. 安徽省乡村发展类型及乡村性空间分异研究 [J]. 经济地理, 2013,33(4):144-148,185.

[200] 孟令国, 余水燕. 土地流转与农村劳动力转移: 基于人口红利的视角 [J]. 广东财经大学学报, 2014,29(2):61-66.

[201] 孟石. 我国第三产业结构和就业结构关系及增长潜力研究 [D]. 长春: 吉林大学, 2018.

[202] 孟向京, 姜凯迪. 城镇化和乡城转移对未来中国城乡人口年龄结构的影响 [J]. 人口研究, 2018,42(2):39-53.

[203] 苗杰. 基于 GWR 模型的美丽乡村可达性研究 [D]. 长沙: 湖南工业大学, 2020.

[204] 南亮进, 马欣欣. 中国经济的转折点: 与日本的比较 [J]. 中国劳动经济学, 2010,6(1):80-109.

[205] 倪深海, 白玉慧.BP 神经网络模型在地下水水质评价中的应用 [J]. 系统工程理论与实践, 2000(08):124-127.

[206] 念沛豪, 蔡玉梅, 张文新等. 面向综合区划的国土空间地理实体分类与功能识别 [J]. 经济地理, 2014,34(12):7-14.

[207] 聂晓英, 石培基, 张学斌, 等. 西北干旱区乡村性评价及驱动机制研究: 以甘肃武威为例 [J]. 地理科学, 2017,37(4):585-594.

[208] 欧向军, 甄峰, 秦永东, 等. 区域城市化水平综合测度及其理想动力分析: 以江苏省为例 [J]. 地理研究, 2008,27(5):993-1002.

[209] 彭恒军. 乡镇社会论 [M]. 北京: 人民出版社, 2001.

[210] 齐红倩, 席旭文, 徐曼. 农业转移人口福利与市民化倾向的理论构建和实证解释 [J]. 经济评论, 2017(06):66-79.

[211] 乔杰, 洪亮平, 王莹. 全面发展视角下的乡村规划 [J]. 城市规划, 2017,41(1):45-54,108.

[212] 乔陆印. 乡村振兴村庄类型识别与振兴策略研究——以山西省长子县为例 [J]. 地理科学进展, 2019,38(09):1340-1348.

[213] 覃糠. 美国乡镇自治对我国乡镇体制改革的启示 [J]. 市场周刊（理论研究）, 2017(09):158-160.

[214] 曲衍波. 论乡村聚落转型 [J]. 地理科学, 2020,40(4):572-580.

[215] 荣玥芳, 曹圣婕, 刘津玉. 国土空间规划背景下村庄分类技术与方法研究——以天津市蓟州区为例 [J]. 北京建筑大学学报, 2021,37(01):51-59.

[216] 阮荣平, 曹冰雪, 周佩, 等. 新型农业经营主体辐射带动能力及影响因素分析: 于全国 2615 家新型农业经营主体的调查数据 [J]. 中国农村经济, 2017,33(11):17-32.

[217] 邵景安, 魏朝富, 谢德体. 家庭承包制下土地流转的农户解释: 对重庆不同经济类型区七个村的调查分析 [J]. 地理研究, 2007,26(2):275-286.

[218] 邵景安, 张仕超, 李秀彬. 山区土地流转对缓解耕地撂荒的作用 [J]. 地理学报, 2015,70(4):636-649.

[219] 邵爽. 工商资本进入农业与土地流转的关系研究: 就业与保障视角 [J]. 中国农业大学学报: 社会科学版, 2015,32(6):111-118.

[220] 邵子南, 陈江龙, 苏勤, 等. 江苏省乡村性空间格局及影响因素研究 [J]. 长江流域资源与环境, 2015,24(2):185-193.

[221] 申明锐, 张京祥. 政府主导型乡村建设中的公共产品供给问题与可持续乡村治理 [J]. 国际城市规划, 2019,34(01):1-7.

[222] 沈玉昌, 苏时雨, 尹泽生. 中国地貌分类、区划与制图研究工作的回顾与展望 [J]. 地理科学, 1982,2(2):97-104.

[223] 沈玉昌 . 论地貌区划的原则与方法 [J]. 地理 ,1961,(8):33–41.

[224] 石育中 , 李文龙 , 鲁大铭 , 等 . 基于乡镇尺度的黄土高原干旱脆弱性时空演变分析——以榆中县为例 [J]. 资源科学 ,2017,39(11):2130–2140.

[225] 宋姝瑶 . 基于生态感知的村镇社区生态系统服务分类体系构建研究 [D]. 济南 : 山东建筑大学 ,2021.

[226] 宋淑丽 , 齐伟娜 . 基于多元线性回归的农村剩余劳动力转移研究 : 以黑龙江省为例 [J]. 农业技术经济 ,2014,33(4):104–110.

[227] 宋效中 , 贾谋 , 骆宏伟 . 中国县域经济发展的三大模式 [J]. 河北学刊 ,2010,3(30):136–139.

[228] 孙玉 , 程叶青 , 张平宇 . 东北地区乡村性评价及时空分异 [J]. 地理研究 ,2015,34(10):1864–1874.

[229] 孙云奋 . 劳动力转移与农地流转的关联度 : 鲁省个案 [J]. 改革 ,2012,25(9):84–88.

[230] 谭雪兰 , 安悦 , 蒋凌霄 , 等 . 长株潭地区乡村多功能类型分异特征及形成机制 [J]. 经济地理 ,2018,38(10):80–88.

[231] 唐任伍 , 唐堂 , 李楚翘 . 中国共产党成立 100 年来乡村发展的演进进程、理论逻辑与实践价值 [J]. 改革 ,2021,(06):27–37.

[232] 陶德凯 , 杨晨 , 吕倩 , 等 . 国土空间规划背景下县级单元新型城镇化路径 [J]. 城市规划 ,2022,46(06):25–36+76.

[233] 田卫民 . 测算地区生产总值的新方法 [J]. 统计与决策 ,2022,38(10):36–40.

[234] 田逸飘 , 张卫国 . 资源禀赋、能力水平与农户参与特色农业经营——基于武陵山区建档贫困户的调查分析 [J]. 西南大学学报 (自然科学版),2020,42(11):109–117.

[235] 屠爽爽 , 龙花楼 , 李婷婷 , 等 . 中国村镇建设和农村发展的机理与模式研究 [J]. 经济地理 ,2015,35(12):141–147,160.

[236] 屠爽爽 , 龙花楼 , 张英男 , 等 . 典型村域乡村重构的过程及其驱动因素 [J]. 地理学报 ,2019,74(02):323–339.

[237] 王成 , 任梅菁 , 胡秋云 , 等 . 乡村生产空间系统韧性的科学认知及其研究域 [J]. 地理科学进展 ,2021,40(01):85–94.

[238] 王丰效 . 喀什地区第一产业增加值组合预测及结构分析 [J]. 统计与管理 ,2018,(12):22–25.

[239] 王光耀 , 赵中秋 , 祝培甜 , 等 . 长江经济带乡村功能区域差异及类型划分 [J]. 地理科学进展 ,2019,38(12):1854–1864.

[240] 王佳月 , 李秀彬 , 辛良杰 . 中国土地流转的时空演变特征及影响因素研究 [J]. 自然资源学报 ,2018,33(12):2067–2083.

[241] 王家庭 , 舒居安 , 赵一帆 . 中国农村土地流转政策概念、分类及演进特征 : 基于政策文本的量化分析 [J]. 经济问题 ,2017,39(10):96–101.

[242] 王介勇 , 周墨竹 , 王祥峰 . 乡村振兴规划的性质及其体系构建探讨 [J]. 地理科学进展 ,2019,38(09):1361–1369.

[243] 王婧 , 李裕瑞 . 中国县域城镇化发展格局及其影响因素 : 基于 2000 和 2010 年全国人口普查分县数据 [J]. 地理学报 ,2016,71(4):621–636.

[244] 王丽丽 . 基于 GIS 的庆阳市可利用土地资源评价研究 [D]. 甘肃 : 甘肃农业大学 ,2014.

[245] 王盼 , 阎建忠 , 杨柳 , 等 . 轮作休耕对劳动力转移的影响 : 以河北、甘肃、云南三省为例 [J]. 自然资源学报 ,2019,34(11):2348–2362.

[246] 王胜今 , 王智初 . 中国人口集聚与经济集聚的空间一致性研究 [J]. 人口学刊 ,2017,39(06):43–50.

[247] 王万茂 . 国土空间规划落地实施的最后一公里——简论村域空间规划 [J]. 现代城市研究 ,2022(03):36–39.

[248] 王晓芳 , 姜玉培 , 卓蓉蓉 , 等 . 长江经济带地区发展差距与协调发展策略 [J]. 城市发展研究 ,2015,22(6):65–70,76.

[249] 王新贤 , 高向东 . 中国流动人口分布演变及其对城镇化的影响——基于省际、省内流动的对比分析 [J]. 地理科学 ,2019,39(12):1866–1874.

[250] 王兴周 . 乡村振兴背景下逆城市化动力机制探析 [J]. 江海学刊 ,2021(03):98–108+255.

[251] 王雅竹 , 段学军 , 王磊 , 等 . 长江经济带经济发展的时空分异及驱动机理研究 [J]. 长江流域资源与环境 ,2020,29(1):1–12.

[252] 王亚辉 , 李秀彬 , 辛良杰 , 等 . 中国农地经营规模对农业劳动生产率的影响及其区域差异 [J]. 自然资源学报 ,2017,32(4):539–552.

[253] 王亚运 , 蔡银莺 , 李海燕 . 空间异质性下农地流转状况及影响因素 : 以武汉、荆门、黄冈为实证 [J]. 中国

土地科学,2015,29(6):18-25.

[254] 王艳飞,刘彦随,李玉恒.乡村转型发展格局与驱动机制的区域性分析[J].经济地理,2016,36(5):135-142.

[255] 王雨.小城镇发展历程及规律——以江苏重点中心镇为例[C]// 面向高质量发展的空间治理——2020中国城市规划年会论文集:11 城乡治理与政策研究,2021:453-465.

[256] 王远洋,樊增增.城市规模、产业结构与二、三产业间劳动生产率差异[J].统计与决策,2019,35(23):143-147.

[257] 王跃生.改革开放以来中国农村家庭结构变动分析[J].社会科学研究,2019,41(4):95-104.

[258] 魏超,戈大专,龙花楼,等.大城市边缘区旅游开发引导的乡村转型发展模式——以武汉市为例[J].经济地理,2018,38(10):211-217.

[259] 文琦,郑殿元,施琳娜.1949—2019年中国乡村振兴主题演化过程与研究展望[J].地理科学进展,2019,38(09):1272-1281.

[260] 文琦,郑殿元.西北贫困地区乡村类型识别与振兴途径研究[J].地理研究,2019,38(03):509-521.

[261] 吴殿廷,杨欢,郭来喜,等.县域经济的转型与跨越发展[M].南京:东南大学出版社,2013.

[262] 吴昊,赵阳.人口集聚对中国省际劳动生产率的影响差异研究[J].求是学刊,2020,47(03):63-72.

[263] 吴健峰.基于模糊规则的现代教学评价的研究与实现[D].上海:华东师范大学,2008.

[264] 武前波,叶佳钰,陈玉娟.乡村振兴背景下东部沿海发达地区乡村性空间格局——以浙江省为例[J].地理科学,2022,42(03):466-475.

[265] 武小龙,谭清美.新苏南模式:乡村振兴的一个解释框架[J].华中农业大学学报:社会科学版,2019,(02):18-26.

[266] 夏柱智,贺雪峰.半工半耕与中国渐进城镇化模式[J].中国社会科学,2017(12):117-137+207-208.

[267] 向超,张新民.三权分置下农地流转权利体系化实现——以内在体系调适与外在体系重构为进路[J].农业经济问题,2019(09):8-19.

[268] 肖黎姗,余兆武,叶红,等.福建省乡村发展与农村经济聚集耦合分析[J].地理学报,2015,70(4):615-624.

[269] 徐剑锋.城市化:义乌模式及其启示[J].浙江社会科学,2002,(06):37-41.

[270] 徐凯,房艳刚.乡村地域多功能空间分异特征及类型识别——以辽宁省78个区县为例[J].地理研究,2019,38(03):482-495.

[271] 徐勇,孙晓一,汤青.陆地表层人类活动强度:概念、方法及应用[J].地理学报,2015,70(07):1068-1079.

[272] 许恒周,郭忠兴.农村土地流转影响因素的理论与实证研究——基于农民阶层分化与产权偏好的视角[J].中国人口·资源与环境,2011,21(3):98-102.

[273] 许庆,刘进,钱有飞.劳动力流动、农地确权与农地流转[J].农业技术经济,2017,36(5):4-16.

[274] 闫宇航,岑云峰,张鹏岩,等.基于SFA模型的河南省粮食产量时空变化及投入要素影响[J].中国农业资源与区划,2020,41(05):76-86.

[275] 严海蓉,陈义媛.中国农业资本化的特征和方向:自下而上和自上而下的资本化动力[J].开放时代,2015,34(5):49-69,6.

[276] 杨保清,晁恒,李贵才,等.中国村镇聚落概念、识别与区划研究[J].经济地理,2021,41(05):165-175.

[277] 杨露,徐勇,彭越.基于城乡统筹视角的苏州市边缘区乡村居住空间分类研究[J].上海城市规划,2013(06):124-129.

[278] 杨忍,陈燕纯.中国乡村地理学研究的主要热点演化及展望[J].地理科学进展,2018,37(05):601-616.

[279] 杨忍,刘彦随,龙花楼,等.中国村庄空间分布特征及空间优化重组解析[J].地理科学,2016,36(02):170-179.

[280] 杨忍.广州市城郊典型乡村空间分化过程及机制[J].地理学报,2019,74(08):1622-1636.

[281] 杨维.贵州省第三产业劳动就业贡献率的实证分析[J].新经济,2016(12):12-15.

[282] 杨先明,侯威,王一帆.数字化投入与中国行业内就业结构变化："升级"抑或"极化"[J].山西财经大学学报,2022,44(01):58-68.

[283] 杨云龙,何文虎."三元结构"下地区经济增长的动力机制研究——对"苏南模式""温州模式"和"珠江模式"的解读[J].南方金融,2013(07):32-36+47.

[284] 叶杉.乡镇"四化同步"发展机理及模式路径研究[D].武汉:华中科技大学,2015.

[285] 易家林,郭杰,欧名豪,等.城市扩张与耕地利用强度:工业发展与农户资源禀赋的调节效应[J].中国人口·资源与环境,2018,28(11):56-64.

[286] 殷江滨．劳动力回流的驱动因素与就业行为研究进展 [J]．地理科学进展,2015,34(09):1084-1095.

[287] 应新杰,赵媛．我国县域经济发展的区域差异及主要模式 [J]．南京师范大学报：自然科学版,2007,2(30):110-114.

[288] 尤海涛,马波,陈磊．乡村旅游的本质回归：乡村性的认知与保护 [J]．中国人口·资源与环境,2012,22(9):158-162.

[289] 于莉,宋安安,郑宇,等．"三生用地"分类及其空间格局分析——以昌黎县为例 [J]．中国农业资源与区划,2017,38(02):89-96.

[290] 余意峰,宋云婷,胡道华,等．长江经济带传统村落空间分布及其影响因素分析 [J]．地域研究与开发,2020,39(1):7-12.

[291] 俞云峰,张鹰．浙江新型城镇化与乡村振兴的协同发展——基于耦合理论的实证分析 [J]．治理研究,2020,36(04):43-49.

[292] 袁亚愚．乡村社会学 [M]．四川：四川大学出版社,1990.

[293] 岳晓鹏,刘畅,吕宏涛,等．城镇化背景下天津乡镇农村人口空间分布研究初探 [J]．现代城市研究,2019,34(6):78-85.

[294] 张安驰,樊士德．劳动力流动、家庭收入与农村人力资本投入——基于 CFPS 微观数据的实证研究 [J]．现代经济探讨,2018,37(3):19-26.

[295] 张丙宣．新型城镇化的浙江模式：反思与进路 [J]．浙江工商大学学报,2015(05):123-128.

[296] 张福如．论乡贤资源的有效运用——以实施乡村振兴战略为视角 [J]．岭南学刊,2018,(02):18-22.

[297] 张富刚,刘彦随．中国区域农村发展动力机制及其发展模式 [J]．地理学报,2008,63(2):115-122.

[298] 张改素,魏建飞,丁志伟．中国镇域工业化和城镇化综合水平的空间格局特征及其影响因素 [J]．地理研究,2020,39(3):627-650.

[299] 张海霞,牛叔文,齐敬辉,等．基于乡镇尺度的河南省人口分布的地统计学分析 [J]．地理研究,2016,35(2):325-336.

[300] 张鸿．新型城镇化与乡村振兴耦合协调分析 [D]．兰州大学,2021.

[301] 张红宇．中国现代农业经营体系的制度特征与发展取向 [J]．中国农村经济,2018,34(1):23-33.

[302] 张金荣,吴朝进．迁移、游走、回流：城镇化背景下农村人口的差异化流动——基于鄂东某村的调查研究 [J]．社会发展研究,2020,7(03):79-94+243.

[303] 张劲松．乡愁生根：发展不平衡不充分背景下中西部乡村振兴的实现 [J]．江苏社会科学.2018(02):6-16.

[304] 张丽娜．AHP-模糊综合评价法在生态工业园区评价中的应用 [D]．大连：大连理工大学,2006.

[305] 张琦,杨铭宇．空间治理：乡村振兴发展的实践路向——基于 Q 市"美丽乡村建设"的案例分析 [J]．南京农业大学学报：社会科学版,2021,21(06):128-139.

[306] 张荣天,张小林,李传武．基于县域尺度的江苏省乡村性空间格局演变及其机理研究 [J]．人文地理,2013,28(2):91-97.

[307] 张蔚文,麻玉琦．我国县城分类建设发展思路 [J]．宏观经济管理,2022(04):20-25.

[308] 张瑞．中国的经济制度 [M]．北京：中信出版社, 2012.

[309] 张小林．乡村概念辨析 [J]．地理学报,1998,53(4):365-371.

[310] 张学浪．城镇化与农村土地流转的互动关系：挑战与出路 [J]．经济体制改革,2018,36(4):90-95.

[311] 张彦．基于 BP 神经网络在白洋淀水质综合评价中的应用 [J]．水科学与工程技术,2014(03):63-66.

[312] 张益丰,韩杰,王晨．土地流转、农业适度规模化及农户增收的多维度检视：基于三省 584 户农业经营户调研数据的实证研究 [J]．经济学家,2019,31(4):89-102.

[313] 张英男,龙花楼,马历,等．城乡关系研究进展及其对乡村振兴的启示 [J]．地理研究,2019,38(3):578-594.

[314] 张永丽,梁顺强．土地流转对农村劳动力流动的影响 [J]．干旱区资源与环境,2018,32(8):45-51.

[315] 张有山,李韵．水资源保护下的旅游开发——评《水利旅游吸引系统研究》[J]．灌溉排水学报,2020,39(08):145.

[316] 张占录,杨庆媛．北京市顺义区农村居民点整理的推动力分析 [J]．农业工程学报,2005(11):57-61.

[317] 张子皙,祁丽艳,张云涛,等．乡村振兴战略背景下安丘市景芝镇村庄分类研究 [J]．青岛理工大学学报,2020,41(03):59-66.

[318] 张紫鹃,李永浮,王子璇．多中心治理视野下乡村治理模式研究——以浙江省三门县横渡镇为例 [J]．上海

城市规划 ,2021(06):36–42.

[319] 赵斌 , 吴文治 , 陆佳顺 , 等 . 中国乡建同质化危机视野下乡村公共建筑设计研究 [J]. 工业工程设计 ,2022,
4(01):66–77.

[320] 赵美川 . 新时代民族特色小镇文化旅游资源整合创新设计研究——以莲花镇为例 [J]. 广西城镇建
设 ,2021(11):2–4+8.

[321] 赵梦龙 . 基于潜力评估的乡村分类模式研究——以贵州省安顺市为例 [J]. 城市建筑 ,2021,18(34):18–22.

[322] 赵松乔 . 中国综合自然地理区划的一个新方案 [J]. 地理学报 ,1983(01):1–10.

[323] 赵伟 . 县域经济发展模式——基于产业驱动的视角 [J]. 武汉大学学报 : 哲学社会科学版 ,2007,4(60):481–486.

[324] 赵艳平 , 张梦婷 , 黄友星 . 分类资本管制对不同形式资本流动的影响研究——基于动态面板模型 [J]. 国际
商务 : 对外经济贸易大学学报 ,2019(01):108–119.

[325] 赵勇 , 王嘉成 . 乡镇域村庄多级分类方法探究——以河北省滦州市榛子镇为例 [J]. 山西师范大学学报 (自
然科学版),2021,35(02):45–53.

[326] 郑娇萌 , 李王成 , 李启航 . 农村水资源利用现状及水污染防治研究——以解州镇周边村庄为例 [J]. 中国资
源综合利用 ,2021,39(02):169–173.

[327] 郑景云 , 尹云鹤 , 李炳元 . 中国气候区划新方案 [J]. 地理学报 ,2010,65(01):3–12.

[328] 郑小玉 , 刘彦随 . 新时期中国"乡村病"的科学内涵、形成机制及调控策略 [J]. 人文地理 ,2018,33(2):100–106.

[329] 中郡县域经济研究所 .2021 年全国县域农村居民人均可支配收入监测报告 [EB/OL].(2022–07–08)[2022–
10–11]http://china-county.org/?List_4/2407.html.

[330] 钟赛香 , 胡鹏 , 薛熙明 , 等 . 基于合理权重赋值方法选择的多因素综合评价模型 : 以 JCR 中 70 种人文地
理期刊为例 [J]. 地理学报 ,2015,70(12):2011–2031.

[331] 钟涨宝 , 汪萍 . 农地流转过程中的农户行为分析 : 湖北、浙江等地的农户问卷调查 [J]. 中国农村观
察 ,2003,24(6):55–64,81.

[332] 周婕 , 罗逍 , 谢波 .2000—2010 年特大城市流动人口空间分布及演变特征——以北京、上海、广州、武汉
等市为例 [J]. 城市规划学刊 ,2015,59(6):56–62.

[333] 周黎安 . 中国地方官员的晋升锦标赛模式研究 [J]. 经济研究 ,2007(07):36–50.

[334] 周黎安 . 中国地方政府公共服务的差异 : 一个理论假说及其证据 [J]. 新余高专学报 ,2008(04):5–6.

[335] 周廷儒 , 施雅风 , 陈述彭 . 中国地形区划草案 [M]// 中华地理志 . 中国自然区划草案 . 北京 : 科学出版
社 ,1956:21–56.

[336] 周扬 , 郭远智 , 刘彦随 . 中国乡村地域类型及分区发展途径 [J]. 地理研究 ,2019,38(03):467–481.

[337] 周怡岑 . 基于乡村振兴的我国乡村地域系统可持续发展研究 [J]. 中国农业资源与区划 ,2021,42(09):226–231.

[338] 周义 , 张莹 , 任宏 . 考虑分布不均衡影响的中国农村社会福利测度 [J]. 统计与决策 ,2014(19):103–107.

[339] 朱明勇 , 谭淑端 , 张全发 . 南水北调中线水源地土壤侵蚀经济损失估算 [J]. 水土保持通报 ,2014,34(05):190–
195.

[340] 朱鹏华 , 侯风云 . 新中国城乡关系演进的逻辑、轨迹和规律 [J]. 福建论坛 (人文社会科学版),2022(03):67–81.

[341] 朱婉宁 . 基于多元线性回归模型的安徽省地区生产总值影响因素分析 [J]. 现代商业 ,2022(17):90–94.

[342] 朱相宇 , 乔小勇 . 北京第三产业就业潜力与调整升级——基于产业结构偏离度的国际比较与分析 [J]. 经济
体制改革 ,2014(02):64–68.

[343] 朱媛媛 , 余斌 , 曾菊新 , 等 . 国家限制开发区"生产—生活—生态"空间的优化——以湖北省五峰县为例 [J].
经济地理 ,2015,35(04):26–32.

[344] 朱泽 , 杨颖 , 胡月明 , 等 . 基于多源数据的村庄发展潜力评价及村庄分类 [J]. 农业资源与环境学报 ,2021,
38(06):1142–1151.

[345] 祝志川 , 刘博 , 和军 . 中国乡村振兴、新型城镇化与生态环境协同发展测度分析 [J]. 经济问题探索 ,2022(07):
13–28.

[346] 邹德慈 , 王凯 , 谭静 , 等 . 新型城镇化背景下的我国村镇发展规划策略 [J]. 中国工程科学 ,2019,21(02):1–5.

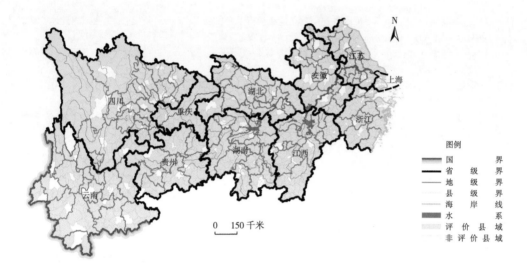

图 3-2　长江经济带区位图

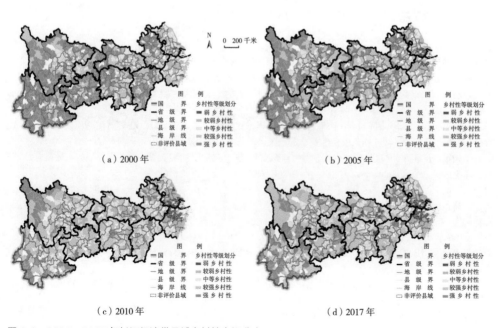

图 3-3　2000—2017 年长江经济带县域乡村性空间分布

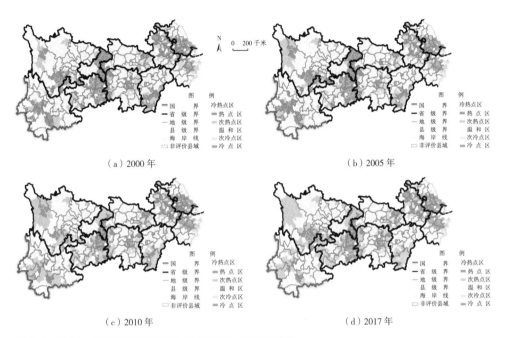

图 3-4　2000—2017 年长江经济带乡村性冷热点区空间分布

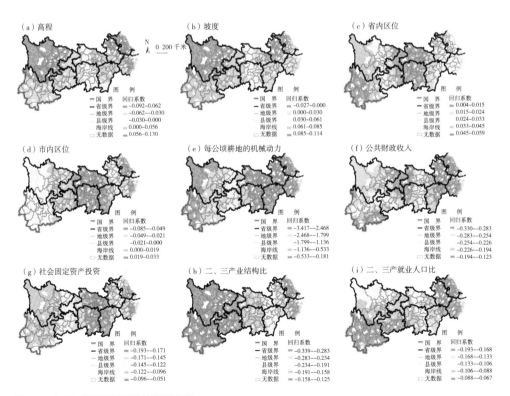

图 3-5　GWR 模型回归系数的空间分布

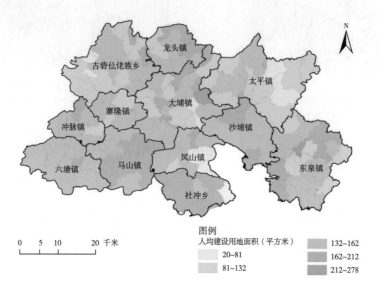

图 4-9　柳城县村庄人均建设用地面积空间分布（2017 年）

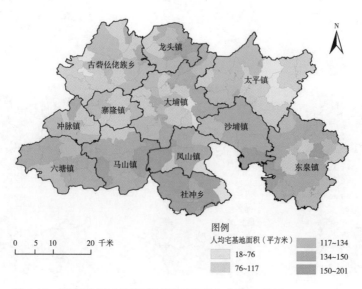

图 4-11　柳城县村庄人均宅基地面积空间分布（2017 年）

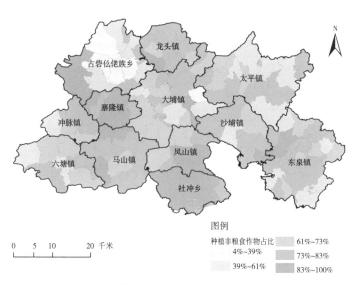

图 4-13 柳城县农地非粮化空间分布（2017 年）

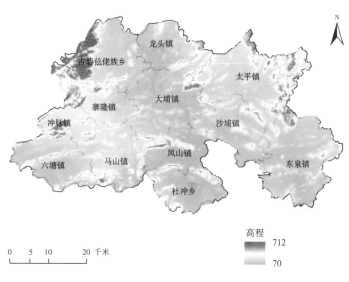

图 4-22 柳城县村庄高程分析

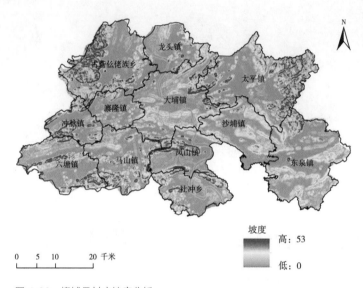

图 4-23 柳城县村庄坡度分析

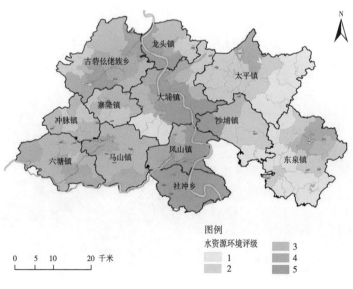

图 4-24 柳城县水域环境分析

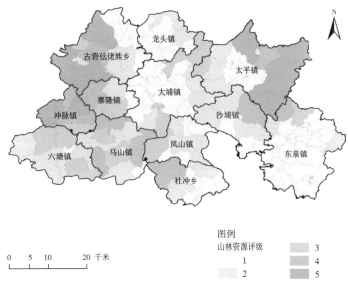

图 4-25 柳城县山林环境分析

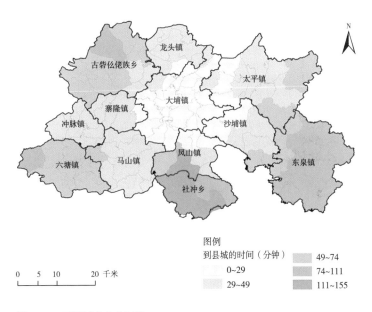

图 4-26 到县城中心的时间

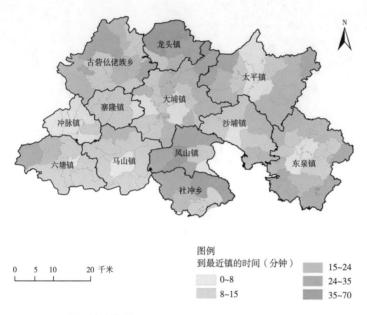

图 4-27 到最近城镇的时间

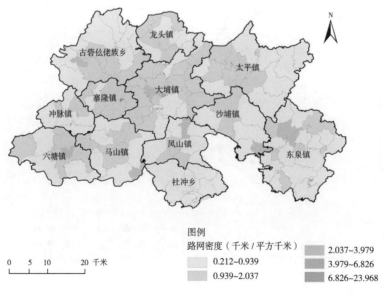

图 4-28 柳城县交通可达性分析

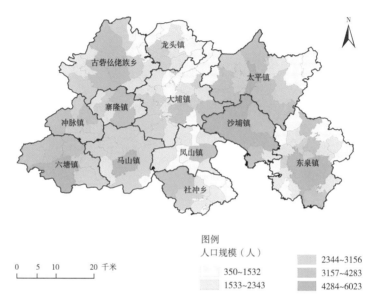

图 4-29　柳城县人口规模分析

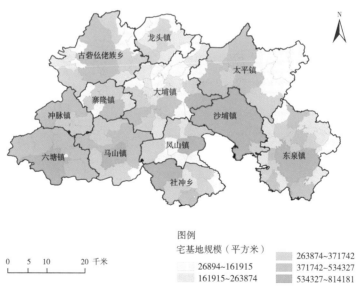

图 4-30　柳城县宅基地规模分析

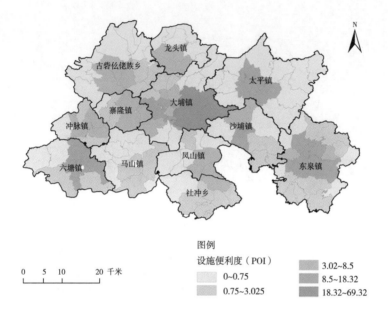

图 4-31　柳城县设施便利度分析

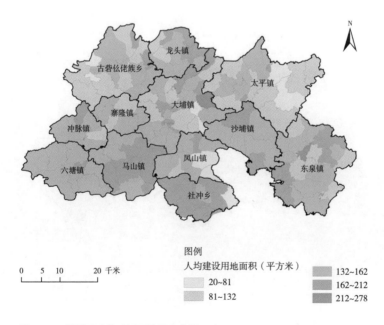

图 4-32　柳城县人均建设用地面积分析

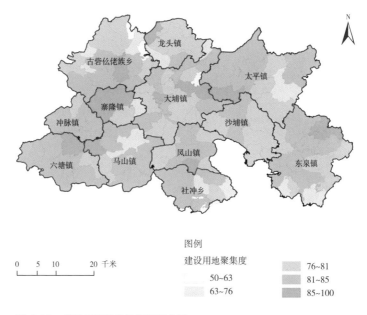

图例

建设用地聚集度

0 5 10 20 千米

50~63

63~76

76~81

81~85

85~100

图 4-33 柳城县建设用地集聚度分析

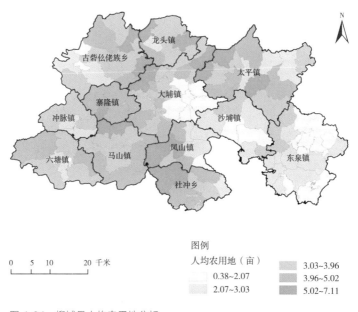

图例

人均农用地（亩）

0 5 10 20 千米

0.38~2.07

2.07~3.03

3.03~3.96

3.96~5.02

5.02~7.11

图 4-34 柳城县人均农用地分析

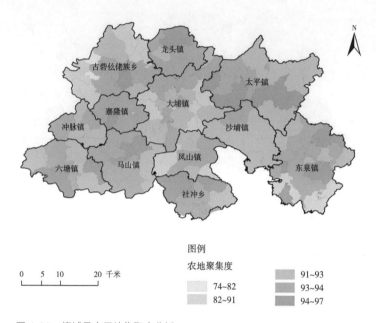

图例

农地聚集度

74~82
82~91
91~93
93~94
94~97

图 4-35　柳城县农用地集聚度分析

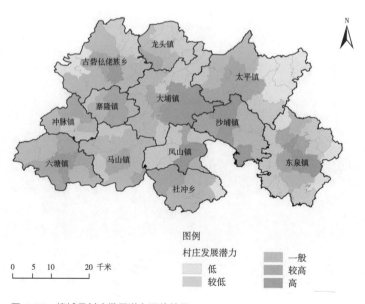

图例

村庄发展潜力

低
较低
一般
较高
高

图 4-36　柳城县村庄发展潜力评价结果

审图号：GS（2023）0018 号

图书在版编目（CIP）数据

中国县域村镇发展模式与规划治理 / 李志刚，林赛
南，焦洪赞著 . —北京：中国建筑工业出版社，
2022.12

ISBN 978-7-112-28269-2

Ⅰ.①中… Ⅱ.①李… ②林… ③焦… Ⅲ.①县级经
济—经济发展模式—研究—中国 Ⅳ.① F127

中国版本图书馆CIP数据核字（2022）第240593号

责任编辑：兰丽婷　石枫华
责任校对：张　颖
校对整理：赵　菲

中国县域村镇发展模式与规划治理

李志刚　林赛南　焦洪赞　著
*

中国建筑工业出版社出版、发行（北京海淀三里河路9号）

各地新华书店、建筑书店经销

北京海视强森文化传媒有限公司制版

北京中科印刷有限公司印刷
*

开本：787毫米×1092毫米　1/16　印张：17　字数：271千字

2023年8月第一版　　2023年8月第一次印刷

定价：**80.00**元

ISBN 978-7-112-28269-2

　　（40711）